本项目获北京师范大学——香港浸会大学联合国际学院科研基金资助

国情国学教育

内地香港合作办学与中华文化传承

伍鸿宇◎主编

广东高等教育出版社

Guangdong Higher Education Press

·广州·

图书在版编目（CIP）数据

国情国学教育：内地香港合作办学与中华文化传承．伍鸿宇主编．—广州：广东高等教育出版社，2018.8
　　ISBN 978－7－5361－6159－7

　Ⅰ．①国… Ⅱ．①伍… Ⅲ．①高等教育－联合办学－研究－中国 Ⅳ．①G649.2

中国版本图书馆CIP数据核字（2018）第092693号

国情国学教育：内地香港合作办学与中华文化传承
GUOQING GUOXUE JIAOYU：
NEIDI XIANGGANG HEZUO BANXUE YU ZHONGHUA WENHUA CHUANCHENG

出版发行	广东高等教育出版社 地　址：广州市天河区林和西横路 邮政编码：510500　电话：（020）87553735 http://www.gdgjs.com.cn
印　刷	珠海市鹏腾宇印务有限公司
开　本	787毫米×1 092毫米　1/16
印　张	19.75
字　数	376千
版　次	2018年8月第1版
印　次	2018年8月第1次印刷
定　价	59.00元

前 言

  大学是知识的汇聚地、思想的传播者，肩负着培养社会建设者的重任。作为第一所香港与内地合作创办的新型大学，北京师范大学—香港浸会大学联合国际学院（即UIC，以下简称"联合国际学院"）自创校以来，在推行国际化教育的同时，就以传承和传播中华优秀传统文化为己任。在教育实践中，联合国际学院一直致力于创新思想政治教育，致力于开拓传统文化教育、人文素质教育的新路径。经过十余年的教育探索和实践，联合国际学院创造性地提出了国情国学教育概念。这个概念表述的是这样一种理念：高校的思想文化教育要根植于民族文化的土壤，面向整个国家历史和未来社会发展；高校的思想文化教育要立足当下国情，从国家长远发展的需要出发，汲取传统教育中的思想文化资源，并结合当代大学生的特点，引导学生积极关注并思考国家与社会发展，自觉成为中华优秀传统文化的传承者和传播者。《国情国学教育——内地香港合作办学与中华文化传承》一书正是联合国际学院十余年来践行这一理念的探索总结和经验呈现。

  全书分为两大部分。第一部分是理论阐释即"绪论"，分为三章。第一章"教育何为"，对过去百年来中国教育进行了回顾与反思，提出大学对民族国家必须有所担当，肩负传承传播中国优秀传统文化的使命。区域合作办学具有开放的心态和国际化视野的优势，应努力开拓和创新思想文化教育的路径，增强学生对传统文化的认知、理解。第二章"国情国学教育"，具体阐释了国情国学教育的概念、内涵和教育模式的建构。第三章"探索与实践"，详细介绍了联合国际学院国情国学教育立体的课

程结构和丰富的社会文化活动。

第二部分是教学成果展示,分为上、中、下三编。上编为教学研讨专辑。此编再现了在国情国学领域中关于历史的深度反思、有争议性的热点话题、前沿理论视角、多元化的讨论和前瞻性的观点。研讨内容按照主题分为五章:第四章的主题为"回溯历史",该章对一种传统(书院教育)、一部著作(黄宗羲的《明夷待访录》)和一段历史(抗日战争)进行了细致的梳理和深入的反省;第五章的主题为"反思传统",探讨的是关于中国的文学经典、传统思想、传统生活方式与现代生活的联结,以及传统如何融入现代,而现代又是怎样传承传统的话题;第六章的主题为"透视热点",对两岸关系、中日钓鱼岛争端和"一带一路"倡议这些热点话题从多元化的视角展开讨论;第七章的主题为"融通中西",关注点转向中外文化之间的传播与相互影响,具体从文学经典、中西文化交流和全球化时代的中华文化这三个层面做出阐述;第八章的主题为"面向未来",该章回顾了辛亥革命、中国的百年教育、城市与海的历史脉络,在学习历史经验的同时,研讨当下社会发展的得失并且思考国家未来的建设。以上每个主题都包括主题阐释、内容综述、学者观点等部分,有些主题还有学生感言部分。

中编是体验反思专辑。此编的内容源自联合国际学院的中国文化创意课程。顾名思义,课程名称中的"创意"一词表明,要想学好这门课,不在于记住了多少知识,而在于如何创造性地运用所学的知识来表现对中国文化的认知和理解。课程一开始,五六个学生按照个人志趣组成学社,提交一个关于中国文化现象的选题,经过一段时间准备,每个学社分别展示他们的研究成果。此编收录了部分学社的优秀课题报告:第九章"语言与教育"专题关注的是日渐消失的方言和中国历代考试制度的问题;第十章"地域与文化"专题探讨的是地域文化的多样性和差异性;第十一章"建筑与艺术"专题讲述的是建筑背后的社会文化和家国情感;第十二章"婚姻与社会"专题思考的是爱情婚姻的本质;第十三章"中国与世界"专题研讨的是中西文化差异和中国文化的独特性。这些报告虽然以文字形式呈现,但这些课题最初是以皮影戏、小品、舞台剧、影像短片等丰富形式来展示的。

下编为创意传承专辑，内容也分为五章。如何让当代的大学生与那些看起来遥远、高深的历史名篇对话呢？联合国际学院给学生提供了许多问题，学生则以其新颖独特的创意思维创作了一个个妙趣横生、别开生面的作品。此编正是选自这些作品：第十四章"文化沉思"中的几篇文章是对历史人物、文化景物和当代生活的批判性思考；第十五章"情景想象"里的文章则是以想象的情景让原本简短的古代文本变得骨肉丰满、栩栩如生；第十六章"名篇改写"中的文章带给我们诗词作品崭新的体验，传统的古诗词被改写为现代诗歌、散文和小说；第十七章"故事新编"中的文章或托古讽今或奇思妙想，让历史故事焕然一新；第十八章"佳作赏析"里的文章是对古典诗词作品的赏析，几位作者独辟蹊径，他们所分析的作品并非是评论家给予最多关注的，而是他们最有真切感动共鸣的佳作。

联合国际学院的国情国学教育已走过12个年头，但相对于它的未来之路，这只是一种教育探索的开始，"路漫漫其修远兮"，我们自当奋力前行。国情国学教育面对的是民族的传统和国家的未来，大学生毕业时要带走的，是他们一生前行的方向。因此我们期待，未来能与更多的教育者一起携手推动国情国学教育，将家国情怀扎根于一颗颗年轻的心灵，将国学智慧融入一个个活泼的生命。面对这样的教育使命，我们任重道远，但是，千里之行，始于足下。

编　者
2017年5月

目 录

绪 论

第一章 教育何为 / 3
　一、百年教育的回顾与反思 / 3
　二、高等教育的文化使命 / 7
　三、内地与港澳台及国外合作办学的教育创新 / 12

第二章 国情国学教育 / 18
　一、概念与内涵 / 19
　二、模式的建构 / 21

第三章 探索与实践 / 27
　一、教育实践概述 / 27
　二、教学成果选编 / 44

上编 教学研讨

导言 / 49

第四章 回溯历史 / 50
　一、书院传统 / 50
　二、《明夷待访录》 / 58
　三、战争与和平：抗战历史与反思 / 64

第五章 反思传统 / 68
一、文学经典与现代生活 / 68
二、传统思想与现代生活 / 72
三、中国传统生活方式的现代观照 / 76
四、传统与现代：当代中国社会的反思 / 80

第六章 透视热点 / 84
一、多视角看两岸关系 / 84
二、中日钓鱼岛争端的多维透视 / 87
三、"一带一路"：大历史与新倡议 / 90

第七章 融通中西 / 96
一、文学经典：中西比较与阐释 / 96
二、中国参与世界：中西文化交流 / 102
三、传承与传播：全球化时代的中华文化 / 112

第八章 面向未来 / 117
一、辛亥革命百年回眸与反思 / 117
二、百年中国教育历程：回顾与展望 / 122
三、城市与海：历史与未来 / 126

中编 体验反思

导言 / 133

第九章 语言与教育 / 134
一、方言：你在哪里？去往何方？ / 134
二、中国考试 MV 大串烧 / 142

第十章 地域与文化 / 159
一、买卖风云 / 159
二、幸福小馆 / 169

第十一章　建筑与艺术 / 178
　　一、陈芳故居 / 178
　　二、独家记忆 / 185

第十二章　婚姻与社会 / 196
　　霍小玉再传 / 196

第十三章　中国与世界 / 206
　　中国风 / 206

下编　创意传承

导言 / 219
第十四章　文化沉思 / 220
　　一、中华文化的力量 / 220
　　二、游走西安 / 225
　　三、奢华生活不可多夸 / 228
　　四、让我们把陶渊明也放在备忘录里 / 229

第十五章　情景想象 / 231
　　一、诀别诗·击鼓 / 231
　　二、刘备之死 / 236
　　三、寻陶渊明 / 238
　　四、钗头凤——给唐琬 / 242
　　五、梦断西厢 / 245

第十六章　名篇改写 / 249
　　一、盛开如花儿一样 / 249
　　二、酒神赋 / 251
　　三、春江花月夜 / 253
　　四、此恨绵绵无绝期 / 255
　　五、三问 / 259

第十七章 故事新编 / 261
   一、不如不见 / 261
   二、故事中的故事 / 264
   三、沉香 / 268
   四、会同鬼屋 / 275

第十八章 佳作赏析 / 277
   一、你是我心中的一句惊叹 / 277
   二、江南·印象 / 278
   三、亦侠亦狂真名士 / 280
   四、隐在心中的情伤 / 283
   五、密林深处有人家 / 285

附　　录

   一、中国文化创意大赛 / 291
   二、国际学术研讨会 / 299
   三、文化沙龙 / 301

后记 / 302

# 绪 论

第一章 教育何为

"教育何为?"一直是中西教育史上亘古未变的话题。从屈原提出:"遂古之初,谁传道之?上下未形,何由考之?""延年不死,寿何所止?"[①] 到苏格拉底(Socrates)墓碑上刻着的"认识你自己",即著名的三个问题:"我是谁?我从哪里来?我要到哪里去?"古今中外历代先哲都曾为此苦苦思索和探寻。进入21世纪,教育全球化的时代,教育思想、资源和方式达到前所未有的汇聚和交融的时代,对教育目标、宗旨和意义等基本问题的思考依然困扰着今天的人们。尤其是经历了近代百年曲折发展历程的中国教育,在经历了传统与现代、东方与西方之间的道路反复,理想与现实、激进与保守之间的思想斗争后,再次来到了历史抉择的十字路口。在全球关注中国、中国融入世界的大潮流中,如何定义中国教育的目标?如何培养具有中国文化根基的世界公民?如何实现中华民族的伟大复兴?诸如此类的许多问题,有待教育界的有识之士为此展开深入讨论和思考。

一、百年教育的回顾与反思

回顾近代中国教育的百年历程,可谓风雨如晦、艰难坎坷。从1862年第一所官办的近代新式学堂京师同文馆建立,到1905年清政府废除科举制度以来,传承了千百年的中国传统教育体系和模式,在近代世界潮流的冲击

---

① 引自《天问》。

下被国民所批判和抛弃。历经磨难的中国开始寻求一条教育强国之路，在西风东渐的洪流之下，外来教育思想、体系和方式被纷纷引入，改变了中国的教育，进而改变了中国社会。此后，由于历史的种种原因，如辛亥革命的不彻底、民国初期政权的动荡，教育改革的道路迂回曲折。蔡元培先生曾在北京大学进行过一系列教育改革，提出军国民教育、实利主义教育、公民道德教育、世界观教育、美感教育"五育"并举的教育方针，以求养成"共和国民健全之人格"。他希望汲取西方经验，制定新的学制，以北京大学为中心推进近代大学的建立，但此后战火硝烟里的中国一直缺乏能够发展教育的和平环境。中华人民共和国成立以后，百废待兴，教育发展刚刚起步，却又经历了十年浩劫。改革开放以后，当新的观念、机遇、挑战一起涌现时，我们的教育又显得有些无所适从。近些年来，大学的占地面积越来越大，楼越建越高，招生数量越来越多，人才培养的质量却并未实现全面同步提升。创新型人才的缺乏已经成为国家未来发展的隐忧。

历经百年风雨，中国教育既取得了巨大的进步，也走了不少弯路。总体来看，一方面，在近代西风东渐的环境下，教育体系完成了从旧学到新学的巨大转变，但在新学发展的过程中屡经波折。改革开放以来，我国与国际接轨、建设国际一流大学的愿望非常强烈，但在引进国外先进教育理念上仍显得较为滞后。另一方面，由于特定的历史原因，我们现有的教育体系全盘引自西方，是在完全推翻旧学的基础上建立起来的，虽然由此更换了新鲜血液，使中国教育焕发了生机，但也切断了传统文化的根脉，几千年的中国传统教育思想的精粹未能得到很好的继承与发扬。

教育滋育人的生命，人的生命发展关系到民族、国家的未来。在工具理性急剧膨胀的当今社会，人往往会沦为现实功利的奴隶，难以处理好人与自然、社会的关系，难以达成内心世界的圆满。心理问题、社会问题、生态危机，诸多阴云遮蔽了生命的华彩，这不能不令我们对当下教育进行深刻反思。有学者指出："未来社会的发展仍需要价值指导。面对人与自然、社群、天道诸种复杂关系的调治问题，面对东亚社会的现代化问题，儒家的核心价值有重大意义。在人生的安立、精神的归属方面，在社群伦理乃至全球伦理、环境伦理的建设方面，仁义礼智信等核心价值观仍然是我们重要的精神资源。"① 事实上，在经济全球化、教育国际化的今天，无论是缺乏世界性的眼界，还是缺乏民族文化的熏陶，都是难以培养符合时代需求的人才的。正如学者所言，"科学技术可以是国际的，思想言论也可以是自由的，而文化特征却是（也必然是）民族的。没有民族特征的文化是没有生命力的，任何一种有价值的文化必然是植根于本民族文化之中，吸收历史文化营养而创建起来的"②。如果一个国家的教育不能够珍视和尊重自己本民族的文化传统，不能构建本民族的精神生活空间，就无法延续历史文脉，更无法形成生生不息的文化生命力和创造力。

事实上，中国传统教育并非近代中国落后的根源，也并非时代潮流的阻碍者。它不仅是中国传统文化的推进器，而且在许多方面与现代教育思想有异曲同工之妙。以现代流行的博雅教育（Liberal Education）为例，现代博雅教育思想的来源主要在西方，经过长期的发展，体现出注重对学生的人文精神熏陶、凸现人格完善与修养提高的特征。而在中国几千年的教育文化积淀之中也有同样的思想。孔子提出"志于道，据于德，依于仁，游于艺"，认为一个人不仅要致力于追求真理，养成崇高的德性，用仁爱作为行事处世的出发点，还要普遍涉猎、欣赏各种艺事，才可能成为仁人君子。这样的教育理念产生于两千多年前正处于时代轴心的中国，与古希腊的博雅理念相映生辉。

当然，不管是中国的博雅教育还是西方的博雅教育，都有它们的时代局限性和内容片面性。中国的博雅教育是在生产力有限的条件下，立足农业社会发展起来的一种教育思想，它的局限性和片面性是明显的，具体表现为对自然环境的过度依赖、对精神道德的过度追求、对物质和技术的轻视、对个体性情的忽视等。而西方的博雅教育随着城邦民主制度的建立而萌芽，是在追求冒险、财富和自由贸易的过程中发展起来的一种教育思想，它的局限性和片面性同样明显，具体表现为对人的力量的无限放大、对科学技术的过度崇拜、对个体权利和欲望的极度放大等。可以说，当今世界的生态危机正是西方教育思想影响的一种结果和产物。

面向未来世界，中西教育传统在经历了漫长的对立、交流和相互影响

---

① 郭齐勇. 东亚儒学核心价值观及其现代意义［J］. 孔子研究，2000（4）：25.
② 舒大刚. 孔子儒学与中国现代高等教育［N］. 中国文化报，2006-11-23.

后，迎来了相互融合与创新的时代。特别是人类正在步入生态文明发展阶段，人与自然、社会以及自身的关系发生了新的变化，急需一种新的教育思想和模式。我们可以借用"博雅"这一名词来描述未来的教育理想。西方的博雅教育传统最早可以追溯到古希腊时期，总体上是旨在培养具备理性、智慧、审美情操和健康体魄全面发展的人，这样的人对不同学科有广泛的认知和融会贯通的能力，能以批判性思维独立思考与创新。柏拉图在他的《第七封信》中开始使用 eleutheraspaideias（自由的教育）一词，认为有理智的人必须接受"自由的教育"才能获得真正的自由。之后，亚里士多德在他的《政治学》最后两卷中重点讨论了最好的政体应该实行 eleutherionepistemon（适合自由人的科学）的教育。在古希腊、罗马时期，这种概念是指为拥有闲暇和财富的自由人阶层提供能促进他们德、智、体、美全面发展的教育。

事实上，这样的理念同样深植于中国几千年的教育文化积淀之中，尤其是在中国传统书院教育里。传统书院教育不以传授技能为目的，而是倡导以"人"为中心的教育理念，倡导开放包容的学风、自由讲学的风气、批判思维的训练、追求真理的精神，以及关注社会现实、重视道德培养等，这些特征与博雅教育有很多相通之处。虽然因为种种历史原因，传统书院淡出历史舞台，但文化的根脉依然存在。正如余英时先生指出的："在儒家主导下的古典教育一向以人为中心。以儒家而言，自孔子以下大致都主张博与约、通与专或一贯与多闻之间必须保持一种动态的平衡。"[①] 同时，中国传统书院教育重视责任意识和道德意识的培养，引导人们修身养性，遵守社会伦理规则，要求人们待人接物宽厚仁慈，行为处事有礼有节，视天地人为一体，追求天人合一的境界。例如，朱熹在《白鹿洞书院揭示》中明确提出为学、修身、处事和接物的原则，具体包括以下内容。

五教之目：父子有亲，君臣有义，夫妇有别，长幼有序，朋友有信。

为学之序：博学之，审问之，谨思之，明辨之，笃行之。

修身之要：言忠信，行笃敬，惩忿窒欲，迁善改过。

处事之要：正其义不谋其利，明其道不计其功。

---

① 余英时. "游于艺"与"心与道合"[J]. 读书, 2010（3）：31.

接物之要：己所不欲，勿施于人。行有不得，反求诸己。

当然，我们并不是要照搬西方的博雅教育传统，而是要创造出一种既植根于历史又面向未来需要，既有西方教育色彩又有中国教育内涵，更重要的是能够回应未来世界发展的一种普世的教育思想。博雅教育之"博"与"专"相对，强调博通；"雅"强调内在心灵修养的境界。这里的"博"是指"博文"。孔子要求"君子博学于文"（《论语·雍也》）。司马光说："古之所谓文者，乃诗书礼乐之文，升降进退之容，弦歌雅颂之声。"（《答孔文仲司户书》）显然，今天的"文"已经不限于诗书礼乐，人类已经开拓了广博的知识领域。这里的"雅"是指"雅志"。孔子说："三军可夺帅也，匹夫不可夺志也。"（《论语·子罕》）孟子曰："夫志，气之帅也；气，体之充也。"（《孟子·公孙丑上》）陶渊明吟咏："淡柔情于俗内，负雅志于高云。"（《闲情赋》）王勃亦云："穷且益坚，不坠青云之志。"（《滕王阁序》）可见，"志"是一种内在精神人格与性情的表现。而"博雅"就是博学于文，广泛涉猎人文与自然科学知识，由此陶冶情志，完成人格精神的内在建构。当然，博学不是被动接受，而是要以批判性思维道问学、求真知。求真知是一个艰苦的过程，不仅是对知识、真理的不懈追求，更是对高层次人生境界的领悟与追寻。因此，今天我们发展博雅教育，不仅是引进西方理念，更是对儒学传统的承续。这不仅是对中西教育传统的融合，更是对未来人类社会教育的创新。

二、高等教育的文化使命

当今中国的高等教育迎来了一个历史性的机遇。那就是经过三十多年的改革开放，中国正以前所未有的速度迈向世界经济的巅峰，中国传统文化也正以前所未有的态势走向复兴之路。① 2014年3月27日，习近平主席出访法国时指出："拿破仑说过，中国是一头沉睡的狮子，当这头睡狮醒来时，世界都会为之发抖。中国这头狮子已经醒了，但这是一只和平的、可亲的、文

---

① 中共中央办公厅，国务院办公厅. 关于实施中华优秀传统文化传承发展工程的意见［N］. 人民日报，2017-01-26.

明的狮子。"① 我们暂且不论拿破仑是否真的说过这番话,习近平主席在这里想要表达的是,古老的中国在经历了一百多年的艰难探索后,终于走出了历史的迷雾,走上了面向未来的发展之路。

纵观世界近代史,大学是推动社会历史变化和进程的核心力量。一所有理想的大学才是真正有担当的大学,一所伟大的大学不应被世俗的价值观所左右,而应该有自己独立的精神品质。因此,面向世界潮流,植根文化传统才是当今中国高等教育的文化使命。当今世界是一个文化碰撞的时代,但为了维护东西方自身传统利益或传统习惯,仍然有不少人自觉或不自觉地坚持"西方中心论"或"东方中心论",返本寻根、固守本土文化的民族主义和回归传统的保守主义也相当盛行。因此,如何选择教育的文化立场就成了十分重要的问题。倡导在中国教育发展中以文化为根,并不是以守旧为目的,而是指中国人必须在自己的传统文化中找到我们生命的源头活水;与此同时,世界在不停地变化,也必须提出新的观念来应对现实世界的新局面。面对当代的社会语境,中国高等教育在中华文化的传承和传播方面,必将肩负更重要的使命。

如今,中国的硬实力已经今非昔比。那个任人宰割的"东方睡狮"、饱受欺凌的"东亚病夫"已逐渐摆脱了历史的桎梏,从苦难的深渊中走出。但是,随着中国的迅速崛起,随着我们越来越深地介入世界经济和全球事务之中,随之而来的是各种对中国似是而非的片面批评和"中国威胁论"的散播和弥漫。中国的软实力还远远没有达到与硬实力相匹配的地步。可以说,我们已经站在了世界经济的高峰,但我们离世界舞台的中央还有一段距离,而这个距离就是文化的距离。

显然,当今世界已不再是一个单纯依靠武力或金钱就可以获得世界认同和支持的时代了。我们需要反思的是,在这个自由、开放和多元的世界里,如何真正赢得世界人民的理解、支持和认同,如何在新的时代条件下,实现中国传统文化所推崇的"王道政治"。古人云:"观乎天文,以察时变;观乎人文,以化成天下。"中华文明原本是一种注重心性和教化的文明,与那

---

① 钱中兵. 习近平在中法建交 50 周年纪念大会上的讲话(全文)[EB/OL]. (2014 - 03 - 28)[2016 - 12 - 27]. http://news.xinhuanet.com/world/2014 - 03/28/c_ 119982956_3. htm.

些更加注重物质和力量的文明相比，中华文明具备一种直达人心的力量。可以说，这样的文明，配上日益增强的经济实力后，实现"王道政治"并非遥远的梦。但是，近年来，在中国迅速崛起的过程中，在全球化浪潮一浪高过一浪的时代背景下，中华文化在对内传承和对外传播方面正面临着巨大的挑战。

从外部来看，全球化时代文化的传承与传播正发生着深刻的变化。"汹涌澎湃的全球化浪潮一方面加速了文化之间的交流，拓展了文化交流的范围，强化了文化精神中的人类整体意识；另一方面也伴随着文化、经济与政治的互动引起传统文化的危机和失落，使真正的文化精神难以升华。"① 所以，一方面，我们可以看到全球化与本土化的持续张力。正如美国学者罗伯森（Roland Robertson）指出的，全球化和本土化相互作用的一个直接结果就是"全球本土化"（Glocalization）现象的出现，即全球化不可能全然取代本土化，而本土化也不可能阻挡住全球化的浪潮。它们之间自始至终存在着某种可伸缩变化的张力。有时全球化占据主导，有时本土化占据优势。② 另一方面，我们也可以看到文明之间的冲突与对话从未停止。正如美国学者亨廷顿（Samuel Huntington）在《文明的冲突与世界秩序的重建》一书中，用文明替代民族国家和意识形态，从现代世界的文明冲突入手，突出文化全球化异质性、排他性的一面。③ 他认为，由于文明的差别更为基本，当世界变得越来越小，文明意识就变得越来越强。而日裔美籍学者福山（Francis Fukynama）在他的《历史的终结与最后的人》中，强调文化全球化的统一性、同质性。④ 他认为，人类历史是意识形态的演化史，当人类满足于某种意识形态后，历史便停止前进。

与他们不同，世界许多学者都主张文明对话。例如，杜维明在《全球化与多样性》一文中认为，文化在当代世界的新格局中占据越来越重要的地

---

① 杨生平，李凤英. 文化全球化研究述评［J］. 哲学动态，2007（1）：28.
② 罗伯森. 全球化：社会理论和全球文化［M］. 梁光严，译. 上海：上海人民出版社，2000.
③ 亨廷顿. 文明的冲突与世界秩序的重建［M］. 周琪，等译. 北京：新华出版社，2010.
④ 福山. 历史的终结与最后的人［M］. 陈高华，译. 桂林：广西师范大学出版社，2014.

位，面对文明冲突即将到来的警告，文明对话不仅仅是一个愿望，更是一种现实需要。① 他明确反对刻意强调文明之间的冲突，主张跨文明对话，实现文化的多样化，超越普遍主义和民族主义，并将这一现象称之为"地球村共同体"。

毫无疑问，当今中国高等教育的发展要在扎根中国传统文化、努力汲取传统思想资源的同时，努力成为中国传统文化复兴的建设者和推动者。不仅要成为中国传统文化对内传承的载体，更要成为中国传统文化对外传播的主力。

从内部来看，中华文化具有独特的内涵。它既有以儒学为主的哲学精神，又有儒释道三教合一的宗教特性；既有以悦乐为基础的美学内涵，又有以道德为纽结的伦理特色。全球化时代下文化大传播、大繁荣，国际上各种文化、思想和观念纷至沓来，让人应接不暇。但真正能让中国人在这个众声喧哗的时代中安身立命的可能还是中华文化。

在全球化时代的中国，如何让人找到诗意栖居的精神家园，如何让生命重新焕发光彩？这是全球化时代下中华文化传承所必须面对的课题。传统文化中儒道释三教先贤对人的在世生存、心灵境界进行过广泛深入的思考，留下了丰富的思想资源。儒家既有"为仁由己""人能弘道""发愤忘食""知其不可为而为之""乐以忘忧"，以及积极的进取精神，又有"乐天知命""乐山乐水""乐以忘忧"，以及安时处顺的心灵境界；道家虚静淡泊、澄心端思，以求遍览物情、妙悟自然，在心灵的逍遥游中体验与宇宙自然合一的"至美至乐"的境界；释家追求的禅境实为生命本体与宇宙本体圆融合一的境界，自然适意、随缘任运、宁静淡远而又生机勃勃。有学者指出："中国哲学有三大主流，就是儒家、道家和释家，而释家尤以禅宗为最重要。这三大主流，全部洋溢着悦乐的精神。虽然其所乐有所不同，可是他们一贯的精神，却不外'悦乐'两字。一般来说，儒家的悦乐导源于好学、行仁和人群的和谐；道家的悦乐，在于逍遥自在、无拘无碍、心灵与大自然的和谐，乃至于忘我而找到真我；禅宗的悦乐则寄托在明心见性，求得本来面目而达到入世、出世的和谐。由此可见，和谐实在是儒家、道家和禅宗三家悦乐精神的核心。"② 这是看待生命的态度，也是中国人生命的智慧。

近年来，从民间到政府，从普通百姓到知识精英，人们越来越重视传统

---

① 哈佛燕京学社. 全球化与文明对话［M］. 南京：江苏教育出版社，2004.
② 吴经熊. 中国哲学之悦乐精神［M］. 台北：上智出版社，1999.

文化，社会上兴起的国学热、传统文化热的影响越来越大。中华文化迎来了传承的黄金时期。但是，我们传承中华文化，并不是以守旧为目的，而是指中国人必须在自己的传统文化中找到我们生命的源头活水。

中国高等教育在为中国人自己建立起安身立命的文化根基的同时，也需要将这种优秀的人类文化传播出去。由于中国文化思想中的内在性和保守性，许多优秀的思想和文化还不为世人所知。在全球化的契机下，我们应该抓住机遇，将中华民族的优秀文化展现在世人面前，使得中华民族在世界民族之林中更为耀眼。尤其是作为一种悠久的东方文明，中华文化在处理全球问题和改善全球治理方面，可以贡献现代西方文化所难以提供的思想和智慧。

毫无疑问，中华文化的传播是现代化、全球化进程中的重要内容。在全球化的进程中，可以看到中华传统文化越来越得到世界的支持和认同。许多思想和观念可能成为未来世界发展的资源。例如：

（1）天下观与全球治理。传统中国的"天下观"有着强大的包容性，与现代西方的"世界观"不同，它更强调仁爱、和平和责任。与表面看起来平等、实际上并不平等的现代"殖民体系"不同，古代中国发展出的"朝贡体系"表面上看起来不平等，实际上并不存在掠夺和侵占。因此，传统文化里的天下观也许是救治现代国家体系弊端、实现全球良性治理的良药。

（2）天人合一与全球生态。天人合一思想是中国传统哲学的重要特色，是东方综合思维模式的完整体现，是中国文化对人类的贡献。面对当今的生态危机，有众多的学者认为儒家思想以天人合一为根基，主张爱物成物、取之有时、用之有度，所谓"必有以知天地之恒制，乃可以有天地之成利"，它包含着丰富而独特的生态思想，与生态文明深度契合，是深化和发展这一理论的宝贵资源。

（3）和而不同与国际关系。"以和为贵""贵和尚中""和而不同"的思想被当代学者重视，是中国文化为21世纪人类提供的智慧。在处理国际关系、解决国际争端与文化冲突的实践中，"和"的智慧已经彰显了现代意义与价值。

（4）自强不息与民族崛起。"天行健，君子以自强不息"这一刚健有为的思想经过众多学者的阐释，在现代民族精神文化建设中再现了思想的光辉。

（5）仁爱精神与人伦道德。学界普遍认为"己所不欲，勿施于人"的修身仁爱思想，"仁义礼智信"的道德原则和"温良恭俭让"的人际关系准则在今天仍然有生命力。重德修身、追求崇高的人格精神，是中华优秀传统文化的基本精神。传统文化注重推己及人的人际亲和关系，将其加以适当改造，有利于全球伦理建设。

在西方各种论调，如西方没落、文明冲突、历史终结等轮番登场的时代，中国这边风景独好。有人认为，今日中国之崛起并非无本之木、无源之水，回顾历史就会发现，中国只是在缺席世界巅峰一百多年后正在重回世界经济的中心，重返它本来的"世界王者"位置。①② 毋庸置疑，中国的崛起不只是经济上的崛起，更应该是文化上的复兴。中华文化包涵着许多西方文明所缺乏的思想、观念和精神，和而不同、天人合一、民胞物与、仁者爱人、胸怀天下、冰雪肝胆、与人为善等普世性价值，不仅是今天中国人安身立命的根本，更应该是当今世界解决全球问题的重要思想、智慧和源泉。

正如许嘉璐先生所说，五千多年的中华文化博大精深，它以无数的形态存活和呈现在我们的日常生活中，并用实践证明了它是人类生存发展的智慧结晶。2016年12月，许嘉璐先生在"中华文化传播研究院"成立典礼上提到，如今世界文化的多样化发展也需要中国的加入，对祖先留下来的如此宝贵的民族文化，我们中国人尤其是年轻人不但要增强自信心，还要以传播和传承为使命，探索最有效的话语体系、表达形式以及传播渠道，努力让中华文化走向世界，被更多的人知道和认可。如何将中华文化传承好、发展好，用中国老百姓和世界人民乐于听、听得懂、听了信、记得住的话语表达？如何把中国文化传播出去，使其成为全人类的精神智慧？这正是中国高等教育在21世纪的伟大使命。

三、内地与港澳台及国外合作办学的教育创新

习近平总书记在哲学社会科学工作座谈会上的讲话中强调："要坚持古为今用、洋为中用，融通各种资源，不断推进知识创新、理论创新、方法创新。我们要坚持不忘本来、吸收外来、面向未来，既向内看、深入研究关系国计民生的重大课题，又向外看、积极探索关系人类前途命运的重大问题；

---

① 彭慕兰. 大分流：欧洲、中国及现代世界经济的发展 [M]. 史建云，译. 南京：江苏人民出版社，2014.

② 弗兰克. 白银资本：重视经济全球化中的东方 [M]. 刘北成，译. 2版. 北京：中央编译出版社，2008.

既向前看、准确判断中国特色社会主义发展趋势,又向后看、善于继承和弘扬中华优秀传统文化精华。"① 这段论述是中国高等教育改革的指导方针,也是内地与港澳台及国外合作办学的前进指南。

联合国际学院是中国内地与香港合作创办的第一所高校。从某种意义上讲,联合国际学院的创立正是中华文化教育传承与创新的体现。香港回归以后,教育部很快出台了相关新政,促进内地与香港的教育合作。1999 年,教育部和国务院港澳办联合发布了《关于开展内地与香港教育交流若干问题的意见》;2001 年,香港与内地达成了《国家教育部与香港教育统筹局关于教育交流事宜会谈纪要》。正是在这样的政策支持下,许多有识之士积极开辟新的教育试验田,力图通过两地的交流与合作,在传承的基础上创新,助推中国高等教育的健康发展。2005 年,北京师范大学和香港浸会大学携手在珠海创立了联合国际学院,学院引入香港浸会大学的教育管理制度和教学模式,同时力求做到国际化和本土化的结合。联合国际学院的开创者,从一开始就明确了创建这所大学的目标和使命:承继先贤的教育理想,开拓创新教育模式,为国家培养新时代需要的国际化精英人才。

联合国际学院在创建之初即面临着办一所什么样的大学来回应中国高教改革和社会发展的问题。众所周知,今天的大学必须承担社会责任,同时应该具有自身的精神品格,不应在社会世俗价值观的冲击下迷失方向,而是应该有科学的教育理念来提升这个社会。作为一所在中国历史发展新进程中创建的新型大学,培养既具有国际化的眼光和能力,也有本土性的知识和素养的复合人才,是联合国际学院人才培养的战略目标。作为粤港合作办学的开拓者,联合国际学院倡导并推行国际化特色教育,又具本土文化的"博雅教育",培育具有创新能力的服务型领袖。联合国际学院认为未来教育的发展应该从三个方面来建构个体生命的价值取向:一是重视对个体生命境界的培养,塑造全面发展的完善人格;二是重视培育学生对人与自然关系的深层认识,感悟万物生生相息的生命联系,贵生爱物,尊重生命;三是重视培养学生对人与社会关系的体认,懂得爱与奉献的意义与力量,树立对家庭、社会的责任感,达成个体之社会生命的实现。这需要我们将各种有价值的教育理念统合一体,广采博纳,和而不同,形成有机的整体,真正深入到教育实践中去,呈现高等教育真正的生机与活力。

---

① 习近平. 在哲学社会科学工作座谈会上的讲话 [N]. 人民日报,2016-05-17 (2).

为此，联合国际学院在引进国际化教育理念、资源和模式的同时，也同样注重中华传统文化的传承和传播，充分利用传统文化资源培养现代君子人格和现代人才。从创校之初，学院就确立了国情国学教育、博雅教育、全人教育等教育理念，倡导"博"而能"雅"，强调人文素质的养成，努力培育具有创新能力的国际精英人才。所谓精英，不应只具备卓越的专业技能，而是要成为有文化、有情怀、有创造力的"全人"。这里所讲的"文化"是指文化传承，是对学生传统文化本根的培植；"情怀"是指人格品质、生命境界、家国情感，以及由此而建立的与国家民族未来发展紧密相关的人生理想；"创造力"是对学生批判性思维与创意能力的培养。这样的"全人"，情系家国、心怀天下，才能是创造未来的英才。

一方面，联合国际学院积极创新传统文化，吸收传统资源，特别是传统书院和教育思想，推动富有中国文化内涵的博雅教育。例如，学院吸收传统的修齐治平思想，形成了国情国学教育；借鉴传统的君子人格教育，完善了"全人"教育。从传统书院的"会讲"发展出国情国学教学研讨会，从古代的君子"六艺"教育发展出射道、古琴等艺术课程，从传统皮影、舞龙舞狮、武术文化发展出文化体验和团队合作课程等。联合国际学院不是简单地在形式上复原传统文化，而是注重传统文化内涵和精神的复兴，注重与当代青年学生的生命成长相结合，从而培养有中国内涵、中国气质和中国才华的青年人才。

另一方面，联合国际学院在校内外积极传播中华文化，特别是面向国际学生、国际员工和国际合作院校或机构。联合国际学院处于珠江三角洲，毗邻港澳，有国际化的教学环境和资源，同时也有推广体验和拓展学习的经验。通过近十年的发展，联合国际学院已经成功确立了全英文授课模式，学生英文水平较高，师资国际化程度较高，与境外高校和机构有良好的交流与合作，校园内已经形成自由、开放和多元的文化氛围和环境。因此，它具备向世界传播中华文化的良好内在条件。

现代大学教育往往局限于课堂讲授，对于人文素质课程来说，难以深入情感、触及灵魂。王国维先生在《孔子之美育主义》中说："且孔子之教人，于诗乐外，尤使人玩天然之美。故习礼于树下，言志于农山，游于舞雩，叹于川上，使门弟子言志，独与曾点。……由此观之，则平日所以涵养其审美之情者可知矣。之人也，之境也，固将磅礴万物以为一，我即宇宙，宇宙即我也。"① 他的话道出了儒家"游"的为学境界。儒家游学从书斋走入大千世界,在追随名师、壮游天下的过程中,达成"胸次悠然,直与天地万物,上下同流"的完满人格精神境界。正如有学者所言,游学之旅,也是求道之旅。"若游而从师,所谓'从师学道鱼千里',从游于一位有德君子身边,夫子步亦步、夫子趋亦趋,甚且从之绝粮,助之守城,也是道义的追求。这即是游的精神之另一面向,新的开展:远游以求道,乃是意义的追寻。"②

今天发展高等教育,我们有必要丰富教育途径、打破单一的教学局面。联合国际学院在这方面做出了一些尝试和探索。作为联合国际学院国情国学教育的一个部分,联合国际学院设计开展了暑假游学活动,每年暑假由专家教授带队,以游学的形式,走到自然山水与人文胜地之中,观天地造化,察人文风情,亲身感受中华文化魅力。如 2007 年的"庐山游学营",师生从南昌出发,赴白鹿洞、庐山、上饶、景德镇、鹅湖书院等地,一路上游览风景名胜,凭吊历史文化名人,进行传统书院文化考察;2008 年的"山东游学营",师生走访了济南、章丘、聊城、泰安、曲阜、邹城以及枣庄,先后游历了大明湖、千佛山、趵突泉、泰山、三孔(孔府、孔林、孔庙)、周公庙、孟庙、荀子墓、微子墓、张良墓、微山湖、灵岩寺等众多名胜,师生一起观景、闻道、瞻仰先贤,一路行来,儒家文化的浸润深入人心;2009 年的"中原文化游学营",师生访龙门石窟和佛教祖庭白马寺,观少林寺"机锋辩禅",抵中国文字博物馆和殷墟博物馆研读安阳甲骨,到黄河岸边感怀远眺。还有历年举办的"中国台湾游学营",师生游历台北、宜兰、新竹、日月潭、阿里山等地,不仅汲取了深厚的文化滋养、开阔了社会文化视野,还与台湾高校师生进行了广泛的校际交流。

曾参与游学的学生感言:"对我们而言,平日多被某些'现实'的目标局限于一个狭隘的环境之中,琐碎而庸碌。看多了功利的人,想多了世俗的事,很需要有那么几天,跳脱出这拥堵的环境,在一个漫长而辽阔的时空中来重新审视自我,观察世界。寻往圣之足迹,发思古之幽情,与天地精神相往来。"其实,学生有此"感",才能有所"兴",课本中的清词丽句、审美情怀才能在他们的心中生动起来,融入他们自身的精神建构中去。在教育国

---

① 王国维. 王国维哲学美学论文辑佚[M]. 佛雏,校辑. 上海:华东师范大学出版社,1993:256-257.

② 龚鹏程. 游的精神文化史论[M]. 石家庄:河北教育出版社,2001:63.

际化的今天，游学还应该走出国门，开拓更宽广的文化视野，这已经成为许多高校的共识。

儒家讲"君子和而不同，小人同而不和"，不论是在孔门教育，还是在后来的书院教育，都是倡导学术思辨与批判性思维的。书院教育特别强调教学与学术研究的融合，建立"讲会"制，不同学派的学者可以自由讲学，体现出学术争鸣的风气；学习方式以自学研究为主，问难论辩为辅；总体上是一种无门户之见，培养学生学习主动性的开放式教学。"直到明清时期，书院讲会制度仍然流行。从讲会制度的组织、仪式、规模及规约来看，讲会制度已超出了书院教学的范围，成为一个地区性的学术讨论会及学术交流会。这样既扩大了书院的影响，提高了书院的社会地位，又丰富了书院的教学内容，提高了书院的教学水平和学术研究的水平。"① 这样的教学法其实在今天看来仍具有先进性，与当下的国际教育的思想导向恰恰是一致的。

新时代的大学生作为未来创新的文化主体，特别是在开放的信息传播环境下，他们的视野更为开阔，自我意识和民主意识不断增强，在接受心理特征方面具有较为明显的独立思考和独立判断的取向，在行为方式上具有理性、自信、自主、自觉的特征。因此，大学生的学习有很强的主体性、探索性、怀疑性、自我选择性。单向"灌输"的教学方式并不适合他们，反而容易降低学习的热情和期待，令学生产生抵触情绪，影响课程的教学效果。

为此，联合国际学院也进行了一些有益的探索。为提升学生对传统文化的热情和对当代国情的关注度，联合国际学院借鉴书院的教学方法，每学年组织两次国情国学教学研讨会，邀请海内外相关领域的专家学者前来参会，发表各家学术见解。在论题的选择上，我们以传统与现代、中国与世界的视角来开阔视野、激发思考。联合国际学院举办过"传统与现代：当代中国社会的反思""传承与传播：全球化时代的中华文化""中国参与世界：中西文化交流""中日钓鱼岛争端的多维透视""多视角看两岸关系""辛亥革命百年回眸与反思""百年中国教育历程：回顾与展望""中国传统生活方式的现代观照""文学经典与现代生活"等主题的研讨会，通过当代杰出学者的讲学论道，以开阔的视野、多元的视角，分析国情，诠释国学，从而增进学生对当代社会生活的认知，培养他们批判思辨的能力。

内地与港澳台及国外合作办学是中国高等教育改革的创新区域，是培养

---

① 郭齐家. 文明薪火赖传承：儒家文化与中国古代教育[M]. 济南：山东教育出版社，2011：141.

中国未来人才的摇篮之一。立足传统，开拓创新，吸收世界有益的思想文化资源，培育优秀的世界人才，推动中华文化传承与传播，推动中华民族复兴的伟大进程，是所有合作办学教育创新的意义所在。

| 第二章 | 国情国学教育

　　正如我们所见，发展博雅教育已经成为当前中国高等教育改革的主要方向和潮流。要在中国发展出真正的博雅教育，最为核心、最具价值，同时最困难的是如何融合中国传统文化的精髓与西方博雅教育的精神，探索出既与西方理念兼容，又与中国精神相通，适合当今世界与中国国情，融入中国人生活的新博雅教育。

　　如果我们回溯历史，其实可见中国传统教育的精髓与西方博雅教育的理念颇有异曲同工之处，两者的目标都指向人之本性，彰扬文化的生命力和创造力，以求身心和性灵的全面发展。传统书院，或是其他教育理念，如有教无类、因材施教、自省自克、身体力行、言传身教、教学相长，再如正心诚意、格物致知、修齐治平、经世致用、知行合一等，都是中国传统教育的内涵，也是中国在探索博雅教育过程中的独特文化资源，由此可以生发出具有中国特质、中国风貌和中国智慧的博雅教育，它可与西方的博雅教育在新时代脉络中相互激发与增益。

　　更为切要的是，在中国发展博雅教育也将为复兴中华传统文化的教育提供契机。由于历史上的种种因素，传统文化的教育长期受到忽视，花木凋零。特别是近代以来，随着中国走入世界，被迫融入西方主导的世界体系，传统的中国社会不复存在，传统的中国文化失去活力，传统文化经典由原来是中国人安身立命的根本，蜕变为一种纯粹的知识和学问，完全脱离中国人的生活和生命。虽然近年来传统文化教育日益受到重视，各个层面和各种力量都在努力探索复兴传统文化教育的方向和途径，但诸多的难题和困境急需破解。其中，最大的问题是——如何在当今社会重建中国传统文化与中国人生命之间的联系？如何在新的社会脉络中寻求民族文化与个体生命的相依相成？我们认为，发展植根中国传统文化的博雅教育将可能是一种行之有效的努力方向。

由此，我们提出发展一种以"文化为根，生命为本，知行合一"的中国文化教育模式，以此作为在中国发展博雅教育的思路和关键。在这个模式中，教育的根本目的不是技能训练，也不是灌输知识，而是要让生命获得尊重、焕发出光彩。只有全面发展的自由生命才能继承和创造灿烂的文化，也只有在深厚的文化滋养中，生命才有真正的源头活水。为此，我们提倡推行"知行合一"的"国情国学教育"。

一、概念与内涵

国情国学教育的概念是在充分反思和吸收当前国内文化教育经验的基础上提出来的。国情国学教育对一个国家的发展来说非常重要，它是民族凝聚力和社会发展的根基。在教育全球化的时代，在教育方式、理念和资源充分国际化的同时，教育也必须响应本土的、民族的和国家的社会发展需要。一个合格的世界公民，也必须是一个合格的国家公民。所以，在推动高等教育改革发展过程中，设计出有成效、成体系的国情教育课程对推动教育目标的实现具有重要意义。

为了更好地培育具有家国情怀的青年人才，联合国际学院在认真反思国内思想、文化教育的基础上，大胆探索和创新教育途径与方式，创造性地发展出"国情国学教育"模式，开创了融核心课程、教学研讨、系列讲座、文化创意、社会调查为一体的立体教学模式，集讲授、研讨、体验、思辨为一体。一方面强调"传统为根，文化为本"的国学传承，另一方面高扬"情系家国，心怀天下"的国情关怀，二者相融相济。

大学是思想和知识的生产者和传播者，肩负着推动社会历史发展的重任。纵观近现代民族国家的历史，任何一个民族和国家发展与崛起的背后离不开新兴大学的建立。从当代教育学来看，这是全球化时代人才培养的基础。因此，我们倡导的国情国学教育不是仅仅满足当下的短视型教育，也不

是只体现一种思想与哲学的单一的政治教育，而是面向整个民族历史与未来的教育构想。国情国学教育中的"国情"与"国学"的整体组合，正是基于这样的教育理念。

传统文化的深广资源与思想政治教育应是互渗相融的关系，这种相融不是理论的空谈，而是要体现在新教学理念的实际建构上。中国走怎样一条发展道路，是由国情决定的，而中国人如何走这条道路，国学中所蕴含的传统文化基因对此影响巨大。中国人民能不能探索出一条适合于自身发展的道路，取决于国人对于国情的认识水平，以及对深厚国学根基的承托。因此，我们要在大学教育中立足于当下国情，从国家长远发展的需要出发，以现代观点对传统文化进行思考和整理，汲取传统教育中的思想资源，结合当代大学生的特点，善加引导，培养学生传承并创造文化的主体意识，使学生能积极主动地对国家政治与国家发展进行关注与思考。

国情国学教育强调对传统文化的超越与回归，却不囿于传统、因袭传统，而是要拓宽视野，在比较中为学生开辟熔铸新知的思想路向，以利于传统文化在新时代的发展。教学应放开心胸，超越不同的空间、社会制度、传统，引入相应的学术研究成果，将古今中外人类的经验融合在一起，开阔学生的眼界，同时尝试以历史的、宏观的方式引导学生学习和研讨中国学者对民族发展的论述。在这样的时空穿越中，国情国学教育既超越了传统，广纳了思想资源，又可以在更高的层次上回归传统，增强学生对发展传统文化的使命感，并触发深入的思考。

国情国学教育的目的在于帮助学生加强对国情国学的认知和反思，教育不是为了教育而教育，而是着眼于培养真正了解社会传统和现实的公民。我们要让教学从传统的课堂模式上走出来，师生以知识为载体相互交流、相互启发、相互提升。国情国学教育需要在课程内容上做出探索，这些课程在内容上将回归到中华民族最根本的层面上去。它不是为某一段历史服务，而是面向整个历史和民族的未来发展。

同时，国情国学教育强调国情国学与学生专业修习的紧密关系。学生毕业后要真正发挥专业所长，不能离开我们特定的文化场域、特有的历史国情，单一的专业知识学习是难以适应时代发展的需要的。因此，联合国际学院一开始就已注重专业知识与国情国学的融会贯通。比如，学商科的学生，不仅要懂现代"商"的东西，也要懂中国传统商业文化的东西，此外，还应该具有相融于特定国情与传统文化的人格精神质量，这样才能贯通，才能既有根基又有眼光，在实际工作中游刃有余。

国情国学教育更多地关注当代中国的前沿问题。国情国学的课程不仅传授知识，更注重联系实际、鼓励创新。在日常生活中认识国情国学，学习的目的也是为了生活，联合国际学院鼓励学生将学习和生活结合起来。学生通过各种实践活动，把学习融入生活，增进自身对当代中国社会的认识与思考。联合国际学院的教学也会致力于培养学生的国际化视野，避免在历史反思中眼光过于狭隘。

二、模式的建构

推行国情国学教育的核心和关键是知行合一，即知识与生命融为一体。长期以来，中国式文化教育的最大弊端，是知识与实践、思想与行为、文化与生活长期脱节，知识教育践行于生命之外，无法激发和感化生命内在的意志和情感，更无法达到知识教育与生命成长相融相生的状态。无论是越来越热的国学研究，还是日益流行的经典教育，都无法回避这一问题和障碍。因此，我们必须以知行合一为目标，设计和开展国情国学教育；必须以开放的心态和开阔的视野来体认国学和认识国情，通过建构多元的课程体系，采用丰富多样的教育形式，利用学校、家庭和社会的各类资源，全面提升学生的国情国学素养，为其生命成长和人生发展奠定基石。

（一）国情国学教育的目标

1. 确立"文化为根，生命为本"的理念

这要求学生全面认知中国传统文化，并深刻了解其重要价值和意义，激励学生自觉承传弘扬，使其深扎文化之根，并能运用传统智慧应对现实问题。

2. 具备"情系家国、心怀天下"的品格

这要求增进学生对国家与民族的认同与热爱，增强学生的使命感和责任意识，激励其自觉承担社会责任，立志为民族发展贡献力量，并能立足中国立场观照世界，基于全球视野审视中国。

（二）国情国学教育的方式

致力于教育方式创新。在具体操作上，力求做到"四个结合"。

一是学校课堂与社会课堂相结合：在课堂教学之外，组织学生进行参访、调研和社会实践。

二是教师讲授与学生自修相结合：教师讲授注重启发，强调与学生互动，同时鼓励学生进行自主学习，并给予指导。

三是书本学习与体验、创意相结合：举行系列文化体验和创意活动。

四是课堂教学与学术研讨、文化交流相结合：举行系列学术讲座、文化沙龙等。

概括来说，国情国学教育有八种方式：体验、创意、研讨、讲授、参访、调研、实践、自修。

（三）国情国学教育的模型

国情国学教育模型以太极八卦图为蓝本，如图 2-1 所示。

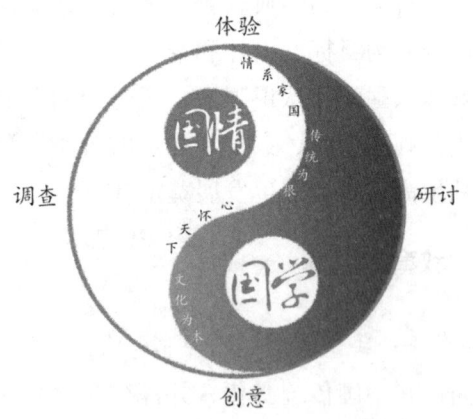

图 2-1　国情国学教育模型

太极八卦图乃是涵盖宇宙、社会与人生的抽象符号系统，为最具中国特质的文化标志。国学国情教育的内容与特质与之颇为对应。

太极由阴阳二气构成，二者互相依存，互相交融，构成有机整体。国情国学教育包括两个部分：国情和国学。从内容上说，前者侧重国家社会，后者侧重文化思想；从时间上来说，前者侧重现代，后者侧重传统。无论是从内容还是从时间来看，二者都是一个相互交融的整体，这与太极阴阳二气的关系颇为相似。阴阳二气在此消彼长、互相转化中运转不息，这代表了国情国学教育也并非一成不变，而是会与时俱进，在讲授内容和方式上不断调整和创新。太极有八卦，而国情国学教育的目标由前文所述的八种途径实现。

（四）国情国学教育的形式

联合国际学院希望通过一系列贴近实际、贴近生活、贴近学生的国情国学教育课程和文化活动，开阔学生视野，丰富学生对民族和国家的全面认识，培养学生多角度、多层面分析当代中国问题的能力，并引导学生思考未来中国的发展方向，树立正确的时代责任感与使命感。同时，在具体教学过程中，开发创新的方式和途径，引导学生思考中国的历史和传统，关注当代中国国情，认清社会现实问题，明晰自己的角色和地位，更好地促进学生的自我价值的实现。

在具体教学设计过程中，联合国际学院将课程融入专业学习、人生体验与当下思考中去，而不是孤立出来做一种硬性的灌输，从而使课程生动起来，消除学生以往认为课程内容空泛、现实性不强、无趣、无用的偏颇认识。联合国际学院力求结合传统、关注前沿；结合理论、联系实际；注重体验、丰富情感，把国情国学教育渗透于日常学习与生活中去，增进学生的反思与创新能力。在几年来的实践中，联合国际学院不仅提出了创新的理念，并探索出了多种实践方式，显现出比其他高校更大的灵活性和更强的践行能力。

1. 课程设置的创新

联合国际学院针对教学内容与实际生活的脱节，设计出一系列能够有效提高学生思想道德素养，有现实意义和实际价值的课程内容。例如，"当代中国专题研究"课程作为国情国学教育课程之一，充分利用联合国际学院雄厚的师资力量，设计了一系列极具吸引力和影响力的专题，邀请各学部顶尖的教授每周主讲一个专题，着重于剖析中国的国情，分析各个领域在当代中国的发展，丰富学生对国家的全面认识，培养学生多角度、多视野分析当代中国问题的能力,引导学生思考未来中国的发展方向。"大学国文"课程要求通过从哲学、历史、政治等人文综合视角对中国古代文学经典作品进行观照,使学生通过阅读、思考、讨论、辨析,批判地继承和借鉴前人丰富而深刻的思想成果,同时陶冶情操,培养创新思维,从而全面提升学生人文素养。"中国历史与文明"课程以传统与现代、中国与世界的比较研究视角来学习中国"饮食""服饰""婚姻""礼仪""教育"等文化专题,通过研讨中国传统生活方式,分析文化发展,帮助学生理解中华历史与文明演进的历程,认识中国与世界的关系,形成学生思考当前文化现象、分析社会问题的思想基础。"中国社会思潮"课程在勾画中国社会思潮主线时突出两个侧重点:一是先秦诸子哲学,二是近现代革命思潮。雅斯贝尔斯说:"人类一直靠轴心时代所产生的思考和创造的一切而生存,每一次新的飞跃都回顾这一时期,并被它重新燃起火焰。"这一课程要让学生理解近现代以来中国的思想突进与社会巨变,就需要回顾前轴心时代的先秦诸子哲学思想资源,点燃批判性思维的火焰,照亮思想探索的道路,从而帮助他们深入理解三民主义、马克思主义中国化和改革开放后的新思想。

2. 教学形式的创新

联合国际学院采用多种教学形式相结合的教学方法。例如,"当代中国专题研究"课程采用专题讲授形式,每周由不同的教授讲授各自研究领域的知识和现状,主要设计有:全球化与中国未来发展、中国教育、中国科技、中国新闻、中国外交、中国统计、中国经济、中国影视、中国法制、中国文化产业、中国环境、中国食品安全、中国社工等专题,增强学生对中国国情的认识,并联系各专题中具体的社会实例和教授内容进行分析、讨论和反思;"大学国文""中国历史与文明""中国社会思潮"采用口头报告、小组课题、课堂分组讨论等形式,通过将所有学生分成不同的学社,选取有价值的课题加以分组进行研究并形成报告,增强学生对课题的理解和分析能力、创造性地运用所学知识的能力、表达和交流能力以及团队合作能力。

3. 实践活动的创新

联合国际学院由课堂内向课堂外延伸,将研究式教学与体验式教学相结合,举办国情国学教学研讨会、国情国学教育系列讲座、国际学术研讨会(见附录)、校长开学第一课、文化沙龙等校园学术活动;中国文化创意大赛、创意五月、高桌晚宴、传统节庆活动、辩论赛等校园文化活动；国学研习营、民风民俗调查、假期文化考察等社会课堂活动。

以下是部分重点实践活动的简要介绍。

（1）国情国学教学研讨会。国情国学教学研讨会是联合国际学院构想的研究型、参与体验式思想政治教育新途径。为此，联合国际学院展开了初见成效的教育实践探索，在"中国参与世界""城市与海"等主题的研讨中，邀请海内外专家学者汇聚一堂，就如何在当前的世界发展进程中建设中国特色社会主义等热点问题展开讨论。学者"讲学"与学生"问学"交融于一堂，学生在感受他们的学养风度的同时，更能借助他们深入浅出的演讲开阔思维和眼界。通过这样的研讨活动，校园掀起关注中国国情，努力学习思考的热潮。本书第四章至第十一章将有详细展示。

（2）寻根中华义理。在冯燊均先生的中华义理经典诵读工程的支持下，联合国际学院中国语言文化中心每学期都举办"中华义理寻根之旅"的交流活动。从儒学与和谐社会建设的关系出发，学者以自己的亲身经历与体验教导学生。例如，联合国际学院的师生徒步走黄河，站在黄河边看中华民族的十大祖训，领悟何为人生真乐，如何寻找人生真乐等等，以此在交流中增强学生对中华义理的理解，于无形之中提升学生的人格修养。

（3）文化沙龙。联合国际学院中国语言文化中心定期邀请一些知名的学者、作家、媒体人士来学院和学生进行交流，探讨人生。目前，已有凤凰卫视《纵横中国》栏目策划人胡野秋先生，著名诗人、教育家痖弦，当代著名作家邓刚、徐小斌等与学生分享他们丰富多彩的人生经历以及他们对当代中国社会、国情的认识，这些都开阔了学生的视野，增进了学生对当代生活的认识（见附录）。

（4）中国文化创意大赛。为了做到课堂向课外的延伸，联合国际学院在学生课堂小组课题的基础上举行一年一度的"中国文化创意大赛"，学生通过对国情国学知识的学习，将自己对中国文化历史的反思，对当代社会焦点问题的关注以舞台短剧、小品的形式展现出来，极大地锻炼了学生的创意才能。联合国际学院邀请社会各界文化名人担当评委，并拟筹办"全国大学生中国文化创意大赛"，希望这种形式能够推广到全国。截至2016年，联合国际学院已举办十一届"中国文化创意大赛"，评出的优秀作品（见附录）。

（5）国学研习营和游学营。联合国际学院中国语言文化中心于每年暑假组建的国学研习营也是开创体验式教学的一种新探索。国学研习营由专家教授带队，一面走访山水名胜，一面游学访问，与各地高校进行文化交流活动。联合国际学院已经举办了"庐山国学研习营""山东国学研习营""江湖国学研习营""河南国学研习营""台湾游学营"等活动，通过广泛的校际交流、深厚的文化滋养、广阔的社会文化视域，帮助学生提升综合人文素养与思想境界。

（6）国情调查。国情调查是国情国学教学内容的一部分，是联合国际学院创新国情国学教育方式的有益尝试。联合国际学院组织学生利用节假日到各地进行国情调查，以拍摄 DV、图片、文字描述的形式记录所见所闻，并将其纳入学生平时成绩评定的考核内容当中。这样的调查活动使学生主动深入到中国的国情和民生当中，不但培养了学生的爱国情怀，更引领了关注民生、聚焦社会的深入思考。

4. 考核方式的创新

国情国学教育的创新考察方式不是单纯地以期末试卷来考核学生的思想道德文化素养，而是将考核重点放在学生的平时表现中，采取多样化、持续性的考查方式。它包括出勤、作业、课堂表现、参与讨论和报告的情况，在小组中的合作精神、参与度以及思考分析能力等，关注学生在实际任务中是否能够灵活运用所学知识加以创造性的发挥。同时，期末考试的形式也可以多样化，除了一般的试卷形式，也可以是研究性小论文、书面报告等。

第三章 探索与实践

在教育全球化的时代，联合国际学院在深刻反思当前国内思想政治教育和大学国文教育的基础之上，从民族和国家发展的宏观层面出发，以更开放的心态与视野，努力开拓和创新国情国学教育的路径。

一、教育实践概述

这一部分将简述校长开学第一课、国情国学教育系列讲座、国学研习营和中国台湾游学营的实践，其他教学活动和成果将于其他章节做出说明。

（一）校长开学第一课

从 2015—2016 学年上学期开始，联合国际学院校长吴清辉教授于每学期伊始均会给全校学生主讲"开学第一课"，话题主要着眼于时政热点，内容紧紧把握时代脉搏，形式生动、有趣、接地气。讲座场场爆满，现场学生们热情提问。吴校长主讲"开学第一课"体现的不仅是一种鲜明的态度——对国情国学教育的重视，而且还是躬身力行的引导和示范。迄今为止，吴校长已主讲了以下四个主题的"开学第一课"，成为国情国学教育中的一个重要组成部分。

1. 主题一："中国崛起——社会主义核心价值观探讨"

吴清辉校长在演讲中谈到，人类社会总体的发展方向是从野蛮到文明，从以力服人到以利服人，再到以德服人。"道德"在历史发展中发挥着重要

作用。20世纪80年代末到90年代初，东欧剧变、苏联解体后，日裔美籍学者福山曾著《历史的终结与最后的人》一书，认为西式，更准确地说是美国式的政治制度将是人类历史最终的发展方向，历史将终结于资本主义制度。但中国特色社会主义道路的开辟证明了这一观点的错误。人类社会的发展路径是多样化的，全球化并不意味着西方化、美国化，而是一种文化多元发展的趋势，各个国家应有一套自己的价值观体系。中国文化是人类历史上唯一延续五千年不断的文化，其包容、多元、热爱和平、与人为善等普世价值在当下仍有借鉴意义，在全世界都在关注中国的今天，我们更应重视自身价值观建设。

香港科技大学荣休讲座教授张东才先生也曾以此话题在联合国际学院进行演讲。张教授认为，实现中国崛起，不仅要靠经济、军事上的发展，还必须重视道德文明建设，而以人为本的价值观建设必须建立在维护群体利益、促进社会可持续发展、追求人与自然和谐的基础上，其核心应是科学、理性、诚信、责任、公平、正义、人道与宽容，只有这样才能实现个人伦理和社会权利的理想价值，最终实现全民幸福美好。

2. 主题二："战争与和平——校长话阅兵"

2015年9月3日，为纪念中国人民抗日战争胜利暨世界反法西斯战争胜利70周年，中国举行了一场举世瞩目的盛大阅兵仪式，吴清辉校长应邀前往北京现场观礼。为了与同学们分享本次现场观礼的感受，也为了与同学们交流和讨论近代中国历史和当代中国国情，让同学们对大阅兵的价值和意义有更深更全面的认识和理解，吴校长于2015年9月23日，给全校同学做了题为"战争与和平——校长话阅兵"的国情教育讲座。

吴校长首先简单回顾了当天他在现场看到的阅兵盛况，阅兵式上的众多场景，如升国旗的仪式、鸣礼炮的时刻、老兵敬礼的手势、受阅方队整齐划一的步伐等，都令他印象深刻。接下来，吴校长着重谈了这次大阅兵的价值和意义。他说，近代百年以来，中国一度国力衰弱，屡战屡败，备受屈辱，在历史的黑暗中反复抗争，中华民族面临着存亡的危险。而70年前抗战的胜利改变了中国的命运，这是中国人民在近代历史上第一次在抵御外来侵略中取得了完全胜利，中华民族的近代历史从此翻开了新的一页。他还说道，与美国及其他欧洲国家相比，中国的抗争时间最长，中国人民的付出最大、牺牲最惨重，我们应该对其有一个全面的认识和理解：中国抗战的胜利得力于世界人民的支持，而世界反法西斯战争的胜利更离不开中国人民的贡献。

作为亲历战争的那一代人，吴校长深情地回忆起抗日战争时期的艰难岁月。当时吴校长一家因为战争，不得不从上海迁往湛江。为了安全起见，一家人不能一起走，只能走一半留一半，他的兄长和姐姐都留在了上海，兄长做着卖报纸的工作，在街上碰到日本人要鞠躬行礼，因此他们对这种民族的屈辱有着切身的体会。吴校长声情并茂的讲述，使在场听众仿佛回到了那个战火纷飞的动荡年代，同时也对战争的残酷有了更深的认识。吴校长提醒同学们，这次阅兵不是为了炫耀武力，而是通过阅兵向世界展示中国维护和平的决心和能力，并且证明当今中国完全有能力保护国家利益和人民福祉，维护世界和平。生活在今天的中国，同学们更应该珍惜当下和平、美好的生活，懂得感恩，不要忘记民族的历史。

3. 主题三："践行新理念　推动新发展——'五大发展理念'在UIC成长中的实践"

2016年4月6日，吴清辉校长围绕习近平主席在2015年10月提出的"五大发展理念"展开演讲，详细地阐释了创新、协调、绿色、开放、共享的思想内涵，分享了自己对这五大发展理念的理解和体会。

吴校长指出，如今中国处于发展的瓶颈期，要找到新的发展方向，保持稳定的经济增速，创新就是非做不可的事，是发展的第一动力。同时亦要注重协调发展，凸显社会主义的优势，做到全国一盘棋，全面、统筹发展。在这个过程中，国家也亟须改变发展模式，由之前的粗放型转向绿色的、可持续的发展。开放、包容是现代社会的基本元素，而开放也一直是中国的基本国策，与过去相比，我们不仅要引进来，还要积极走出去，提高我们的国际话语权。例如，"一带一路"即是开放发展的重大战略之一。最后，坚持发展是为了人民，发展成果要由人民共享，其中扶贫开发、加快民族地区经济社会发展显得尤为重要。

在对五大发展理念进行具体阐释之后，吴校长指出联合国际学院作为内地与香港合作创建的第一所新型高校，整个创校、建校的历程正是在新的历史机遇下，走出的一条中国高等教育改革创新之路。他还将联合国际学院对五大发展理念的实践概括为"京港携手，崇尚创新；校村共建，注重协调；

环保生态，倡导绿色；联合国际，厚植开放；植根珠海，推进共享"，并认为联合国际学院的成长故事正与习主席提出的五大发展理念和精神不谋而合。

4. 主题四："天下为公——纪念孙中山先生诞辰 150 周年"

2016 年 11 月 12 日是孙中山先生诞辰 150 周年纪念日。为缅怀先辈，学习孙中山先生的革命思想和奋斗精神，2016 年 10 月 19 日，吴清辉校长以"天下为公"为主题向全校学生讲了一课。

吴校长首先指出，孙中山先生是中国近代民主革命的伟大先行者，值此纪念孙中山先生诞辰之际，联合国际学院人不仅要纪念伟人的历史功勋，更要结合联合国际学院的特色，学习、传承和发扬他的思想与精神。吴校长接着为现场师生生动讲述了孙中山先生传奇的一生：从少年求学立下"慕西学之心，穷天地之想"的心志，后在学识与文化上达到了中西融会贯通的境界，从广州起义到建立同盟会，再到辛亥革命成功、建立民国政府、让位于袁世凯……吴校长将孙中山留给后人的精神财富概括为"敢为人先""中西融合""励志笃行"和"天下为公"四个方面。

最后，吴校长阐述了孙中山先生的人生经历对今日联合国际学院人的启示和意义，勉励同学们能继承与发扬"敢为人先"的精神，锐意进取，不断拓展国际视野，纵观中西文化，并继承孙中山先生"将振兴中华之责任，置之于自身之肩上"的家国情怀，以中国改革发展为己任，不因失败而灰心，不因困难而缩步，"精神贯注，猛力向前"。

（二）国情国学教育系列讲座

以加强学生理解当代国情、提高传统文化素养为己任，联合国际学院连续多年举办了以"深植中国根基、孕育人文情怀"为主题的国情国学教育讲座和文化沙龙。三十多位富有学术创见的著名学者、政府官员以及海内外知名文化人士，以演讲、对话、茶叙和高桌晚宴等形式讲学，以其开阔的视野、多元的视角给学生带来对国情国学的新认知，丰富了联合国际学院学子的思想，加强了其对国情国学的感知和了解，培养了学生"情系家国、心怀天下"的人文情怀。这既促进了学校教学、学术的发展，又为国情国学教育增添了实践的出彩一笔。以下简述这些杰出学者、著名作家讨论的主题。

1. 韩少功：文学创作漫谈（2008年5月20日）

韩少功是中国当代著名作家。在讲座中，韩先生与同学们分享了他昔日丰富多彩的人生经历以及自己走上文学道路的过程。他坦言，青少年时期下乡、务农的经历对他的写作生涯有着很大的帮助。他说："我16岁下乡，过了一段很艰苦的生活，那段经历有它的好处，让我见识了很多校园外的生活，接触了广泛的乡村社会。农村生活让我经历更丰富，艰苦的生活让我拥有顽强的意志。人生总会有风风雨雨，不会一辈子总是顺利、开心。年轻的时候经过艰苦的生活，在后来遇到困难的时候，我有时候会觉得自己能力不够，有时会遇到不公正的待遇，当这样的情况出现的时候，就会想，那样的苦都过来了，这点苦算什么！"在交流的时间，韩先生语重心长地对在座同学说，从事文学创作"上要着天，下要着地"，既要有广阔的文化视野，亦要深入现实，不能"漂浮"，心中有大事，但要从手上的小事做起。

2. 黄春明：一个"不良少年"的成长与文学（2009年3月23日）

黄春明是台湾乡土文学作家。在演讲中，黄先生向在座师生讲述了自己如何由一个"不良少年"转变成为著名作家这一充满传奇色彩的人生经历。他告诉同学们阅读对于人生成长的重要性，要增加阅读量，多读些名家作品。多读些流传已久的经典，即使当不了作家，我们也可以开阔视野、改善知识结构、改变心态和气质、提高个人修养。在人生经历方面，黄先生特别强调了磨砺对人生的巨大作用。黄先生告诉同学们，只有经历挫折以及磨难，才能为自己的人生积累重要的精神财富，并且可以激发自己的潜能，让自己更早、更好地融入社会，给自己更好的定位。

3. 余秋雨：中国传统文化的当代价值（2009年4月24日）

余秋雨是当代著名散文家、文化学者。他在演讲中提出，中国文化在当代世界上的价值，并不是只有古代的诗词和故事，光看古代是一种保守主义和复古主义。我们不能继续高调宣扬、炫耀过去多么辉煌，而是要寻找自身的价值系统和中国方式。处理任何事情一定都有一个恰当的点，也可以说，就是中国文化追求的"中庸"。这个点我们可能一时没发现，但不代表它就不存在。余先生认为，中庸之道不走极端，但兼收并容，这与文化所要求的包容性相契合，在中国当代文化思维中有着不可替代的价值。但是，中庸之

道必须建立在君子之道的基础上，就像文化需要被公正对待，沿着正确的轨道发展。

4. 毕飞宇：文学与旅行（2009年11月23日）

毕飞宇是著名小说家兼诗人。这是一次热烈有趣的文化沙龙。在被问及对写作的看法时，毕飞宇将写作比作旅行，每一次的写作都是在现实与虚幻中不停游走，犹如一次思想的旅行与解放，是一种"忘我"的境界。沙龙的形式让同学们见识到了作家日常生活的一面。在原本的书本阅读中，我们想象的作家都是沉稳孤寂的，然而，在沙龙上我们看到的毕飞宇并非只是"两耳不闻窗外事，一心只写案上书"，他将对社会、人性的关心都倾注到作品的文字表达中，让我们看到了一位作家应有的济世情怀。

5. 张炜：阅读是一种珍惜（2010年4月27日）

张炜是著名作家、中国作协副主席。张先生认为，现代生活给传统阅读带来了巨大的冲击。由于功利主义在现代社会的渗透，人们愈发浮躁，很少再有人沉下心去品读一本好书，而现代人的情感交流能力，也因一系列科技因素的影响而在逐渐淡化。张炜说，"阅读"其实是与作者穿越时空的遥远对话，是一种精神上的交流与共鸣，这是阅读在任何时代所共有的特性。张炜结合自己的亲身经历，并以歌德、托尔斯泰、海明威等西方知名人物为例，向在场师生进一步阐释了阅读的重要性。最后，他强调，阅读书籍同样也是阅读人生，阅读良好的书籍是提升个人品位的重要途径，作为大学生，一定要"读好书，多读书"。

6. 王汎森：历史的思考——读历史有用吗？（2010年4月29日）

王汎森是台湾"中央研究院"副院长。他认为，读历史，要置身于情境当中。"观水有术，必观其澜"，"事不孤起，必有其邻"，历史的思考，很大一部分在于以史为鉴。他指出，每一件事都不会是孤立的，了解一件事就要了解它的历史。常读历史，能够了解大致趋势。他以"历史与鉴戒"专题强调了"史德"的重要性，以"历史与思古之幽情"专题叙述出历史故事对于情感的影响。同时他也分享了历史的乐趣、读史的方法。"学习历史恰如一块敲门砖，敲开门，走出来的人却是你自己。历史所学，最终要为我所用，作为成长的积淀，它会帮助你成功。有了历史感，你会发现你生活的地方就可以成为一个博物馆，有内容、有深度，自己的人生也不会平淡。"

7. 骆以军：梦中寻梦（2011年4月12日）

骆以军是当代著名作家、香港浸会大学第三届"红楼梦奖"首奖得主。骆先生以他父亲生病到去世的过程为线索，细致而动情地讲述了他与他的家人、朋友之间发生的故事……如梦似幻般，交织在他的回忆里，梦里梦外都难分辨了。骆先生随和地把生活的曲折、变动，个人的弱小、孤独，都通过故事讲述出来，让在座师生对生命有了新的的启迪和感悟。同时，骆先生也说，写作是个熟能生巧的过程，他曾经花了一两年的时间一边阅读一边抄写看到的优秀小说。他表示，正是这样一种把阅读放慢的过程，才能体会到每一处细节描写的独特魅力，才能学到表达的绝佳方法。

8. 张隆溪："天人合一"的跨文化理解、西方的中国观：回顾与前瞻（2011年5月18—19日）

张隆溪是著名学者、香港城市大学比较文学与翻译讲座教授。张教授首先向大家阐释了文化自信力和国情的关系。他认为，现在的中国处于历史较好阶段，中国人应该对自己的文化有自信。这种自信不仅是发现自己文化的独特性，而且是学会看清当下国情与其历史背景的紧密联系，以现代人的视角去思考传统文化，多角度看待中国发展和世界的关系，只有这样，才能真正地弘扬中国文化。

在张教授看来，中国传统思想中的"天人合一"理念并不仅仅意味着人与自然平等交流，而是有着更深刻的社会文化内涵。对中国文化中"天人合一"思想的跨文化理解，有助于加深对东西方人文传统的理解，避免文化之间的简单对立，也加强我们不同文化相互交流与理解的信念。

在题为"西方的中国观：回顾与前瞻"的演讲中，张教授认为，要理解西方认识中国的独特性，就必须把握历史的脉络。张教授通过对西方的中国观的衍变历史的回顾，讨论当前海外"国学热"，并对西方的中国观做出了他的评论，也对将来的发展趋势做出了他的预测。

9. 郭齐勇：儒家教养的意义、道家的智慧（2011年10月19—20日）

郭齐勇是武汉大学哲学院教授、国际中国哲学会会长、中华孔子学会副会长。

郭教授重点阐发了儒家教养、心性涵养的当代意义。他指出，儒家教养在今天有重大的安身立命的意义。在法治社会的前提下，构建现代公民社会的伦理体系，需要传统思想资源特别是儒学的支撑。当前，中国亟待重建真正具有内在约束力的信仰系统，即以"仁爱"为核心的价值系统。以"仁、义、礼、智、信"等价值与"温、良、恭、俭、让"等品行来美政美俗、养心养性是历史上儒家教育的传统，值得我们借鉴。将其用于今天公民社会之公民道德的建设之中，这也是我们今天构建和谐、文明的现代中国社会的需要。

在以"道家的智慧"为题的演讲中，郭教授指出，"治大国若烹小鲜"，无为而治，以清静之道治国是老子的管理智慧，这是对孔子智慧的一种补充。老子要求我们要善于为人生做减法，这样才能站得更高、看得更远、规避风险。

10. 关愚谦：中欧文化碰撞与异同（2011年11月8日）

关愚谦是德国汉堡大学教授，现任欧洲华人学会理事长、德中文化交流协会会长。关教授谈到了更深层次的中国问题，也讲到了中欧文化的异同。关教授认为欧洲文化倾向于进取性，而中国文化则倾向于自律性。在关教授看来，中国像一艘大船，船上有着十三亿人，百年的侵略如同大风大浪，哪怕在今天，仍然饱受内部破坏和外部磨难。但在此种情况下，中国文化发挥其重要价值，在当代更有存在的必要性。关教授建议，至少要做三个整理：整理什么是中国传统文化，整理西方的主流文化是什么，整理近60年中国的骄傲和失败。"对于中国文化，不要欺负、贬低，而是整理它。"他认为，唯有这样，才能找到自己的方向，让中国文化发扬光大。

11. 景海峰：国学与当代中国文化、近代中国的佛教（2011年11月10—11日）

景海峰是深圳大学文学院院长、教授，中华孔子学会副会长。在以"国学与当代中国文化"为题的演讲中，景教授分析认为，从时代变化和发展的总趋势着眼，今天的"国学热"实际上是中国文化由弱势向强势逐渐演变和过渡的一个表征，是在整体上重新认识和评价中国文化，对中国传统给予一个新的定位，在挖掘和诠释的过程当中，重塑中国文化的崭新形象。从宏观上来讲，当下我们还要处理好"中西融合"、中国传统如何与马克思主义相结合以及学术传统与民间力量如何形成良性互动等重要问题。

在以"近代中国的佛教"为主题的演讲中，景教授总结道，要应对中国佛教在"西洋潮"的冲击之下，怎么样把这种历史上留存下来的遗产或者资源传续、发扬下去，供后人能够融合到新的文化系统里面，活泼泼地生长下去，这实际上是一个时代的大挑战。用各种方式把它延续下来，然后再向前发展，那些对佛教现代转化的尝试和努力都是十分有意义的。

12. 许纪霖：如何从富强走向文明——中国崛起的再思考、什么是人文教育（2012年3月12—13日）

许纪霖是华东师范大学历史系教授。在题为"如何从富强走向文明——中国崛起的再思考"的讲座中，许教授首先说明了当今中国的重要性。2008年金融危机后，中国崛起成为事实，国际诸多学者对中国当今及未来发展大为看好，出现"唱盛中国"的局面，但作为中国人，我们应该理性看待并分析中国的现状及未来。许教授认为，崛起应分为两种形态：一种是富强的崛起，另一种是文明的崛起。关于富强的崛起，许教授将其分为三个层面来说明：第一层面是器物现代化，第二层面是国民竞争力的提升，第三层面是制度的合理化。许教授强调，中国目前所缺的是文明的崛起，当前社会已陷入一种精神迷失状态，很多人开始找不到方向。因此，中国需要创造一套价值观，这套价值观不能与普世价值相对抗，需与其接轨，当然也可以有自己的创造在里面。

2012年3月13日，许教授以"什么是人文教育"为题进行演讲，指明人文教育的核心是人格教育，然后进一步引出大学生应学习什么。他以联合国教科文组织发表的报告提出的"learn to learn, learn to be, learn to do and learn to together"为中心展开演讲。许教授对大学有自己独到的见解：大学不仅要提供专业知识教育，更应该提供博雅教育，通过博雅教育熏陶精英人才。同时，他具体阐述了大学生应学习什么、如何学习。

13. 阎连科：做写作的叛徒（2012年5月2—3日）

阎连科是中国人民大学文学院教授、香港浸会大学国际作家工作坊驻校作家。阎先生首先谈到文学、作家与社会的关系问题。他认为，文学应该为人服务、对人性承担、对社会反思与评论。阎先生语重心长地劝现场同学趁着年轻，多读一些好书。在演讲中，阎先生指出，当前中国社会比以往任何时候都更加复杂多变，人性的阴暗面似乎也暴露得更多。但当今中国的文学写作，却恰恰逃避了这一点。阎先生认为，文学是人学，应以人心、人性为中心。写作不能只是为了出版，为了挣钱，为了迎合读者。一个作家的一生，至少要有一次，去超越政治、社会、利益、思维定式所施加于他的限制，真正充分地在写作中发挥心灵的自由与才情。只有这样，才能写出伟大的作品。

14. 王蒙：文学面临了什么（2015年3月9日）

王蒙是当代著名作家，曾任文化部部长，2015年获联合国际学院颁授荣誉院士。围绕"文学面临了什么"这一主题，王蒙先生从科技、市场化和社会转型三方面进行了分析和阐述。他认为文学所面临的第一点现状是迅猛的、日新月异的信息科学技术带来的冲击；第二点现状是来自于市场和大众的双重挑战。基于对中国社会大变革的分析，王蒙先生指出，文学面临的第三点现状是革命之后，文学何去何从？王蒙先生说，提到近代革命，也许部分同学感到陌生，毕竟那个时代已经远去了。但当我们回头审视与革命和革命年代有关的文学作品时，不论是中国的还是外国的，都能感受到充满在文字中间的昂扬向上的激情。除了革命本身，文字也许是承载激情的最好载体。故而在革命年代出现了很多优秀的作品。他以诺贝尔文学奖获得者、南非拉丁女作家纳丁·戈迪默的创作为例，引发众人思考革命之后文学应如何走下去。

15. 李欧梵：听"石头"讲故事——我看中国古典名著《石头记》（2015年5月14日）

李欧梵是香港中文大学人文学科讲座教授、美国哈佛大学东亚语言文化系中国文学教授，现为联合国际学院人文与社会科学学部顾问委员会主席。李教授提到，小说在清代还没有被视为正统的文学形式，曹雪芹作为一个贵族世家出身的人，却采用小说的形式进行写作，"包罗万有"地去追溯贵族世家的往事，是一件很难得的事。"小说实际上写了两层世界，一个是包罗万象的外面世界，一个是艺术的世界，我们可以感受到中国文化抒情美学的境界。"他又说："《红楼梦》以女性形象为主，虽然大多数形象无法被正统儒学所肯定，但丝毫不影响它的受欢迎程度和在文学史上的地位。小说中以女性为主体的复杂人物关系以及大观园等建筑体现出的中国山水园林美学，这都是文学史上的第一次。"

（三）国学研习营

每年寒暑假组织的游学营活动是联合国际学院国情国学教育体验式教学的一种探索。游学营由专家教授带队，师生以游学的形式，走访名胜古迹、考察民风民俗，亲身感受文化魅力。它的主要活动除了聆听知名学者、作家或文化名人的讲座之外，学生也有机会参访不同的大学并与当地的学生进行对话与交流。当然，参观博物馆、名人故居、文化景点和感受自然风光也是其重要的内容。

其中，以传播和学习国学为主的"国学研习营"一共举办过5次，分别是江西的庐山国学研习营、山东的齐鲁文化国学研习营、江西与湖南的江湖国学研习营、河南的中原文化国学研习营，以及贵州的阳明国学研习营。学生在跟随名师研习学问的过程中，不仅游览风景名胜，凭吊历史文化名人，更学会用批判的思维传承民族传统、弘扬中华文化、延续文化的命脉与精髓。

1. 2007年庐山国学研习营

本次研习营从南昌出发，旨在寻访白鹿洞、庐山、上饶、景德镇、鹅湖书院等一系列文化圣地，在这些有着千年传统文化底蕴的厚土上，师生共同研习国学，弘扬中华文化，延续儒学的命脉与精髓。全程历时9天8夜，参行成员不仅包括联合国际学院师生，也有来自中国台湾的知名教授学者、大学中学教师、博士生、硕士生、高中生等，虽来自两岸各地，年龄参差不齐，大家却为了追求文化的真谛而走在了一起。悠悠赣江边的滕王阁上，师生徜徉在文人墨迹之下，再一次感受到王勃作序时的心境。在古朴典雅的白鹿洞书院中，各位教授也依次进行了生动有趣、引人深思的演讲。研习营一行先后登临雄奇险秀、素有"匡庐奇秀甲天下"美誉的庐山；浏览东林寺，听住持侃佛；又远观有东坡题诗的西林寺；前往景德镇，览古窑遗址，游瓷器博物馆；再往南走，至上饶寻稼轩墓，祭蒋士铨，访鹅湖书院。一路上，风光无限，各位教授亦随时随地即时讲学。至行程结束，每一位成员都感觉受益颇多。此次，以"追寻庐山国学文化"为主题的研习营不仅让各位参与者更好地相互交流沟通，更让学生在感受到历史的同时，亦学会了用怀疑的目光、批判的思维去欣赏历史、继承历史。

2. 2008年齐鲁文化国学研习营

自古齐鲁地区便圣贤辈出，文化博大精深。此次，国学研习营也选定了具有深厚历史内涵的山东省作为目的地，展开了一场齐鲁大地上的国学之旅。10天时间，教师和学员走访了济南、章丘、聊城、泰安、曲阜、邹城以及枣庄，先后游历了大明湖、千佛山、趵突泉、泰山、三孔（孔府、孔林、孔庙）、周公庙、孟庙、荀子墓、微子墓、张良墓、微山湖、灵岩寺等众多名胜。其中，在齐鲁文化精髓"一山一水一圣人"之处，带队教授更是随性开讲，学者间对于如何弘扬、传承和复兴中华传统文化的热情洋溢的讨论影响了在场的每一个人。短短10天，学子一路观景、闻道、瞻仰先贤、体悟历史与文化，一路与山东大学、聊城大学及孔子书院的教授及学生进行了气氛热烈的讨论和切磋学习。此次游学的魅力不仅仅在于深入到中国学者与文人的心灵故乡，更在于其发扬书院精神、研习儒家文化、体现师友相亲与教学相长的精神与宗旨。这些志同道合的人会聚到一起，相遇、相知、相学习、相砥砺，在齐鲁大地上留下了深深的足迹，也留下问学与求真的种子。

3. 2009年江湖国学研习营

本次国学研习营历时10天，跨越江西和湖南两个省，参与者有来自海峡两岸的四十多位师生，可谓是一场不亦乐乎的江湖游学。师生先到达古称"庐陵"，具有"江南望郡"和"文章节义之邦"之称的江西省吉安市，从井冈山大学开始体会兼收并蓄、重视学习而又关怀天下的庐陵文化。而后，师生到达南宗禅学的祖庭青原山，在千年古刹中领略禅宗这道中华文化中的独特风景；访问白鹭洲书院，浏览传统理学中的"光风霁月"；参观文天祥、欧阳修纪念馆及故里，感受国学在民间的涓涓长流。众人在领略吉安风土人情的同时，也震撼于传统文化在民间的长久保留。

为开始第二阶段的游学，国学研习营辗转至湖南。于岳阳楼中，瞻仰了范仲淹《岳阳楼记》的刻写版本，体会了杜甫"昔闻洞庭水，今上岳阳楼"的感慨；荡舟洞庭湖上，共悟孟浩然"气蒸云梦泽，波撼岳阳城"的震撼。岳麓山上，岳麓书院再现湖湘学派精神，书院所举行的岳麓讲会为我们还原了岳麓书院的发展及其传统精神与影响，令人感触颇多。10日既毕，却意犹未尽。行走在江西湖南的文化厚土上，既有风景游览，又有文化学习与研讨，新颖别致，饶有趣味。乃至于游耶学耶，早不分彼此。由是知学海无涯，乐亦可作舟。

4. 2010年中原文化国学研习营

此次联合国际学院师生一行与来自中国台湾和大陆其他高校的师生会合，前往中华文明的核心区——古之"中州"。以河南开封、洛阳、郑州为范围，考察中原文化、儒道释三家传统及相关的文化内涵。在本次国学研习营的游学之旅中，不仅考察中原各处古迹文物，与河南大学、郑州大学、嵩阳书院、少林寺等进行交流，亦同河南大学、郑州大学深入切磋，利用此行举办"中华文化的阐释与发展研讨会"，强化研习成果。在国学研习营开营仪式上，河南大学副校长和文学院教师在该校黄河文明与可持续发展研究中心接待了来自两岸的国学研习营师生，多位学者为大家讲述了开封的历史与中原文化。同时，在海峡两岸第四届国学研习营"中原文化之旅"学术研讨会上，参加研讨会的专家学者一一阐述自我研究所得，领域实广，观点新奇，使国学研习营师生颇感获益。短短10天，研习营一行人先后参观游历了龙亭公园、古马道、开封博物馆、大相国寺、龙门石窟、白马寺、嵩山少林寺等多处文化古迹，聆听古琴讲座，欣赏独具风味的豫剧，目睹少林"机锋辩禅"，在这些极具深厚历史底蕴的文化长廊中开拓心胸、增长见识。此外，也参访了先锋学校和郑州大学西亚斯学院，联合国际学院与这两所致力于教育的改革与创新的学校，在教育理念上有着相通之处。双方围绕着如何将传统经典融入现代教育之中，进行了酣畅淋漓的交流与沟通。寻往圣之足迹，发思古之幽情，与天地精神相往来。这次深度文化之旅也给了每位成员一次机会，在这样一个漫长而辽阔的时空中重新审视自我，观察世界。

5. 2011年阳明国学研习营

联合国际学院师生与来自中国台湾和大陆其他高校的师生举行了为期10天的贵州阳明国学研习营。这次国学研习营到贵州，10天的旅程以区域文化为主分成两大核心：一是王阳明与儒学发展，二是当地风貌与少数民族。研习营一行参访了贵州大学中国文化书院，其院内藏书颇丰，丰厚的当地文化资料令人惊叹；继而参观了达德书院、阳明祠，一睹先人风采；赴修文参访了阳明精舍，并同蒋庆先生进行了座谈，诸位学者就阳明心学进行了切磋；赴安顺、黄平体验少数民族的文化，在西南民族大学的校展馆，一览苗族、布依族、侗族等各少数民族的服饰文化与民俗特色；在黄平古镇亲身感受了

苗寨的风土人情。这次赴贵州的少数民族文化之旅，更让人感触到文化传承的使命感。师生目睹了诸师致力于在黔地推广国学，道实不孤；保护及传承当地多元的少数民族特色文化，着实不赖。这种文化间的彼此交融与发展，也给此次国学研习营的每一位成员留下了新的思考。

（四）中国台湾游学营

以游览和感受中国台湾地区为主的游学营一共有 8 次，包括 6 次的台湾游学营、1 次台湾文学之旅和 1 次台湾电影文学之旅。在游学形式上，联合国际学院发扬这一文化传统，带领学生边走边学，与当地的大学、文化事务部门进行多方面的交流。中国台湾游学营给学子带来一个全新的视野平台，以深入海峡对岸，感受当地独特的文化，构建一座新的桥梁，让海峡两岸的大学生有了一个彼此学习与沟通的机会，推进两岸高校间的交流。

1. 2009 年的游学

本次游学营历时 10 日，由北至南，历经台北、宜兰、新竹、嘉义、高雄等地，参访了台北中山纪念馆、台北故宫博物院、钱穆故居、林语堂故居等文化场馆，赴台湾大学、佛光大学、台湾清华大学、台湾中山大学等多所台湾高等学府进行交流访问。其中，台湾大学举办了"两岸青年学子大学生活经验论坛"，来自中国台湾地区当地的十多所大学的几十名大学生与 24 名联合国际学院学生一起交流大学生活，分享了彼此的生活经验与学习心得，论坛结束后，两岸学子也结下了深刻的友谊。在学习交流后，大家沿途欣赏了中国台湾地区的阳明山、日月潭、阿里山等知名景点的旖旎风光，体验了当地浓郁的地方风情，将"游"与"学"完美地融为一体。

2. 2011 年的游学

2011 年暑假，由 22 名联合国际学院师生组成的中国台湾游学营再次奔赴台湾宝岛，开始为期 10 天的游学之旅。按照惯例，游学营参访了台湾大学、佛光大学、台湾东海大学和台湾成功大学，体会到台湾高校不同的校风、制度与办学方向。在美丽舒适的台湾大学校园中，聆听了文学院教授们的精彩讲演，他们讲述了民国初期大师们的文学风采与庄严的学术之风。

除却校园的交流访问，这次游学营也前往了台湾四大佛教圣地中的中台禅寺和慈济文化园，以感触佛教文化的精深。在这两处圣地，师生不仅领略到慈济"慈悲为怀，济世救人"的胸怀，更看到了中台禅寺致力于中小学教育事业的发展，为台湾教育事业所做出的奉献之举，这让我们也体会到佛教除却弘扬佛法之外的济世精神。同时，壮观宏伟的中台禅寺融合了中西工法，将艺术、学术以及宗教文化融为一体，充分体现了佛教建筑的现代创新精神，这也让大家惊叹不已。当然，风景如画的日月潭和阿里山，蔚蓝的太平洋沿岸，充满热带风情的"垦丁国家公园"，也给游学营的每一位成员留下了美丽的回忆。

3. 2013 年的游学

由于前几届台湾游学营的成功举办，本次游学营人数达到空前规模。为期共计 9 天 8 夜，成员 92 人（包括学生 80 人，教师 12 人）。除了常规的欣赏山水风光之外，师生在与台湾高校的合作交流中，也开始了新的交流方式——邀请学者教授进行主题讲座。校际交流由台湾中山大学开始，而后赴台南参访了台湾成功大学。在台湾成功大学文学院内，张高评教授为游学营师生举办了题为"台湾社会的创意与研发"的讲座，双方师生在校内榕园进行了自由交流。随后前往明道大学，双方就大学国文课程设计进行了交流。在东海大学，双方师生又分别围绕"大学国文教学""我的大学生活办"两个主题进行了交流。至台北参访台湾师范大学之时，台湾师范大学文学院钟宗宪教授亦为游学营师生举办了"台湾民俗文化"的专题讲座，双方学生以"我在 UIC/台师大的生活"为主题进行了交流。而后继续参访了台湾大学，台湾大学的徐富昌教授和周志文教授分别做了"台湾文化的多元性""台湾的文教制度与特色"两场讲座。此次游学营不仅讲座活动颇丰，游历参访的台湾高校数量也史无前例，众师生不仅观览到美丽的台湾校园风光，也获得了一场场精神的熏陶与净化。

为使游学活动取得实质性成果，带队教师还借鉴课堂教学经验，要求学生带着课题去台湾。具体做法是：每四名学生组成一个小组，每个小组根据兴趣确定一个课题（范围包括台湾的饮食、交通、教育、公共服务等）。活动结束后，联合国际学院举行课题成果展示，对表现突出者给予奖励。这一创举也激发了学生巨大的热情。

4. 2014 年的游学

该年游学营已渐具规模、渐成系统，如常从台北开启新的宝岛之行，并

延续了2013年学者讲座的交流学习模式。在素有"台湾最高学府"之称的台湾大学，游学营邀请了台湾大学文学院副院长徐富昌教授为师生做了"关于武侠小说创作模式"的学术讲座，其精彩的演说让学生对刀光剑影的武侠世界似乎有了更深的体悟。而在既具田园风情，又有人文诗意的明道大学，台湾著名诗人萧萧教授也为师生做了"关于奇诗欣赏"的讲座，他的幽默风趣让大家笑声不断。在与明道大学学生的交流中，大家互相有了更多的了解，拉近了彼此的距离。在依山傍海的台湾中山大学里，游学营的师生在"学生大使"的带领下，参观了其图书馆中最具特色的余光中文学特藏室。藏室中余光中先生的大量手稿以及余光中先生诗作的朗诵、歌唱视频，无一不让学生们感到震撼与动容。而佛陀纪念馆的肃穆传统以及台北101大楼的摩登现代，也让大家切实感受到台湾本身所具有的传统与现代气息的交融。10天里，我们沿着西海岸，从北向南，一路前行，一路体验。高等学府、自然风光、人文景观，这一切都给游学营的成员们留下了美好而深刻的记忆。我们收获的不仅仅是知识，开阔的不仅仅是眼界，还有更多……

5. 2015年的游学

本次中国台湾游学营主题为"台湾文学之旅"，旨在邀请台湾著名的诗人、散文家、小说家与同学们分享文学创作、阅读心得，让学生在游览台湾风光、与台湾高校交流的同时，对台湾文学作品的了解更加深刻。在10天9夜的时间里，游学营师生经过台南、嘉义、南投、台中，最后抵达台北。除却参观台湾著名景点，如阿里山、日月潭、野柳地质公园、九份老街等，文学之旅的最大特色是拜访台湾著名的三位作家：诗人萧萧、散文家周志文和小说家骆以军，相应地，参观游览富有文学背景的场所，如西子湾、台湾文学馆、台北故宫博物院、林语堂故居、胡适纪念馆等也给此次文学之旅注入了浓厚的人文气息。

明道大学文学院院长，也是著名诗人的萧萧教授为我们做了一场"关于诗歌写作"的讲座，教会了学生如何更好地去鉴赏诗歌的韵律和意境。随后我们拜访了台湾大学的散文家周志文教授，他给大家分享了他早年读书的经历和治学之余进行的散文创作，他的读书心得、对文学和音乐的看法等。学生们听后深有感触，纷纷提出自己在阅读和求学中遇到的问题。继而与我们分享文学创作经历的是台湾著名小说家骆以军先生，骆先生通过一系列生动有趣的故事阐发了其个人经历及其对中国大陆、台湾地区某些生活民俗等的看法，也让学生了解到小说家文字背后的真实形态。近距离地接触到诗人、小说家，与他们面对面进行交流沟通，感受他们的人格力量，也是此行最大的收获。

6. 2016 年的游学

本次游学营在 2015 年"台湾文学之旅"主题的基础上，增添"台湾电影文学之旅"为特色，不仅探访文学场馆，与高校进行交流活动，也将去到一些台湾电影的拍摄地，亲自感受当地独特的电影文化。29 位游学营师生由台湾高雄进入，开始了为期 7 天 6 夜的探究台湾电影文学精神的旅程，从南往北，一路游历高雄、嘉义、台中、台北等地。游学营再一次前往了彰化县的明道大学，聆听了萧萧教授所做的"关于诗歌创作"的讲座。在明道大学，古典气息浓厚的书法教室及别出心裁的诗歌小径让学生深深地沉浸在诗歌的气氛之中，满具启发性的讲演及充满诗意的环境浸入使这次讲座别具一格。

随后，台湾师范大学苏伟贞教授在台湾文学馆接待了我们，恰好运用文学馆的台湾文学长廊为我们展现了台湾文学的发展历程。各种作家的作品手稿为师生呈现了台湾文学几十年的思潮变化，多样的写作形态和文学类型，使学生感受到多元的魅力及台湾文学作品的内在世界。风光无限的电影拍摄地游览也是本次游学的特色之一。在牯岭街，大家仿佛回到了《牯岭街少年杀人事件》中那极具台湾特色的街头；在九份老街，似乎也寻找到了《千与千寻》中那熟悉的情境。带着电影中的记忆去现实中寻找、回味，也着实有一番情趣。时日虽短，但文学与电影碰撞出的火花让每一个人都记忆深刻，这种进入现实之中探索电影文学世界的游学方式，也正诠释了联合国际学院的新型教育理念。

二、教学成果选编

为了更集中地展示十余年的教学成果，本书分为上、中、下三编对其进行了介绍。

上编为国情国学教学研讨会专辑，提供了关于国情国学教育深度的历史反思、现实性的话题、前沿理论视角、多元化的讨论和前瞻性的观点。研讨会具有以下几个特点：在性质上，融学术性与教学性为一体，并侧重于教学性。联合国际学院本科学生全程聆听并参与演讲和讨论，是研讨会的主要受众，这是与其他研讨会最大的不同。在主题上，以国情和国学为两大研讨对象，交替进行。国情侧重于对中国当代社会热点问题的解析；国学侧重于探讨传统文化与现代生活的关系。与会学者大都是颇有建树的知名学者，而且学者来源地域非常广泛，涵盖国内外。在形式上，采用主题发言和共同研讨的方式展开，注重学者与学生之间的交流、互动。除研讨会现场的讨论之外，还举行师生晚宴，即组织与会学者与学生共进晚餐，借此促进学生与学者的深入交流。在演讲上，兼顾学术性与通俗性，以深入浅出、生动有趣的方式进行，以充分发挥研讨会的教学功能。

国情国学教学研讨会既是对中国传统书院精神的一种传承，也是爱国主义教育和国情教育一个创新的实践。研讨会每学期举行一次，迄今已举办18届，成为联合国际学院一个很重要的传统。"鸢飞鱼跃"是古代大儒们崇尚的气象：鸟在天上飞，鱼在水里游，显示出一种活泼的精神，这是大自然的精神，也是君子应该具备的精神。国情国学教学研讨会师友会聚一堂，谈古论今；汇百家思想，讲道辩理，目的是希望在辩难解惑中培养学生的"自由之思想，独立之精神"，让求知、求真的生命活泼起来，丰厚起来，成熟起来，不懈求索，"博文雅志，真知笃行"。

中编是体验反思专辑。此编内容选自中国文化创意课程学社的优秀课题报告。学社是各专业的学生按照个人志趣，在课程学习中由五六人自由结社而成。课题是学社研讨的成果，是社员对中国文化的体验与反思。小组课题的设想是希望通过这一有趣又有文化内涵的教学互动形式，让学生利用自身的创意对经典的作品进行深入的研讨，并通过鲜活的体验加深对传统文化的认知与理解。

在学生的学社课题报告中，我们也注意到学生在相当程度上受流行文化的影响。首先，创意在今天是一个非常时髦的词汇，我们到处可见创意的标签。但是，创意不是一个浮华的表象，创意的价值在于其文化内涵。其次，今天的大学校园早已不是与世隔绝的"象牙塔"，学生关注社会、了解社会，这不但无可非议，反而值得鼓励，但这并不意味着学生应去追赶潮流，恰恰相反，大学校园应是一方精神的高地，引领时代的精神。流行的影视剧作，往往是为了迎合观众的需求而设计的，而好的创意，却是为观众创造新的精神体验，开拓新的价值空间。至于恶搞，则与创意背道而驰。恶搞的作品，或许会因哗众而赢得一时的眼球，但很快会被遗忘。最后，创意大致有两条途径：一是推陈出新，二是别开生面。无论是哪条途径，创意都需要面对传统。对于传统，我们首先要了解，才能谈到创意。如果对传统知之甚少，就妄谈创意，例如对历史故事的肆意改编，则很容易走向歪曲。这样的作品缺少底蕴，而不会有流传的生命力。

下编为创意传承专辑。此编的作品来自于"大学国文""中国文化专题"课程的作业。这些写作训练，既有巩固学生已学课程知识的目的，又有提高他们文学欣赏力、锻炼写作能力的考虑，我们希望通过这种有指向性的写作训练，帮助学生摆脱中学阶段的那副刻意追寻标准答案的思维镣铐，启发学生对历史和现实都进行重新认知，加深文化底蕴与历史使命感，增强逻辑思辨能力，开阔大家的文化视野，培养多元开放意识，并最终提升个人的人生品味。

"文化沉思"栏目源自课程作业中的"综述报告"。"综述报告"依托课程内容，同时关注时下热点，将当代与传统结合起来，力图使同学们能够在教学过程中，通过思考、探讨和辨析，逐步认识传统文化在现代生活中的种种表现，认知传统文化的深刻内涵、价值和意义，在不同观点的碰撞、交锋中，最终达到对传统文化的扬弃和创新。学生初入大学，思考内容自然多稚嫩处，非常不成熟，但这毕竟是个过程，青涩是每个人都必须经历的。作为文化新人，他们大胆思考，勇于担当，行文中颇多新颖观点，很好地体现了年轻学子们好学勤思的优秀品质。本来一篇完整的综述报告应该由学生讨论、作者小结及作者个人观点三部分组成，在此次编选时，因体裁和篇幅所限，只保留个人观点部分。

"情景想象""名篇改写"和"故事新编"三个栏目的文章来自课程作业中的"创意写作"，我们的学生虽然自小学就开始写作，但拘于内容和体裁的限制，多有模式化的倾向，以至于不少学生已经到了谈作文就厌烦乃至色变的地步。"创意写作"的设置，是为了改变这种中小学作文写作过于模式化的弊病。"创意写作"对内容只做大的框架要求，而对具体写作形式则不做任何限制，让学生在自由发挥中体会中国文字的优美，感受想象的乐趣，激发他们写作的灵感。本辑所选文章包含了书信、日记、诗歌、散文、小说等多种体裁，充分展示出学生在叙事、抒情等多方面的才能；诗化语言与论文语言的并存，也足以证明学生扎实全面的文字功力；而其中不少故事新编、托古喻今的文章，更是很好地说明了年轻学子们在学习之余，并不忘记关注国计民生，仍然有着"家事国事天下事，事事关心"的强烈社会责任感。

"佳作赏析"栏目源自课程作业中的"作品欣赏"。一般的阅读欣赏文章，更多注重的是对作品进行理性分析，而这并不是我们这些刚入大学校门的年轻学生的长项。面对此难题，学生扬长避短，从感性体验出发，将欣赏文章写得如诗如画，虽然少了理性的认知，却多了真情的投入。许多学生更是将诗文与现实生活结合在一起进行评论，将原本就动人的作品阐发得更加富有感染力。

经过这些年的发展，作为一所新兴高校，联合国际学院已经从不同侧面向国人乃至世界展示了它既朝气蓬勃、昂扬奋进，又深沉博大的教育理念。教学成果选编可以让大家多角度、直观化地深刻了解联合国际学院的办学理念和学子的精神风采。近年来，中国传统文化教育一直面对着种种困境与挑战，我们也希望通过我们的尝试为教育改革探索出一些新方法，把我们的探索多与同行分享，共同推动国情国学教育在当前时代环境中的创新发展。

上编　教学研讨

导　　言

　　国情国学教学研讨会是在内地、香港合作办学的新机制下，为传扬古学风，激发新思想，而特意打造的一个开放、自由的学术交流平台。其作用在于促进学术交流，使研讨会成为课堂教学的重要延伸和补充。借助这个平台，我们邀请海内外许多知名专家、学者走进联合国际学院，给师生带来了理论视角的观察，学术前沿的声音，为联合国际学院的博雅教育提供了丰沛的精神滋养。它既促进学术的发展，又成为课堂教学的重要延伸和补充。

　　研讨内容按照主题分为五章。一是"回溯历史"主题，其中对一种传统（书院教育）、一部著作（黄宗羲的《明夷待访录》）和一段历史（抗日战争）进行了梳理与思考；二是"反思传统"主题，探讨的是中国的文学经典、传统思想和生活方式与现代生活的联结，传统如何融入现代，而现代又怎样传承传统的话题；三是"透视热点"主题，从多元化视角展开对两岸关系、中日钓鱼岛争端和"一带一路"倡议的讨论；四是"融通中西"主题，从文学经典、中西文化交流和全球化时代的中华文化这三个层面做出阐述；五是"面向未来"主题，在这一主题中回顾了辛亥革命、百年教育、城市与海的历史，在学习历史经验的同时，反思当下的得失并且建构未来。以上每个主题都包括主题阐释、内容综述、学者观点等部分，有些主题还有学生感言部分。

第四章 回溯历史

一、书院传统

(一) 主题阐释

工业革命后的200多年来,面对西方文化的强势挑战,中华民族逐步失去了对自身文化传统的自信心。一个民族不可以没有文化,一个民族不可以忘记自己的文化传统。书院在中国传统社会中是由私立学校,发展为学者自发建成的、坚持学术自由的、以学习知识为目的的学府,书院的精神就是自由地讨论知识、求取知识。一个书院的重建和发展是以生命影响生命,以生命支持生命。学生离开大学,他带走的不是学位,而是他一生要走的路的方向。这样,不论是学哪个专业,在哪个环境、哪个地方、哪个国家,他都不会走歪路。这是大学教育最重要的,也是书院精神最重要的遗产。

——选自联合国际学院时任常务副校长郭少棠教授的开幕辞

(二) 内容综述

2008年3月,北京大学教授龚鹏程,北京大学哲学系教授王守常,台湾大学、淡江大学兼职教授周志文,韩国世宗大学历史系教授李庆龙,日本千叶大学副教授蔡孟翰,湖南大学岳麓书院副研究员李兵等知名学者受邀参加第二届国情国学教学研讨会,部分与会嘉宾及演讲主题见表4-1。

表4-1 第二届国情国学教学研讨会部分嘉宾及演讲主题

嘉宾	所在单位及职务职称	演讲主题
王守常	北京大学教授	文化没有他杀,只有自杀
周志文	台湾大学教授	世俗之上的精神守护
李庆龙	韩国世宗大学教授	儒学传统在东亚
蔡孟翰	日本千叶大学副教授	清明的心灵,睿智的眼光
龚鹏程	北京大学教授	超然世事,现实游走
李兵	湖南大学副研究员	书院精神之岳麓书院

围绕"书院传统"这一主题,各地的学者从书院的兴起、布局、改造,宋、明两代的书院,中西书院的比较,以及书院精神与当代教育的角度出发,分别做了精辟的演讲。研讨会通过较全面、系统的介绍,把书院文化的精髓与当代教育联系起来,让师生对书院这一传统文化,及其与当代文化的联系有更深刻的了解与认识。研讨会包括以下三个主要内容。

(1) 中国书院的发展与传承。周志文教授谈到书院就是私人的学校,各地书院的兴起以独立讲学、讨论知识和求取知识为目的。龚鹏程教授指出每个书院各有不同的宗旨和讲学方式。龚教授谈到,书院探讨真理,正如孔子所说的相互之间讲习,相互探讨和指正,共同追求"道",这是书院最值得重视的地方。明朝后期东林书院聚集了当时许多的知识分子,他们在这里不但讨论学问,而且讨论政治。元朝书院不但维系了中华文化,而且慢慢让书院所讲的这套孔孟之道,变成了政府所承认的官学内容。明朝书院数量极度扩张,把书院讲学变得社会化,因此产生的社会影响力比较大。

(2) 书院在亚洲的传布及其与西方书院的比较。李庆龙教授谈到,朱熹在当时的中国、韩国、日本非常有影响力,韩国朱子学的水平比较高。朋党在韩国的影响也很深远,一直延续到现在。蔡孟翰教授谈到日本的私学传统与中国、韩国有所不同,这源于日本与中国、韩国有很不一样的政治和历史,因为日本自从唐代以后跟中国在政治上没有紧密的关系,中国政治对它的影响也比较间接,不像对韩国那样影响非常直接。日本受到儒学的影响是来自于多方面的,有朱子儒学,有王阳明儒学。与中韩的书院不一样,日本

的民间私塾通常都在大都市的市中心。

（3）书院精神与当代教育。龚鹏程教授谈到，独立自由的精神对知识分子人格的养成，以及对一个学校的发展都非常有益。书院具有多元、包容、开放的精神，值得我们当代教育学习。书院有计划地收集跟书院教育宗旨相关的藏书，建立书院的特殊典藏，这对书院来讲非常重要。

（三）学者观点

1. 自由的学风是学术最好的命脉

书院的最高目的是独立讲学，成为一个知识聚集的殿堂。因此，只要有知识分子聚集在这里，其他知识分子也会前来参与学问的讨论。这是一个注重独立讲学的氛围和环境。因为书院的产生最主要是一种民间现象，它跟官学有时可以互补，但有时它也是让官学头痛的，所以从宋朝到明朝都经常由政府来取缔言论自由的民间讲学。独立讲学的精神、自由的学风是学术最好的命脉。只要这个命脉长存，知识就会永远地传递下去。

——选自台湾大学周志文教授的演讲

2. 书院和官学的不同

公共学校是没有个体宗旨的，我在这个学校读和在那个学校读都是一样的，都是一套统一的教材和标准。因此，我读不同的学校，学到的知识几乎是一样的。但在书院就不同了，不同的书院有不同的理念，比如白鹿洞和岳麓这两个书院宗旨不一样，朱熹就跑到岳麓书院和张栻辩论三天。所以说，每个书院各有不同的宗旨，讲学方式也不同。

学校是不讲学的，学校就是读书的，读教科书的。你在学校主要就是两件事，第一是参加典礼，比如说祭孔；第二就是考试，不断地考试，直到最后考个举人。虽然一般的学校也有藏书，但它和书院的侧重点是不一样的。学校的藏书并不重要，因为学校主要读教科书。但书院就不同了，它要讲学、要辩论是非，你就要拿书出来参考。为什么书院要突出它的藏书，就是这个道理。书院不只是要突出它的藏书，还要突出它聚集了一批知识分子来讨论学问。

书院也是一个公共教育体系，在很多时候也带有了官方的功能。但是，并不一定说你毕业以后就非得要考科举，毕业之后你可能考科举，也可能不考。而且后来许多办书院的人都越来越强调不考科举这一点。比如说，朱熹在石鼓书院就讲到因为郡县之学都只是为了考试，没有考察学生的德行，所以"其所授受，又皆世俗之书，进取之业，使人见利而不见义"，我们要找一个"燕闲清旷之地"，以讲习所闻。后来《岳麓书院重修记》载"州县庠序之教沉迷俗学，而科举利诱之习蛊惑士心"。科举利诱之习蛊惑了知识分子的心，因此学者要到这些地方来讲学。这到南宋以后几乎成了书院的一个传统，这是书院传统和官学之间一个最特别的动态关系。

——选自北京大学龚鹏程教授的演讲

3. 朱熹办书院的传统为什么可贵

朱熹办书院的传统为什么可贵呢？他这个自由不是对抗政府的自由，而是学术讨论的自由，还有你自己的主张、你容忍别的人来讨论的自由。为此，朱熹和陆九渊辩论过一次，结果不欢而散。他在很多大问题上都不同意陆九渊，但他办白鹿洞书院的时候就请陆九渊来演讲，自己也在边上听。他听完很感动，就把这个演讲的内容刻在石头上面，放在白鹿洞书院。这才是中国书院的伟大精神。到后来朱熹自己也主动跑到湖南岳麓书院找张栻辩论三天。所以说，书院是作为知识分子探讨真理的一个场所，既然是探讨真理，就要去寻求真理，而这个真理不是说我讲的就是真理或者说你讲的就是真理，而是如孔子所说的相互之间讲习，相互探讨和指正，共同追求"道"，这就是书院最值得我们重视的地方。

——选自北京大学龚鹏程教授的演讲

4. 传统中国把教育看作是一种社会责任

传统中国对于教育和修桥铺路救济的看法一样，都认为是一种社会责任。过去有人把镇上的店铺捐出来资助书院，这个是为了社会的发展而进行的出资，也是对未来的投资，因此不应该是由学生出钱的，而是应该由我们大家来支持，让他们安心就读。这样不但不收钱，还有膏补，就是担心学生学习得太辛苦，给他钱买油灯一类的。还有一些佛教、道教的佛寺、道观也赞助书院，像嵩阳书院以前就是道观。很多书院都这样，因为佛寺和道观里有很多田地，他们可以用来支持书院，这种例子是非常普遍的。像我老家江西吉安边上的清源山，就是禅宗的一个大道场。当年王阳明就在那里设了一个阳明书院，后来又有一个白鹭洲书院，而这两个书院主要的经济来源就

是这个清源山的寺庙。今天办学校都是使用者付费，要收比较多的钱，因为今天的教育体制是这样，而在传统中国读书是不收费的，费用由社会支持。现在像欧洲有些国家读大学也是不要钱的，像德国等。这要看在一个国家里大家把教育放在一个什么样的位置，而一个社会对教育的态度又是怎样的。

——选自北京大学龚鹏程教授的演讲

5. 元朝的书院维系了中华文化

元朝非常重要，因为元朝是蒙古族建立的王朝，整个中国文化传承的命脉靠什么？就是靠书院才能够维系下去。书院不但维系了中华文化，而且慢慢让书院所讲的这套孔孟之道，变成了政府所承认的官学的内容，这就是元朝书院非常了不起的一个价值。在这个汉族国家政权灭亡了的阶段，传统的汉文化已经沦丧了，这个阶段里面，靠着书院，不但维系了，而且改造了文化，于是元朝就慢慢接受了传统的中华文化，变成了他们所承认的这套学术内容。

——选自北京大学龚鹏程教授的演讲

6. 明代书院的社会影响非常大

明朝书院扩张到一千七百至一千九百所之间，在数量上得到了极度扩张。这个扩张，它包括了什么？包括像甘肃、辽宁、云南、宁夏这些地方都有书院了，它的面积、总体数量都扩充得非常大。而且同样在明朝这个阶段，非常值得注意的是什么？书院这样一个体制，传播到韩国，韩国当时是李朝。就是在韩国李朝时期，书院遍布各地，而且书院后来影响韩国儒学发展，成为整个韩国文化中非常重要的部分。韩国的书院在李朝时期有将近六百所，韩国这么小的一个地方，有这么大规模的书院，可见，当时书院对韩国社会有非常大的作用。

阳明的讲学是不分阶级不分性别的，阳明学的后人不分阶级是什么意思？它不是只跟知识分子讲，不是只对学生讲，它跟社会上的各色人等都讲，贩夫走卒，耕田的、打铁的、煮盐的都讲。泰州学派的王艮讲学，就是这种到处讲学的方式，他家里是煮盐的，他是盐工。在明朝，各地方一说立讲会，几千条船就聚集到一个地方，或者是大家驾着车子、骑着马、走着路，赶到这个地方去会讲。会讲的时候聚集百千人，到这个地方来听来讲，这么一讲，讲会就延续了一个多月。这是明朝非常重要的书院讲学。整个讲会面向公众推广，是明代的特点，而且男女混杂，不分阶层不分性别都来听。

——选自北京大学龚鹏程教授的演讲

7. 东林学者的精神

东林书院从宋朝起就聚集了一帮学者在那里独立讲学，学风自由，他们立志讲学。后来，这帮学者的思想（即东林思想）对政治产生了一些影响，甚至到后来明朝亡了，清军入关之后，赋社、诗社都受到东林思想的影响。他们受自由学风的影响而形成了一种独立不饶的学术态度。因此，黄宗羲在写《明儒学案》的时候，最后面写到东林学案的时候评价东林学者为：一堂师友，冷风热血，洗涤乾坤。这里的意思是同门的老师和学生，在冷风之中，身上洋溢着、沸腾着热血。他们要洗涤这冷漠的社会，洗涤这污染的社会。他们的精神是多么的高尚，这基本上就是书院精神的一种淋漓尽致的表现。

——选自台湾大学周志文教授的演讲

8. 书院传统对韩国的影响

首先，朱子学非常发达，朱熹在当时的中国、韩国、日本非常有影响力。韩国人一天到晚都在争论、提问、辩论，有一些人跟学生之间为了某一个问题是否正确辩论了七八年，因此韩国朱子学的水平比较高。朱子学排斥阳明学，从南宋末年到元朝再到明初，朱子学将阳明学遏制。如果你非常深入地研究，就会发现它排斥阳明学，因此韩国到目前为止，并未见祭祀阳明的，都只是祭祀朱子。其次是朋党。韩国党人之争是按照东人、西人之间这样分的。学生那么多，学派都不一样，一般按照老师的不同来分。而韩国为什么不接受阳明学？韩国人是北方人的个性，日本人则吸收了中国南方人的东西，韩国人和日本人有很多地方不一样。在陈白沙、湛若水二人之后，中国才出了真正的王学，王学就是南方的学说。朱子学是官学，实质上是北方的。中国南方和北方有着不一样的东西、不一样的学术，一个传到日本，一个传到韩国（朝鲜）。党派、朱子学的影响一直延续到现在。

——选自韩国世宗大学李庆龙教授的演讲

9. 日本私学传统的特征

日本与中国和韩国有异同，但总的来说它的确是另外一个典型。我认为

这个典型是东亚文明里的一个典型,不是东亚文明以外的典型,这种私学传统的由来是源于日本与中国和韩国有很不一样的政治和历史。日本与韩国最大的不一样是,日本自从唐代以后跟中国在政治上没有紧密的关系,中国政治对日本的影响也比较间接,不像对韩国那样影响非常直接。

比较高层次的私塾变成了传播儒学、研究儒学的地方。日本私塾因为没有中央的政策,所以受到儒学的影响是来自于多方面的,有朱子儒学,有王阳明儒学。日本的很多私塾都是要招生的,都是要赚钱的,这就和中韩的书院不一样。日本私塾一般不是在山里面,通常都在大都市的市中心。

17至18世纪初,这些民间的私塾在日本各地都开始扩充以后,很多当时的武士阶级对于儒学也产生了很大的兴趣,他们开始聘请这些儒学学者到他们藩里面来教书,他们也就设立了所谓的藩校。这些藩校也因为没有中央的政策而且都各自为政,所以各式各样的学问都有人在教。藩校设立的目的主要也是教育武士阶级的弟子们,当他们来执政的时候就可以比较有水准、有教养一点,不是只懂得耍刀而已。因此,这种学校不是为了应付科举制,也不是为了能升官。

从某个角度来讲,藩校虽然好像是国家的,可它不是中央型国家控制的学校系统。另外,因为中央也一直到宽政执政时才有一个所谓的政策,在这个政策之前各个地方的藩主其实对于儒学没有任何的要求,很多时候他甚至不懂,有时候只是有所偏好。这些藩校很多都变成了这样:如果你一直是这个学校的教授,你的儿子以后将继续接这个位子,在某个程度上私学又变得跟家学是相交的。我在此把藩校列出来就是因为它不是纯粹的官方的学校,而是半官方半私人的学校。这就是封建时期日本一个很特殊的地方。

——选自日本千叶大学蔡孟翰副教授的演讲

10. 书院精神对当代教育可能有的四大贡献

书院精神对当代教育可能有的四大贡献。

一是中国传统的学校体制、书院教育或者私塾。从光绪二十七年(1901)开始,这些特立机制的学堂逐渐被改变,大中小学的学堂采用了西方式的教育,一直延续到现在也有一百多年了。我们一开始办大学的时候,也仿造西方。这其实是移植西方的一种精神,那就切断了我们的文化传统。那么现在假如我们重新来谈中国的教育传统、中国的教育精神的话,有非常重要的一点，是什么呢？是我们重新重视我们民族文化的精神上的回归。这样一个回归除了有文化象征的意义之外，它非常重要的一点就在于我们要重新反省。在这一百多年来，我们移植西方经验的本身，它中间可能有很多的问题。思考我们移植的这种经验到底对不对，即如果我们重新谈书院精神，最重要的是反省我们这一百多年来整个当代教育的文化所移植的经验对我们起的作用大不大，是不是合适。

二是我们书院的传统有一个可贵的精神，就是自由讲学的独立精神。这种独立自由的精神，对知识分子人格的养成，特别是对一个学校来讲是非常重要的。学校是一个人探索知识、寻找真理的地方，也是知识分子聚集的地方。那么，自由精神的强调，我觉得非常重要，起码在我们自己的学校里面，我们应该不断地强调自由的、活泼的论学精神。如果将其灌注在我们所有的活动、社团里面，驱除掉外在的一些枷锁、一些框架，它也会丰富很多！对于这个学校来讲，才会有生机。

三是因为每个书院的宗旨、教学方式是不一样的，所以它本身显示的是多元化的教育形态。多元化的教育形态就会形成不同的学派、不同的宗旨。有些书院专门培养高级的知识分子，这种知识分子是"先天下之忧而忧，后天下之乐而乐"的；这种知识分子声声入耳、事事关心，延续着范仲淹以来的知识分子人格。可是，也有一些讲学的人主要不是向知识分子讲，而是向贩夫走卒讲。那他在讲学的时候，他的语言、谈论方式是完全不一样的。像白鹿洞书院，它由朱熹创办，大多数人都说阳明和朱子学说是相反的，可是阳明在白鹿洞书院主持过很久，他的读本都刻在白鹿洞书院。这种书院具有多元、包容、开放的精神，是值得我们敬佩的。

四是书院是我们的生活场域，这个场域就是养成我们人格的一个地方，在这个书斋里面，陶冶我们的性情，这个跟我们现在的教育是完全不一样的。人格的全面发展其实就是我们现在教育中最大的问题。我们现在的教育是应试教育，完全不重视这些，无论我们增加了多少知识，但道德水平、社交能力、审美能力、感官能力、语言表达能力，这些都仍需要我们长期的训练。在祁州讲学的时候，王阳明带学生来到月光底下唱歌、跳舞，随机讨论问题。王阳明的学生在战乱的时候论战，也有时间空谈和唱歌、跳舞，这种才是中国书院传统的教育，而现在我们的教育是现代化的教育，都坐在教室

里面上课。

大学应该培养学生面对未来变动不拘的能力。这种能力才是我们大学应该培养的，比如他的基本素质、知识结构，让他对未来人生充满热爱，对世界充满好奇，对知识充满热情。这综合的能力，对世界的观察能力，才是大学教育中最该培养的，而不是所学的专业。

——选自北京大学龚鹏程教授的演讲

11. 过去的大学像一个照路的灯塔

过去的大学像什么呢？过去的大学像灯塔，一个照路的灯塔。

就是说还有很多人读书是为了牟利，可是，来上大学应当是为了获取知识。过去说大学是构建宇宙之精神的，就是说在大学里面会看到很多和现实社会脱离的事情，就是说我们会研究外太空、古代这些跟现实社会似乎没有任何关系的东西，并基于我们对知识的爱好、对世界的探索和好奇，而提出很多的哲学思想和理论。对现实世界的大多数人来讲，他们根本不知道这些到底是什么，但是我们要鼓励大学讲学，让大学成为探索知识、开发想象的一个场所。当大学成了芸芸众生、利欲交织的团体的一座灯塔，它的光可以照亮着，让知识分子的良知和理想追求提升我们的现实生活，大学扮演了这样的一个角色。

——选自北京大学龚鹏程教授的演讲

二、《明夷待访录》

（一）主题阐释

黄宗羲是明末清初的一大思想家，在明朝灭亡的过程中曾经积极参与过抗清战争；抗清失败以后，他反思明朝灭亡的教训，写作了关于中国政治改革的著作《明夷待访录》。书中探谈了君主的性质、职能、责任及其与臣民关系的问题，制定法律与制度的原则，行政权的问题，明代建都失当以及中国首都适当的位置，中国学校制度的演变，考试选拔制度，金融和货币政策，军区设置，明朝的军事制度，等等。黄宗羲在书中涉及了政治、经济、文化和教育等各个方面，这些讨论不单是明朝的一些经验，更是整个中华文化的经验和历史。它从不同角度对中国传统历史和文化做了一个全面的反思。

研讨会以黄宗羲的《明夷待访录》为研讨对象，围绕明朝学者对整个中国历史文化反思的经验来展开。研讨会不仅可以扩大我们的历史知识，还可以作为我们体制改革的借鉴，并提出一些适合于现在国情的改革办法。本次研讨会既是对中国传统文化的传承，也是对爱国主义教育和国情教育创新的一个实践。

——选自联合国际学院时任常务副校长郭少棠教授的开幕辞

（二）内容综述

2007年12月，第一届国情国学教学研讨会邀请北京大学龚鹏程教授、台湾大学周志文教授、台湾中正大学雷家骥教授、台湾佛光大学郭冠廷教授、浙江省社会科学院吴光研究员、日本千叶大学蔡孟翰副教授就《明夷待访录》中的相关篇目进行细致分析。部分与会嘉宾及演讲主题见表4-2。

表4-2　第一届国情国学教学研讨会部分嘉宾及演讲主题

嘉宾	所在单位及职务职称	演讲主题
雷家骥	台湾中正大学教授	兵制、方镇
周志文	台湾大学教授	学校、取士
吴光	浙江省社会科学院研究员	原君、胥吏
郭冠廷	台湾佛光大学教授	建都、行省制
蔡孟翰	日本千叶大学副教授	黄宗羲与封建论、田制、财计
龚鹏程	北京大学教授	原法、置相

研讨会主要包括以下两个内容。

（1）《明夷待访录》的基本思想。吴光研究员通过讲评《原君》，主要介绍了《明夷待访录》的背景和《原君》的一些主要思想，以及现代社会重视《明夷待访录》的原因，令读者对于这部著作能有一个基本的了解。龚鹏程教授深入浅出地解析《原法》的概念，并引用西方法学、哲学方面的论点来解释黄宗羲的思想。龚鹏程教授接下来除了解析《置相》的内容外，也举出许多历史及现实的事例加以说明。雷家骥教授则是从现代视角出发，对明代制度和黄宗羲的理想加以评论。蔡孟翰副教授以现代的政治经济学、产权、国家税收与福利观念，深入阐述黄宗羲的封建论。周志文教授详细分析黄宗羲《学校》的内容，除了对内容加以细致解读以外，更基于实际的教学、办学经验对黄宗羲的观点提出评论。《取士》是黄宗羲对于明代考试制度的批评，周志文教授对该篇的后半部分加以详尽解读。《方镇》乃是出自黄宗羲对于明代灭亡因素的考虑，雷家骥教授一方面对内容加以解说，另一方面批评黄宗羲矫枉过正，忽略了方镇封建化后可能造成的问题。

（2）《明夷待访录》对当代社会的启示。透过《原法》对于法律和制度的探讨，读者可以对中国的现况有更多的反思。"置相"是古代政治制度对于皇权的制衡，于今日观之，更能显出其深刻的现代意义。军事制度在现代国家也是非常重要的一环，对国家安全和经济民生的影响甚大。透过《兵制》三篇，读者可以对军事体制有更多思考。封建制与郡县制不仅是行政制度的不同，还是思想系统上的差异。透过黄宗羲对整套封建制度的系统化论述，读者可以对现今的社会制度有更多的思考。黄宗羲对学校体制的建构理念与今日的许多教育、培育与文化制度有很多可对比之处。今日中国的人才选拔还是以考试为主，考试制度的优劣仍有许多争议，将黄宗羲《取士》中的建议放在今日，仍有许多值得参考之处。蔡孟翰副教授用现代经济学的观点来解读《财计一》，认为黄宗羲在这里面展现了非常先进的观点。吴光研究员将《胥吏》和现代社会状况相结合，从现实层面谈现今的公务员制度。

（三）学者观点

1. 明清之际，中国思想界已经产生了早期的民主启蒙思想

《原君》第一句话"有生之初，人各自私也，人各自利也。天下有公利而莫或兴之，有公害而莫或除之。有人者出，不以一己之利为利，而使天下受其利；不以一己之害为害，而使天下释其害"，开宗明义。大家推举出来为天下人民服务，为天下兴利除害的人就叫作君。如果没有一己的私利，这样的君主也就不贪恋自己的权位，是可以随时可能被别人取代的。我认为这种思想是一种新型的民本思想，是具有民主启蒙性质的思想。跟黄宗羲同时代的一些思想家，比如说，当初同被推为明清三大思想家的顾炎武、王夫

之，还有其他一些思想家，像颜元，也有类似的思想。因此，我认为，明清之际，中国思想界已经产生了早期的民主启蒙思想，这个民主启蒙思想以黄宗羲为典型代表。

——选自浙江社会科学院吴光研究员对《原君》的讲评

2. 三代之法很宽，而实质上非常有效

黄宗羲所讨论的法，不是我们狭义的法律，而是国家大法的法，指的是国家的制度。譬如，他讲的封建、学校、井田，这些都叫法，当然也包括法律，均属于法之一环。他说我们讨论法的时候，往往都没想到我们该怎样建立法治，没讨论法的建立问题。立法用意不同，出来的法自然不一样。黄宗羲要追问的就是这个问题。他为什么说三代之法很宽，而实质上非常有效？因为掌握了这个法意，掌握了这个原则，其他的法都可根据这个原则延伸出来，就可以把事情处理得很好。黄宗羲在《原法》中反省了中国传统社会的法制状况、制度性规范，认为它们都存在着许多问题，同时这是一个新的方向，这个方向恰好也是当代国际上的法学、哲学学者共同思考的方向。

——选自北京大学龚鹏程教授对《原法》的讲评

3. 宰相跟他的执政团队叫执政者

黄宗羲理想中的政治，是皇帝跟一些主要大臣的合议制，皇帝找宰相和几个主要的大臣共同商议后，决定国家大政方针。他主张恢复宰相制，由宰相负责实际的政治运作。这个讲法在中国政治学的理论上，其实是非常重要的，因为相权的兴废，确实影响了中国王权。

这里所探讨的政治责任的归属问题，就是宰相负责实际的政治责任，如宋代的宰相和他的执政团队，才是实际执政的。我们现在讲的执政者，在传统的中国政治学术语中，不是指皇帝。那么，执政者是指谁呢？执政者是指宰相跟他的执政团队，因为他们负责实际的政治操作。而皇帝，叫作官家，就是当家的，是老大。

——选自北京大学龚鹏程教授对《置相》的讲评

4. 建都的选择和原则

黄宗羲认为明朝亡国是因为建都不对。为什么错误呢？因为明朝建都北京，而作为首都，北京基本上不是一个有利于国家防守的位置，所以明朝发

生过非常多次外敌入侵首都的危机。北方城市作为定都地点，事实上它周边没有物资条件来供应需要，因此必须从南方大量运一些柴米油盐往北方，浪费了非常多的物力。我们的国防需要人才，而大多数人才也出现在南边。加上北京城离长城很近，事实上不是一个非常好的国防距离，再加上它周边危险，事实上有很多的弊端。

秦汉为什么可以建都北方呢？因为秦汉之时，关东地区，风气会聚，田野开辟，人物殷盛，所以就可以建都北方。也就是说关东在秦汉时代，有几个优点，一是风气会聚，也就是有关风水的问题，风水好，风气会聚；二是田野开辟，是因为它有腹地，就是关东地区有肥沃的农田，田野开辟；三是人物殷盛，人才广布。理想的建都地点，一要风水好，二要有腹地，三要有人才。风水跟战争军事有关，腹地跟经济有关，人才则跟教育人才有关。

我们若去看看世界各国今天首都的位置，就可以发现比较多的国家首都临海，有海岸线。都城基本上要么是个临海的地方，要么是个港口，要么就是离海岸线不远。也就是说，过去建都的一个思维主要是以陆权为主，陆权的思维主要为找到一个中心点，有利于大陆型的作战。可是，从世界各国的情况来看，多数国家是以海权为自卫，因此我们要选择在一个海边的地区。而这个海边的地区，不会是整个国家的中心点，有的时候是很偏的，甚至建都的地方也是很偏的，完全不在中心，这是以海权为自卫的思维。

总之，所谓的建都原则并不是固定的，有陆海空，有时代的不同。而随着南北经济发展形势的变化，南方、北方的空间也是可以被改变的。

——选自台湾佛光大学郭冠廷教授对《建都》的讲评

5. 黄宗羲论学理想很高

黄宗羲论学理想很高，但是他憧憬的上古时代，在明代已经不可能依照体制实现了。譬如，明清两代仍然偶有实施皇帝辟雍听讲的惯例，但多是典礼性质，很少有虚心受教的意味，群臣聚于太学共议国事更是不可能。后来已经有政府的其他机构来讨论国事，也不可能再到太学里来讨论国事了。因此，对于古代的那些做法，黄宗羲的理论恐怕有些迂阔。

——选自台湾大学周志文教授对《学校》的讲评

6. 全部用科举的方法来取士是有问题的

因为黄宗羲认为全部用科举的方法来取士是有问题的，所以他采取很多的任官之前的鉴别方法，不完全用科举，还用其他的方法。作为专职的官，他不需要太多的普通知识。作为取士的主要方法，科举考试也可以采取多种方法能来改良。科举考试出来的人才占70%以上，但是科举考试还可以多样化，多做变通，如特殊人才的考查没有特殊的科目。

至明朝，中国社会已逐渐多元，取士不应全由科考得手，此为正确之论。但对于开放多元的取士之道是否会形成各怀其私的不公平状况，对国家社会形成伤害，黄宗羲并无深论。

——选自台湾大学周志文教授对《取士》的讲评

7. 中央集权制对国家的竞争力有促进作用

秦朝以后权力逐渐向中央集中，这样是否有好处呢？有，首要的好处是中央的权力很大，或当最高统治者面对强烈国际竞争的时候，或当形成君主制形成的时候，最高统治者都会偏向于中央集权。这个在明治维新时期特别凸现，在这一时期，最高统治者是用郡县制促进改革。德国也曾是诸侯国，到了德意志帝国成立，最高统治者便把以前的官僚制度摒弃，实行中央集权，当然也不完全是中央集权，但比过去更集权，其国力也因此得到提升了。从历史角度来看，大凡在竞争年代的中央集权制，最高统治者巩固其权力对国家的竞争力有促进作用，这不一定是负面的。

——台湾佛光大学郭冠廷教授对《行省制》的讲评

8. 货币供给量必须跟着经济的增长率一起走

黄宗羲在《财计一》里批评明朝的情况，最主要的就是白银跟钱币的使用。钱币是铜做的，一块银子可以换很多的铜币，因此大家都喜欢用银。当时明代与海外的交易已经很发达，明代货币经济也非常发达，使用的货币越来越多。而生产力越提高，钱却越少，这就是整个明代最大的问题。银荒的出现，主要有两个原因：一方面，明代的经济发展速度提高得太快；另一方面，《财计一》里面也提到金银都被花在那些没有用的地方，有些被拿去盖庙塑神像，有些被拿去做银盆、银项链之类的器物。这些都是不行的。黄宗羲注意到了，一国的货币供给量必须跟着经济的增长率一起走，跟生产力一起走，绝对不能让货币供给赶不上或者低于经济增长率。

——选自日本千叶大学蔡孟翰副教授对《财计一》的讲评

9. 胥吏的危害

在黄宗羲看来，产生这种危害的原因是什么呢？他分析了三个：一是胥吏的背后有官府的权力作为靠山，因此这些老百姓不敢怎么去反抗他，为难他。"不怕官，只怕管"，老百姓接触的官员不多，但是这些小吏是经常可以接触到的。小吏的背后有官府的权力做依靠，老百姓敢怒而不敢言。二是一为官府之人，一为田野之人，既非同列，自不相顾。就是说胥吏或为官府之人，或为田野之人（雇役），互不相属，因此他可以为所欲为。三是胥吏世代相传，久在官府，根基牢固，就形成了一个关系网，因为这个关系网牢不可破，所以危害很大。这就是胥吏的危害和危害产生的原因。

——选自浙江社会科学院吴光研究员对《胥吏》的讲评

10. 明代军事制度问题的症结点

现代国家的生存与竞争，讲究的是国家总体国力。总体国力有政治、经济、军事、心理四大要素，而黄宗羲此处从国家财政立论，未从建军目标、军队功能及其所带来的军纪、军教等角度来做检讨分析。军事教育很重要，军人除了演练武艺战技外，还应该接受有理论、有体系的专业军事学校教育，并仍需要学习人文社会学科的知识，如此才能真正体会亲善爱民，这样才能真正实现文武合一的教育。如果不检讨开设学校教育军人，军人光会练武打仗，则这支军队未必就会忠君爱国、亲善爱民，恐怕反而会是致乱之本，我觉得黄宗羲的想法是行不通的。

——选自台湾中正大学雷家骥教授对《兵制》的讲评

三、战争与和平：抗战历史与反思

（一）主题阐释

2015 年是具有重要意义的一年——中国人民抗日战争暨世界反法西斯战争胜利70 周年。近代百年以来，中国一度国力衰弱、屡战屡败、备受屈辱，在历史的黑暗中反复抗争，中华民族面临着灭亡的危险。而 70 年前抗战的胜利改变了中国的命运，这是中国人民在近代史上第一次在抵御外来侵略中取得了完全胜利，中华民族的近代史因此翻开了新的一页。

作为第二次世界大战的东方主战场，与美国及其他欧洲国家相比，中国的抗争时间最长，中国人民的付出最大、牺牲最惨重，最后终于取得了抗战的完全胜利。同时，这场长达 14 年的战争，不仅是中国人民的战争，它也是世界反法西斯战争的重要一部分。我们需要以世界性的眼光和历史性的视角来对此有一个全面的认识和思考。

本届研讨会围绕"战争与和平：抗战历史与反思"的主题，各位专家、学者将从不同角度分析中国抗战的历史，探讨这段历史对中国现代化进程和世界历史的影响，帮助学生深化对中国抗战这段历史的认识与反思。

——选自联合国际学院吴清辉校长的开幕辞

（二）内容综述

2015 年 11 月，第十六届国情国学教学研讨会以"战争与和平：抗战历史与反思"为主题。这次研讨会是在举世瞩目的纪念中国人民抗日战争暨世界反法西斯战争胜利 70 周年之际举行的，专家学者从国际与国内、历史与现实多个维度进行交流和探讨，部分与会嘉宾及演讲主题见表 4-3。

表 4-3　第十六届国情国学教学研讨会部分嘉宾及演讲主题

嘉宾	所在单位及职务职称	演讲主题
雷颐	中国社会科学院近代史研究所教授	千年睦邻百年寇仇：近代东亚格局变化与日本侵略缘起
郭世佑	同济大学特聘教授	抗战历史的艰辛与民族记忆的重建
刘维开	台湾政治大学历史系教授	从训政到宪政——抗战期间的政制转型与民主发展
陈廷湘	四川大学历史文化学院教授	中国人民抗日战争对人类文明进步的重大贡献
曹大臣	南京大学历史系教授	南京大屠杀与历史记忆
张晓辉	暨南大学历史系教授	抗战前期的南方外贸运输线
李丹青	上海文化广播影视集团有限公司版权资产中心节目运营部主任	70 集纪实短片《老兵不死》的诞生

研讨会主要包括以下两个内容。

（1）对历史的记忆与记录。抗战艰辛，胜利得之不易。同济大学特聘教授郭世佑先生在"抗战历史的艰辛与民族记忆的重建"的主题演讲中，通过大量史实和数据，全面分析了抗战期间中日军事力量的差距；暨南大学历史系张晓辉教授在"抗战前期的南方外贸运输线"的主题演讲中，从经济的角度重现抗战的不易；南京大学历史系曹大臣教授在"南京大屠杀与历史记忆"的主题演讲中，展示了可靠的数据和珍贵的历史照片，这些数据和照片记录了日本侵略者当年的暴行；上海文化广播影视集团有限公司版权资产中心节目运营部主任李丹青先生致力于抗战"口述历史"的工程，在研讨会上讲述了70集纪实短片《老兵不死》的诞生历程。

（2）历史的反思与回声。抗战胜利已经70年，越来越多的学者将研究视角转入反思的层面，回望历史，珍视现在。中国社会科学院近代史研究所雷颐教授在"千年睦邻百年寇仇：近代东亚格局变化与日本侵略缘起"的主题演讲中谈到，日本近一百年来的崛起和侵略步伐对处于和平年代的国家发展和国际关系都有深刻的警示意义，和平是人民的心愿，也是目前中日关系的主题；论及国家政制层面，对战争的反思和应对，台湾政治大学历史系刘维开教授在"从训政到宪政——抗战期间的政制转型与民主发展"的主题演讲中提到，政治体制变化与民主发展是相辅相成的，而军队作为政权实行的武力保证，需要党的领导；四川大学历史文化学院陈廷湘教授在"中国人民抗日战争对人类文明进步的重大贡献"的主题演讲中，将中国人民的抗日战争置于人类文明发展的进程中，体现出中国对世界和平和文明做出的突出贡献。

（三）学者观点

1. 日本再次发动战争的可能性不会很高

日本崛起之后，试图通过战争重新洗牌，在国际上求得一席之地。进入21世纪后，我们应从中日战争得到教训和反思：新兴力量应和平崛起，而非战争和武力。同时，对待极端的观点思潮不应鼓动，因为战争最终带来的是灾难。鉴于日本现在国内的和平发展，大部分年轻人追求安逸生活；中日邦交正常化以来，中日发表了"四个政治文件"，已建立互惠合作关系；在处理中日领土争议方面，"搁置争议、共同开发"的方针也是很好的指导，因此较长时间内日本再次发动战争的可能性不会很高。

——选自中国社会科学院近代史研究所雷颐教授的演讲

2. 未来的政治家们应以国家利益为重

中国取得了抗日战争的全面胜利。在世界反法西斯战场上，中国起到了非常关键的作用。作为联合国发起国和第二次世界大战战胜国，中国有着非常高的国际地位，但当时的中国失去了参与国际秩序重建的机会，这些需要我们反思。如今民主建设的任务依然艰巨，当年缺乏经验，现在可以补救。未来的政治家们应减少政治偏见，以国家利益为重。

——选自同济大学郭世佑教授的演讲

3. 要强调如何传承和加强历史的记忆

在台湾，关于抗战，除了反思，更要强调如何传承和加强历史的记忆。中国大陆和台湾地区，谱写了共同的民族史诗，心有灵犀。

——选自台湾政治大学历史系刘维开教授的演讲

4. 对南京大屠杀的调查和认定还有很多路要走

直到现在，日本方面仍在继续纠缠南京大屠杀的遇害人数问题，我们对南京大屠杀的调查和认定还有很多路要走。即使如此，2014年我国已经设定每年的12月13日为南京大屠杀死难者国家公祭日；南京大屠杀档案前不久已经入选世界记忆遗产，成为世界记忆；现在社会上有超过300位学者和志愿学生参与史料还原的工作。努力还不够，但我们不会忘记这段惨痛的历史。

——选自南京大学历史系曹大臣教授的演讲

5. 华南对外贸易运输线在抗战时期做出了突出的贡献

抗战时期，日本掌握了中国的制空权和制海权，中国国内经济遭到严重打击，而战争是持久战，需要很大的消耗。太平洋战争爆发之前，以香港为转运枢纽的华南对外贸易运输线是我国战略物资进出口的大动脉，华南贸易运输线沟通对外贸易，输出大量国产品，同时又得以购进急需的军需及民用物资，为国民政府维持债信、换取宝贵的外汇，以及粉碎敌人的经济封锁、坚持持久抗战，做出了突出的贡献。

——选自暨南大学历史系张晓辉教授的演讲

第五章 反思传统

一、文学经典与现代生活

(一) 主题阐释

中国的文学在漫长的发展过程中,诞生了一大批脍炙人口的经典作品,对后世产生了深远的影响。时至今日,虽然社会形态和生活方式发生了剧烈的变化,但文学经典并没有过时,其在滋养心灵、陶冶品性、提升现代生活质量上所具有的重要作用仍然值得重视。而要充分认识文学经典的这种作用,就必须基于现代生活情境对其加以观照和阐释。因此,以现代眼光和视野论析文学经典,发掘其所蕴含的现代价值是十分必要的。

——选自联合国际学院吴清辉校长的开幕辞

(二) 内容综述

2012年11月,第十届国情国学教学研讨会的主题为"文学经典与现代生活",联合国际学院邀请到来自北京大学、台湾大学、香港中文大学、中山大学、四川大学、北京语言大学、暨南大学、广州大学等高校的多位知名学者与会,同时也有兄弟院校的多位师生参与。会议展开内容丰富,探讨形式多样,部分与会嘉宾及演讲主题见表5-1。

表 5-1　第十届国情国学教学研讨会部分嘉宾及演讲主题

嘉宾	所在单位及职务职称	演讲主题
齐益寿	台湾大学教授	陶渊明诗之真、善、美对现代人的启示
谢谦	四川大学教授	诗可以群——漫谈古典诗词的交流功能
张海鸥	中山大学教授	古典诗词文体与现代生活
方铭	北京语言大学教授	屈原精神及其现代价值
赵维江	暨南大学教授	当代视野下的唐诗宋词
曾大兴	广州大学教授	苏轼词的现代意义
周建渝	香港中文大学教授	"文本互涉"视野中的《石头记》
刘勇强	北京大学教授	《水浒传》接受中的对立思维与传播困境
冯瑞龙	联合国际学院副教授	经典戏剧与现代生活

研讨会主要包括以下两个内容。

(1) 文学经典与现代生活的概论介绍。文学经典并没有过时,其在滋养心灵、陶冶品性、提升现代生活质量上所具有的重要作用仍然值得重视。而要充分认识文学经典的这种作用,就必须基于现代生活情境对其加以观照和阐释。与会学者以自己的研究对象为例证,将文学经典中的思想、文化和传统与现代生活相串联。

(2) 文学经典与现代生活的个案分析。①经典诗词与现代生活。谢谦教授以"诗可以群——漫谈古典诗词的交流功能"为题开讲,结合当代大学生的实际生活,阐述了怎样在日常生活中合理运用诗歌,把诗歌化为自己的能力和魅力;台湾大学中文系齐益寿教授在"陶渊明诗之真、善、美对现代人的启示"的主题演讲中认为,陶诗所形成的融贯真、善、美于一体的卓绝独到的诗歌意境,对我们依然具有启示作用;中山大学中文系张海鸥教授认为,生活中时时处处都可能有诗意,问题是自己如何料理、忖度、表达;北京语言大学人文学院方铭教授从屈原的诗歌出发,着重谈论了屈原精神价值的现代内涵;暨南大学中文系赵维江教授认为,唐诗宋词的情感内容丰富多彩,但不管写什么,它关注的焦点都是人,指向的是人的个性解放和自由平等;在词作的部分,广州大学中文系曾大兴教授以"苏轼词的现代意义"切入,提示大家在阅读和赏析古典诗词的时候,对古代的地理名称等一定要认真、细致辨析。②经典小说与现代生活。香港中文大学中文系周建渝教授以《石头记》为研究对象，在"'文本互涉'视野中的《石头记》"的主题演讲中解释了"文本互涉"的概念内涵，为学生阅读《石头记》提供了全新的视角；北京大学中文系刘勇强教授以"《水浒传》接受中的对立思维与传播困境"为题发表演讲，认为《水浒传》的确存在大量与现代观念不一致的东西，应加以批判，但也不能脱离特定的时代背景。③经典戏剧与现代生活。联合国际学院中国语言文化中心冯瑞龙副教授发表演讲，他运用西方悲剧英雄的理论，对元曲中帝王后妃的爱情悲剧进行了分析。

（三）学者观点

1. 陶诗中的"真""善""美"

六朝人是以藻饰文绣为美的，重在形式的绮丽。陶诗中的情感纯厚之美、生活简朴之美，以及物我两忘的精神意境之美，在当时还不能够欣赏。陶诗中的情感纯厚之美，正是陶渊明所修持的"善"的体现；而生活简朴之美及精神意境之美，则是陶渊明的"真"在不同层面上的流露。陶诗中的"真""善""美"隐然有一模糊的结构，陶渊明是以"善"为本，上达于"真"，下贯于"美"，而形成融贯"真""善""美"于一体的卓绝独到的诗歌意境。

——选自台湾大学齐益寿教授的演讲

2. 在日常生活中合理运用诗歌

在孔子的时代，贵族相见，赋诗言志：不是写诗或解读诗，而是用诗，以诗表情达意，沟通关系。当代大学生也应有君子品格、绅士风度、文化底蕴，在日常生活中合理运用诗歌，把诗歌化为自己的能力和魅力。

——选自四川大学谢谦教授的演讲

3. 运用诗歌来表达

诗意地栖居，生活中时时处处都可能有诗意，问题是我们如何料理、忖度、表达。格律体诗词和自由体诗词都可以表达现代乃至未来的生活，问题是我们会不会运用、能否表达得更好些。

——选自中山大学张海鸥教授的演讲

4. 屈原爱国主义精神的价值

屈原是在一个缺少公平性、丧失了正义价值的时代，积极倡导社会公平和正义价值，并痛苦地追寻社会公平和正义价值的伟大诗人。屈原爱国主义精神的价值也就在此。研究屈原，既是为了还原历史，更是为了学习屈原。学习屈原，既是为了提升我们自己，也是为了提升我们的时代。

——选自北京语言大学方铭教授的演讲

5. 学点诗词写作的意义

唐诗宋词的情感内容丰富多彩，但不管写什么，它关注的焦点都是人，指向的是人的个性解放和自由平等。古典的形式和风格对于矫治现代社会过度发展的弊病，对于全球化语境中民族精神文化的健全发展具有重要作用。学点诗词写作对于大学生提高人文素养、成为未来社会新主人有着特殊的意义。

——选自暨南大学赵维江教授的演讲

6. 苏轼是亦儒亦道，儒道互补

苏轼既不是纯粹的儒家，也不是纯粹的道家，而是亦儒亦道，儒道互补。这种亦儒亦道，儒道互补，体现在人生态度上，就是旷达。

——选自广州大学曾大兴教授的演讲

7.《石头记》颠覆了传统儒家价值观

《石头记》在对石头的设置上与《水浒传》《西游记》两个文本有交互指涉，虽然三本书都提到了石头，但《石头记》中"顽石"的设置其实是对《水浒传》和《西游记》的质疑和反诘。《石头记》通过设置石头"无材补天""悬崖撒手""复归青埂峰"之叙述，嘲讽和颠覆了《水浒传》叙述中强调的"替天行道""忠义双全"之传统儒家价值观。

——选自香港中文大学周建渝教授的演讲

8.《水浒传》中表达的思想

在中国古代小说中，由于题材的特殊性，对《水浒传》的评论分歧最大。之所以如此，就在于《水浒传》里充满了"目无法纪""血腥暴力""蔑视女性"等描写。《水浒传》的确存在大量与现代观念不一致的东西，应加以批判，但也不能脱离特定的时代背景。《水浒传》的主导思想是"替

天行道",是追求社会公正,其中的暴力倾向等,有的是一个过程,有的是一种手段。而且对暴力倾向,《水浒传》也并非一味赞同。

——选自北京大学刘勇强教授的演讲

9. 文学中的代罪羔羊

正如《哈姆莱特》中的主角是王子兼英雄,为了将他的国家从灾变中挽救过来,他要将自己当作王族的一个代罪羔羊来牺牲,杨贵妃和王昭君也在不同程度上,为了国家民族而代罪。如前所述,唐朝和汉朝的文臣武将君主都安于逸乐、无心国事、边备不修、妄断军机,以致外患将至而束手无策,只好以弱女子做代罪羔羊,承担道德责任了。

——选自联合国际学院冯瑞龙副教授的演讲

二、传统思想与现代生活

(一)主题阐释

春秋战国时期,学派并立、百家争鸣、学术巨擘纷出,成就震古撼今,如群星辉映,流光溢彩。在这个时期,先秦思想家从探讨治国治民的理论,到研究国家的产生与形成,探索宇宙人类的起源,对世界、社会和人生都进行深刻的研究与反思。如儒家的"仁政""己所不欲,勿施于人"的"忠恕"观,孟子的古代民主思想,道家的辩证法,墨家的科学思想,法家的唯物思想,等等,在今天依然闪烁着光芒。即便是那"诡辩"的名家,也开创了中国哲学史上的逻辑学领域。我们可以、也应该去借鉴诸子百家的种种思想,通过对其去粗取精、去伪存真,将其创造性转化和创新性发展,通过激活我们的传统基因,格物致知、知行合一,经世致用、古为今用,从而增强我们民族内心圆满的动力和慎终追远的定力。

在2013年,习近平总书记在参观孔府、孔子研究院时就曾强调,中华优秀传统文化是中华民族的突出优势,中华民族伟大复兴需要以中华文化发展繁荣为条件,博大精深的中华优秀传统思想文化是我们在世界舞台上站稳脚跟的根基。本届研讨会旨在以开阔的视野、多元的视角来分析中华传统思想的基本内涵,发掘其所蕴含的现代价值和意义,探讨其在现代生活背景下发挥作用的可能性，以帮助我们的学生全面、深入地认识传统思想。

——选自联合国际学院吴清辉校长的开幕辞

（二）内容综述

2016年4月，第十七届国情国学教学研讨会以"传统思想与现代生活"为主题在联合国际学院举行，香港浸会大学饶宗颐国学院院长陈致教授、清华大学历史系方朝晖教授、广西师范大学文学院李乃龙教授、北京师范大学哲学学院徐文明教授、中国人民大学哲学学院杨武金教授、华南师范大学政治与行政学院周炽成教授、中山大学哲学系吴重庆教授和深圳大学哲学系李大华教授与会并发表主题演讲。会议围绕"传统思想与现代生活"这一主题，从儒、道、释、法、墨等角度对传统思想进行解读，并着重落实到传统思想对当下的关照和启发，部分与会嘉宾及演讲主题见表5-2。

表5-2　第十七届国情国学教学研讨会部分嘉宾及演讲主题

嘉宾	所在单位及职务职称	演讲主题
方朝晖	清华大学历史系教授	儒家修身思想的现代意义
李乃龙	广西师范大学文学院教授	庄子逍遥观念及现代价值
陈致	香港浸会大学饶宗颐国学院院长	古代科举制度与现代国学教育
徐文明	北京师范大学哲学学院教授	禅与生命境界
杨武金	中国人民大学哲学学院教授	从墨家的非命观点看命运与人力的作用
周炽成	华南师范大学政治与行政学院教授	富强与现代国家构建——法家在21世纪之中国
吴重庆	中山大学哲学系教授	儒学与中国基层社会重建
李大华	深圳大学哲学系教授	道家的德性及其现代价值

研讨会主要包括以下两个内容。

（1）社会建制中的传统文化理论。儒家思想是研讨会中被提及最多的思想，在社会建制方面，中山大学哲学系吴重庆教授在"儒学与中国基层社会重建"的主题演讲中指出，儒学对"家族""小农"等的定义和设计可以用到现今中国基层社会的建设中，这就要求基层工作者注重传统，尊重地方，

致力于和谐而不是相抵的国家社会关系；华南师范大学政治与行政学院周炽成教授认为，"儒法结合"的治国策略历来是中国传统社会非常成功的管理模式，二者并不对立，追求国家的富强和建设现代意义的国家，都离不开法家思想；香港浸会大学陈致教授的"古代科举制度与现代国学教育"主题演讲，从科举制度研究出发，对当下的"国学教育""国学热"给予冷静的分析和判断，这同样也是传统文化对当代教育制度建设的关照。

（2）个人修为中的传统文化实践。传统思想与现代生活的联系，在大学生这一群体中，会如何展现，大学生应该有怎样的担当和觉悟，形成怎样的力量和队伍，高校教育工作者又该针对大学生的特质进行怎样的引导，这些是参会的教师和学生普遍关注的问题。清华大学历史系方朝晖教授引用《大学》中的名句，劝诫当代大学生修身去执，珍惜生命；广西师范大学文学院李乃龙教授将庄子的"逍遥观"介绍给学生，寄语"无待""无己"的生活哲学；北京师范大学哲学学院徐文明教授的演讲"禅与生命境界"，解释了"空"的生活智慧；中国人民大学哲学院杨武金教授用墨子的"非命"进取观鼓励学生做事要积极；深圳大学哲学系李大华教授在研讨会最后指出，道家的"真实""宽容""公平"理论适用于现代社会。

（三）学者观点

1. 基本的修身方法

"修身"本义是指修养身心，是儒家学说的核心组成部分，即所谓"修身、齐家、治国、平天下"，儒家的修身学说在传统中国社会中起着社会教化的作用。针对现代人的情况，可以采取九种传统儒家强调的修身方法：守静、存养、自省、定性、治心、慎独、主敬、谨言和致诚。而对当代大学生而言，最基本的修身方法有三：静坐、自省和读书。

——选自清华大学方朝晖教授的演讲

2. 怎样才算逍遥

在《庄子·逍遥游》里，身为自然人无法逍遥；在现实社会中，社会人更加得不到逍遥。若能做到"举世而誉之而不加劝，举世而非之而不加沮"也可算作逍遥。要真正做到逍遥，需做到"无待""无己"，它们的现实意义在于，告诫我们不要过度依赖他人，同时要摆正自己的位置，把握好一个"度"。

——选自广西师范大学李乃龙教授的演讲

3. 传统教育内容如何在现代被吸收运用

国学教育在当下十分火爆,这种提倡也是乘时代风气,但是因为古代典籍的特殊性,也不一定都要求孩子从小就背诵"四书""五经"。至于有一些要在现代高等教育中设立"国学"学位的呼声,考虑到我们现在的教育体系是根据西方的学科分类的,这样的呼声也显得不合时宜。传统的考试模式与教育内容要在现代被吸收运用,依然任重道远。

——选自香港浸会大学陈致教授的演讲

4. 儒释道有相同的基因

佛教讲"禅",讲对生命的看法,即众生平等,这是一种生命的境界。于生命而言,佛教讲求破除"常、乐、我、净"的执着,诸行无常,诸法无我。儒释道有相同的基因,儒家强调中道、中庸,"中"在这里,就是佛教所讲的无二变,无分别心,达到"众生无我",破除对自我、对欲望的执着,就能做到少欲而不动心,就能达到道家所说的逍遥无待的境界,无欠无余、自由自在。

——选自北京师范大学徐文明教授的演讲

5. 墨子的非命观

墨子主张"非命"又主张"天志、明鬼",这并不矛盾。相反,"非命"并没有否定客观的规律性。"非命"的真实意思是,反对命定论,主张发挥人的主观能动作用。非命,指不从命,反对命定论,反对儒家把"寿夭贫富,安危治乱"看成是先天命定的思想。否定命定论,并不是要否定运气和命运的存在。一个人、一个国家的命运,往往是与这个人以及他所在国家的人民的人力作用密切相关的。这类"信命"的看法可能会抹杀人们做事的积极性,而墨子这种非命观在现代具有的进取意义不言而喻。

——选自中国人民大学杨武金教授的演讲

6. 法家思想对中国现代国家构建

法家思想对中国现代国家构建起了明显的作用。在中国古典学派中,法家最富国家主义精神,这种精神在21世纪被发扬光大。法家不要人去做孝子，而要人做国民。秦统一六国，建立了疆域异常辽阔的国家，实践了法家的国家主义，奠定了此后两千多年的中国政体的根基。中国传统社会把儒家和法家的思想相结合来治理国家是非常成功的。如今，追求国家的富强和建设现代意义的国家，都离不开法家思想，古代的"富国强兵"与现代的"发展就是硬道理"一样体现了法家精神。

——选自华南师范大学周炽成教授的演讲

7. 儒学致力于国家与社会的长期互动交融

中国是一个有着超大规模与超长传统的文明与政治的共同体，应尊重地方的组织传统，破除"国家—社会"的二元对立框，重视作为儒学社会基础的"家族"与"小农"，让其成为现代乡村社会建设的切入口。儒学致力于国家与社会的长期互动交融，注重传统的、地方的、民间的社会组织资源，在两千多年的传统社会中发挥着组织社会的作用。把陌生人社会建设成为熟人社会，这是儒学在今天的价值所在。

——选自中山大学吴重庆教授的演讲

8. 社会需要符合道家"德性"的"公德"

在人应具有的"德性"方面，道家提出的"真实""宽容"与"公平"，相对儒家的"德性"所强调的思亲和经验的可传达性，更加具有普世性，更适合现代社会。如今的中国慢慢从"熟人社会"走出，而大多数建立在儒家体系中的熟人之"德"，一旦进入"陌生人社会"，"德"就不在，整个社会需要的是符合道家"德性"的"公德"。

——选自深圳大学李大华教授的演讲

三、中国传统生活方式的现代观照

（一）主题阐释

近代以降，伴随着中国社会的现代转型，中国传统文化遭到批判和否定，国人的生活方式也逐渐远离传统，更多地受到外来因素的影响，发生了巨大的变化。在此背景下，深入了解中国传统生活方式的特点及其文化内涵，并从现代视角加以省思和审视，显然十分必要。正如 2015 年 8 月习近平主席致第二十二届国际历史科学大会的贺信中提到的"中国人民正在为实现中华民族伟大复兴的中国梦而奋斗,需要从历史中汲取智慧",中国的优秀思想和文化是我们的宝贵财富,传统思想的价值无论是在中国的社会组织架构方面还是在个人的修身齐家方面,都能给予当下的我们积极的参考和深刻的反思。

——选自联合国际学院吴清辉校长的开幕辞

(二)内容综述

2012年4月,第九届国情国学教学研讨会以"中国传统生活方式的现代观照"为主题在联合国际学院举行。来自北京大学、台湾大学、南开大学、天津大学等知名高校和科研机构的多位知名学者出席本届研讨会,部分与会嘉宾及演讲主题见表5-3。

表5-3　第九届国情国学教学研讨会部分嘉宾及演讲主题

嘉宾	所在单位及职务职称	演讲主题
徐富昌	台湾大学中文系教授	中国饮食文化的特色与理念
赵荣光	浙江工商大学教授	变革中的中国餐桌文化
王赛时	山东社会科学院研究员	谷物与中华民族
常建华	南开大学教授	中国传统择偶观念的现代适应性
王其亨	天津大学教授	"居"的意义——国学视野下的中国建筑传统
张志春	陕西师范大学教授	从服饰层面看文学
李志生	北京大学教授	唐代妇女袒装与中国古代妇女的缠足
申自强	岭南教育集团岭南书院教授	传统礼仪与现代生活

研讨会主要包括以下两个内容。

(1)在社会器物的层面,多位学者从最基本的衣食住等方面进行分析。陕西师范大学张志春教授从服饰的层面分析《诗经·卫风·有狐》和《诗经·秦风·无衣》两首作品,说明不同面料着装代表着不同的身份地位;北京大学李志生教授通过"唐代妇女袒装与中国古代妇女的缠足"的主题演

讲，介绍了唐代妇女袒装的特点和类型及中国古代妇女缠足的足饰；台湾大学中文系徐富昌教授在"中国饮食文化的特色与理念"的主题演讲中从吃谈起，延伸至饮食文化；天津大学建筑学院王其亨教授讲述中国建筑文化的优秀案例。

（2）在社会意识的层面，学者从具体到抽象，从特殊到一般，推演出中国人的饮食习惯、女性婚恋观、建筑美学等隐形却深刻的中国文化特质，体现了传统生活方式在现代的观照。徐富昌教授和浙江工商大学赵荣光教授都谈到"饮食文化"的概念，认为中国人的饮食文化，体现了"均衡和谐"的理想与世界观，而目前需要注意的是食品的安全问题；山东社会科学院王赛时研究员从谷物与中国人的关系入手，探讨农耕传统与国民身体素质；南开大学常建华教授做了题为"中国传统择偶观念的现代适应性"的报告，展示并分析了不同时代的中国女性婚恋观；王其亨教授其后讲解了中国建筑文化中的生态美学与天人伦理。

（三）学者观点

1. 中国的饮食文化触及了生活的方方面面

中国的饮食文化讲究均衡和谐的理想，讲究均衡调和、滋养身体，"饮和食德"是饮食的指导原则。这样的理想与世界观，触及中国人生活的方方面面：从滋补养生到礼制祭祀，从家族维系到人际往来，无不以宴饮为平台。

——选自台湾大学徐富昌教授的演讲

2. 中国传统建筑蕴含着生态美学与天人伦理观

中国建筑文化中蕴含着独特的生态美学与天人伦理观，中国传统建筑是被时间与社会所淡忘的文化瑰宝，它们在环保、实用、美观及人文底蕴各个方面都远胜肤浅的当代建筑。

——选自天津大学王其亨教授的演讲

3. 传统的礼体现的是双向对等的价值观

周公和孔子所倡导的"礼"体现的是双向对等的价值观，与后世的"礼"有很大区别。礼的基本精神是让，在现代社会仍然具有价值。践行礼仪的身教，要胜过以语言为载体的言教。

——选自岭南教育集团岭南书院申自强教授的演讲

4. 对郎才女貌要认真分析

郎才女貌的择配标准比起门当户对和婚姻论财来说，把当事人自身的条件放在双方家庭条件之上，更具有合理性，与未来家庭生活的关系更为密切，更符合人类的天性，且对金钱和等级制有些冲击的作用。但是，郎才女貌毕竟是古代社会的产物，特别是"郎才"本身就有追求高门第、高等级的意思，而过分追求"女貌"，不顾对方的道德品质，失之片面，不切合实际生活，因此对郎才女貌也要认真分析。

——选自南开大学常建华教授的演讲

5. 服饰意象往往是社会制度或社会心态的载体

文学作品中哪怕是细小的意象，都有可能起影响全局的作用，成为影响一个民族文化心态走向的原型意象。文学作品中的意象往往是社会文化感性的直觉造型，不能在单一层面解读。如诗歌中的服饰意象，我们习惯于将其视为生活细节或情景，其实，中国作为衣冠古国，其服饰往往是社会制度或社会心态的载体，直接引发或规定了文学（诗歌）的情感样态。如果从这个角度来看文学、读诗歌，就可能读出全新的境界，读出主人公情感震荡的动力源，甚至从某种角度来说，才会找到理解作品的路径。

——选自陕西师范大学张志春教授的演讲

6. 古代衣饰被赋予了解放与压迫的政治内涵

在中国古代，衣饰是区分夷夏、辨识文野、彰显等级的重要载体；在中国近现代，古代衣饰又被赋予了解放与压迫的政治内涵。在相当长时段的妇女史研究中，逐渐形成了两种主导研究模式：唐代的"开放""幸运"模式和"五四"时期的"父权压迫"模式。前者是研究者对于唐代妇女史的特殊认识模式，其中的突出内容之一是唐代妇女的袒装；而后者则是研究中国妇女史，特别是封建社会后期（宋至清）的主导模式，其中的重要内容之一则是妇女的缠足。但如以社会性别视角对唐代妇女袒装和古代妇女缠足及其足饰进行考虑，则会呈现出更为丰富的观察视角。缠足虽然在中国延续千年之久，但它从未正式被官方认可，士大夫也从未公开肯定和倡导。

——选自北京大学李志生教授的演讲

四、传统与现代：当代中国社会的反思

（一）研讨综述

1. 主题阐释

中国自实行改革开放政策以来，在社会诸多领域都取得了举世瞩目的成就，尤其是在经济发展上，中国已成为世界第二大经济体，的确令人振奋和鼓舞。不过，由于中国地域广阔、人口众多、区域差异大，加上历史因素的影响和体制、机制的不完善等，使得中国社会在发展和转型过程中，也出现了许多问题，有的还相当突出。可以说，当代中国社会是传统与现代并存、成就与问题同在的复杂社会。

当代中国社会问题的根源何在？如何才能解决进而获得更好的发展？这些都值得探讨和分析。青年大学生肩负着国家的未来，承载着民族的希望。因此，青年大学生应该有使命感、责任感，也就是要有"情系家国，心怀天下"的人文情怀。这种可贵的情怀不是凭空产生的，而是建立在对中国传统和中国国情的深入了解的基础之上。

现代大学不能培养空心人、单面人，它所培养的人才不仅应该具备丰富的学识、卓异的才能，还要拥有高雅的情趣、气质，富有人文情怀和素养，对家、国和人类怀有深沉的关注和爱，并乐于奉献自我，成长为服务型领袖。只有这样，大学才体现了其存在的价值，才能真正成为推动社会进步的动力。

——选自联合国际学院吴清辉校长的开幕辞

2. 内容综述

2014年5月，第十三届国情国学教学研讨会以"传统与现代：当代中国社会的反思"为主题，多位学者参与了本届研讨会。研讨会共分为七个专场讲解，不同领域和方向的学者就传统思想和现代观念的关系展开论述，探讨当代社会反思的问题，部分与会嘉宾及演讲主题见表5-4。

表 5-4 第十三届国情国学教学研讨会部分嘉宾及演讲主题

嘉宾	所在单位及职务职称	演讲主题
丁学良	香港科技大学教授	对传统的多维思考：21世纪必具的理念
谢泳	厦门大学教授	当代中国知识分子的独立性
吴展良	台湾大学教授	自由主义化的儒家
魏甫华	深圳社会科学院研究员	从文化启蒙到市场启蒙
张西平	北京外国语大学教授	中国古代文化经典在域外的传播
王泽应	湖南师范大学教授	品格的意义和价值

研讨会主要包括以下两项内容。

（1）在现代语境下对传统思想的新解读。"每个时代都有每个时代的精神，每个时代都有每个时代的价值观念。一个民族、一个国家的核心价值观必须同这个民族、这个国家的历史文化相契合，同这个民族、这个国家的人民正在进行的奋斗相结合，同这个民族、这个国家需要解决的时代问题相适应。"在这样的理念下，我们需要对传统文化进行现代解读和时代理解。香港科技大学社会科学部丁学良教授发表题为"对传统的多维思考：21世纪必具的理念"的演讲，他认为，对传统要素要进行重新理解和架构，到达文明的现代化是一个过程，唯有过程不断，传统才能延续；深圳社会科学院魏甫研究员以"从文化启蒙到市场启蒙"为题，从市场的角度来剖析传统与现代的概念，以深圳为例，近30年来影响深圳人最大、最深的一个观念是"时间就是金钱，效率就是生命"，说明改革开放后的中国人已经有了很多与传统不一样的观念；北京外国语大学中国海外汉学研究中心主任张西平教授给现场师生、学者介绍了中国古代文化经典在域外的传播情况。

（2）在现代语境下对传统思想的再坚守。台湾大学历史系吴展良教授在"自由主义化的儒家"的主题演讲中提到，中国传统社会具有很优秀的政教核心和王朝稳定的条件，传统不可以被丢弃；湖南师范大学王泽应教授在"品格的意义和价值"的主题演讲中认为，想拥有幸福就要从培养德性入手，而道德正是传统儒家伦理文化特别强调的人应有的品质，现代学子在当今社会里依然要保持高尚的道德品格。

（三）学者观点

1. 对传统要素要进行重新理解和架构

面对现代化工业浪潮的冲击，传统唯有以"变"作为回应，如日本，就很好地做到了由传统向现代的转变。传统本身并不是一个单一的、结构严密的、同质的整体，而是一个充满矛盾、内部充满了紧张关系的庞大的集合体，所有的传统传下来就是因为它不断地变化，都能够被讨论，都包含着能被现代和当代所重新解释、重新解构、重新解读、重新开拓的可能性。我们对传统要素要进行重新理解和架构，而非与它一刀两断。到达文明的现代化需要一个过程，唯有过程不断，传统才能延续。

——选自香港科技大学丁学良教授的演讲

2. 华人的情感核心还是"家"

中国传统的"家国同构"模式和西方的城邦式是两种不同的政治结构，中国传统首重政治与教化，就是从上到下都有秩序、有文化，这是中国文明的重中之重。历代建国与立国都要有一套好的政治与教化，而面对现今中国采取的社会管理模式而出现的问题，要恢复对家庭、人与人之间的情感，即互利、互爱、互信基础的重视。归根结底，华人的情感核心还是"家"，传统不可以被丢弃。

——选自台湾大学吴展良教授的演讲

3. 延续性在思想史上具有重要意义

从维新变法到新文化运动，再到改革开放，这其中有思想上的延续性。延续性在思想史上具有重要意义。一个观念，如果不能延续下去，它就不可能在思想史上占据重要的位置。因此，在这个意义上，我们要思考思想启蒙运动得以延续的历史和社会条件是什么，或启蒙在社会的落实必须涉及社会构成本身的哪些蜕变。

——选自深圳社会科学院魏甫华研究员的演讲

4. 对话与博弈将是我们与西方文化相处的基本状态

推动中华文化走出去，既需要我们以多种形式向世界推介中华文化，也需要国内学术界、文化界进一步加强与拓展对其他国家优秀文化传统和成果的研究阐发。而对其他国家尤其是西方国家来说，认识和理解历史悠久又不断焕发新生机的中华文化，也是一个重要课题。对话与博弈，将是未来相当长时间内我们与西方文化相处的基本状态。

——选自北京外国语大学张西平教授的演讲

5. 良好品德的养成在大学生的成长历程中起着立志明心的作用

品格、德性、胸怀和度量将成为未来个人竞争力的重要内容，对品格的评价要求大学生能够做到"修德储能"，想拥有幸福就要从培养德性入手，而道德也正是儒家伦理文化特别强调的人应该具有的品质。伴随着社会主义市场经济的迅猛发展，成才是每一个大学生的迫切要求，要成才就必须有明确的志向，懂得社会的要求和自己所追寻的价值目标。良好品德的养成在大学生的成才历程中起着立志明心的作用。

——选自湖南师范大学王泽应教授的演讲

| 第六章 | 透视热点

一、多视角看两岸关系

（一）主题阐释

两岸关系长期以来一直是国内外关注的焦点之一。近些年来，随着两岸在政治、经济、文化、教育等诸多领域交流的日益频繁、深入，两岸关系获得了长足的发展，令人欣慰。但值得注意的是，由于两岸问题的形成有着复杂的历史背景，并受到诸多现实因素的制约，两岸关系的发展还面临着许多问题和挑战，非常值得深入分析和探讨。

本届研讨会邀请了多位学者，从政治、经济、历史、中美关系、中日关系等多个视角来透视两岸关系。习近平总书记指出，着眼长远，两岸长期存在的政治分歧问题终归要逐步解决，总不能将这些问题一代一代传下去。大学生身处这样的大时代，作为中国的新生力量，理应胸怀社会责任感和文化使命感，关注祖国宝岛台湾的问题，关心国家未来的发展。本届研讨会旨在加深学生对两岸关系的认识。

——选自联合国际学院吴清辉校长的开幕辞

（二）内容综述

2013年10月，第十二届国情国学教学研讨会以"多视角看两岸关系"

为主题，邀请到多位学者与会演讲，与联合国际学院师生展开热烈的讨论，部分与会嘉宾见表6-1。

表6-1 第十二届国情国学教学研讨会部分嘉宾及演讲主题

嘉宾	所在单位及职务职称	演讲主题
王津平	台湾"中国统一联盟"主席	中国再统一 共筑伟大的"中国梦"
袁征	中国社会科学院研究员	两岸关系中的美国因素
汤绍成	台湾政治大学教授	台湾的认同问题
王建伟	澳门大学教授	美国重返东亚与两岸关系
朱显龙	澳门理工学院教授	既要维护更要搭建一个中国框架
吴清	上海交通大学教授	权力与认同：民族国家的兴衰与两岸关系的未来
黄清贤	台湾成功大学两岸统合研究中心执行长	ECFA与两岸关系结构文化变迁
林金源	台湾淡江大学副教授	台湾拒绝统一的历史原因与现况

研讨会主要包括以下两个内容。

（1）以维护民族整体利益为准则把握两岸关系大局。任何两岸关系的解读构想必须以维护中华民族的整体利益为根本前提。为此，台湾"中国统一联盟"主席王津平先生发表题为"中国再统一 共筑伟大的'中国梦'"的演讲，认为只有中国再统一才能实现伟大的"中国梦"；上海交通大学国际与公共事务学院吴清教授在题为"权力与认同：民族国家的兴衰与两岸关系的未来"的演讲中，阐述了"民族"应是一种社会共同体的观点，认为增强认同感是改善两岸关系的当务之急；台湾成功大学黄清贤教授以"ECFA与两岸关系结构文化变迁"为题与学生展开讨论，他认为在2010年签署ECFA（海峡两岸经济合作框架协议）后，两岸关系的结构文化产生变迁，因此他提出了两岸应有的未来走向；从两岸关系中不可忽视美国的角度，中国社会科学院美国研究所外交室主任袁征研究员以"两岸关系中的美国因素"为题发表演讲，为大家展示了美国在两岸关系发展中所扮演的角色，以及美国对台政策转变的表现；澳门大学政府与行政学系主任王建伟教授在题为"美国重返东亚与两岸关系"的演讲中，提出美国想脱离中美关系框架，

切割中国台湾和大陆的关系而独立考虑台湾问题。

（2）一个中国框架是维护两岸关系和谐的前提。台湾政治大学欧美研究所所长汤绍成教授做了题为"台湾的认同问题"的演讲，认为中国台湾要在认同自己"同一个民族"的身份下完成统一大业；澳门理工学院社会经济与公共政策研究所朱显龙教授认为，坚持一个中国框架后要解决两岸的法统与结构问题，才意味着国家完成统一；台湾淡江大学经济系林金源副教授发表题为"台湾拒绝统一的历史原因与现状"的演讲，批判了台湾"台独分子"无耻的言行，他认为台湾无法逃避、否认一个中国框架，这一点引起了在场学者和学生的共鸣。

（三）学者观点

1. 两岸统一是历史发展的必然趋势

在一个中国原则下实现和平统一，是包括台湾人民在内的全体中国人民的坚定信念，任何势力也阻挡不了。两岸统一是历史发展的必然趋势，只有中国再统一才能实现伟大的"中国梦"，海峡两岸中国人一起追求"中国梦"，实际上也是好几代人的共同理想。

——选自台湾"中国统一联盟"主席王津平先生的演讲

2. 中国大陆是美国对台政策中至关重要的变量

美国不会停止插手两岸事务，而且美国也清楚地意识到，中国大陆是美国对台政策中至关重要的变量，短期内"弃台论"尚不足以撼动美国的对台政策，但其内含的意义不能忽略。

——选自中国社会科学院袁征研究员的演讲

3. 中国台湾要在认同"同一个民族"的身份下完成统一大业

政治身份包括民族身份、国家身份、文化身份三个方面，中国台湾要在认同自己"同一个民族"的身份下完成统一大业。

——选自台湾政治大学汤绍成教授的演讲

4. 有实力并不等于有影响力

中国现在已经是全球第二大经济体了，但很难说在世界事务或者地区事务中的影响力也是世界第二。这正是中国在地区事务中面临的困境，也就是实力和影响力之间的匹配问题——有实力并不等于有影响力。因此，未来10年中国最大的挑战，就是如何将自己的实力转变成真正能使周边国家心悦诚服的影响力。

——选自澳门大学王建伟教授的演讲

5. 增强认同感是改善两岸关系的当务之急

民族主义与民族分离主义的挑战有三大特点：地域上的广泛性、后果上的严重性及现实中的紧迫性。"民族"应是一种社会共同体，之所以出现"藏独""台独"的现象就是因为民族之间缺乏共同责任感。因此，增强认同感是改善两岸关系的当务之急。

——选自上海交通大学吴清教授的演讲

6. 两岸秉持"主权重叠、治权共享"的概念合作

事实上，中国大陆与台湾的关系并非国际关系，双方具有血浓于水的关系。如果两岸能秉持"主权重叠、治权共享"的概念携手合作，美国才能正视两岸对于钓鱼岛的主权，中国大陆与台湾及美国的战略关系才能在实力平衡下维持彼此间的和平发展。

——选自台湾成功大学黄清贤教授的演讲

7. 中国台湾无法逃避国家认同问题

两蒋作为国共内战战败者心有不甘，丑化中共，造成台湾地区人民对祖国的疏离感，这些都是台湾部分民众拒绝统一的历史原因，但台湾无法逃避国家认同问题。当下台湾地区是非不分、民粹当道、经济停滞，这些都是台湾右翼分子带来的恶果。

——选自台湾淡江大学林金源副教授的演讲

二、中日钓鱼岛争端的多维透视

（一）主题阐释

近年来，中日两国在钓鱼岛争端上的纷争不但在两国之间引发强烈反响，而且成为国际关注的焦点，中日关系由此陷入严重的危机。时至今日，

事态仍在发展,仍是时事热点之一。中日钓鱼岛争端的形成有着复杂的历史背景和现实因素,其影响也是多领域、多层面的,这些都很值得认真分析和探讨。

本届教学研讨会邀请了多位学者,从国际关系、两岸合作、海洋权益、历史和法律等多个层面来探讨中日钓鱼岛争端。其目的就在于帮助学生全面、深入地认识中日钓鱼岛争端,开阔学生的视野,培养一种理性思辨的精神。青年肩负着国家未来发展的使命,关心国家大事是应有之义。爱国情怀是一种可贵的精神,也是国家繁荣富强的基石,青年学生理应将这种爱国精神发扬光大。青年是激情洋溢的,青春的心是火热的,我们鼓励学生为国家和社会而勇于担当,不过理性的爱国精神才是我们所倡导的。

——选自联合国际学院吴清辉校长的开幕辞

(二)内容综述

2013年5月,第十一届国情国学教学研讨会以"中日钓鱼岛争端的多维透视"为主题,来自南京大学、国家海洋局、澳门大学、台湾世新大学、台湾政治大学等高校和机构的学者齐聚联合国际学院,与师生一起研讨钓鱼岛所引发的诸多争端,部分与会嘉宾及演讲主题见表6-2。

表6-2 第十一届国情国学教学研讨会部分嘉宾及演讲主题

嘉宾	所在单位及职务职称	演讲主题
林孝信	《科学月刊》创办人、台湾世新大学教授	为何40多年保钓未成?——钓鱼岛问题的复杂性
郝雨凡	澳门大学教授	钓鱼岛之争对东亚国际格局的影响
汤绍成	台湾政治大学教授	两岸共同保钓:困难与前景
何慈毅	南京大学教授	从历史看中日钓鱼岛争端
李明杰	国家海洋局研究员	所谓"台日渔业协定"及其影响

研讨会主要包括以下两个内容。

(1)中日钓鱼岛的争端。中日钓鱼岛争端是什么?它是如何引起的?这些是关注中日钓鱼岛争端需要首先弄清的概念,澳门大学社会科学学院院长郝雨凡教授在"钓鱼岛之争对东亚国际格局的影响"的主题演讲中提到，日本右翼势力借助美国"重返亚洲"战略铤而走险，挑起了钓鱼岛争端，钓鱼岛之争对于中国来说，是危险也是机遇；南京大学何慈毅教授则从历史文献中看中日钓鱼岛争端，力证钓鱼岛从古至今都是中国不可分割的领土，说明日本对此问题不断纠缠的重要原因在于其对钓鱼岛及其附近资源的觊觎。

（2）保钓行动。面对日本方面的恶意挑衅和试探，我国人民展开了持续的保钓行动。台湾世新大学林孝信教授是早期海外保钓运动的参与者，长期关注中日钓鱼岛争端；台湾政治大学汤绍成教授从外部环境（美国、日本）与内部因素（中国台湾）两方面对两岸共同保钓进行详尽分析；与此同时，来自国家海洋局海洋发展战略研究所的李明杰研究员为大家分析了所谓"台日渔业协定"所带来的影响，他认为该协定改变了海上力量的对比，中国台湾、日本双方借此扩大了海上执法范围，这对于我国解决中日东海问题及钓鱼岛争端都带来一定的影响，中国需要做出适当的反应。

（三）学者观点

1. 钓鱼岛之争对于中国来说，是危险也是机遇

日本右翼势力借助美国"重返亚洲"战略铤而走险，挑起了钓鱼岛争端。虽然中国为了和平发展，在一些国际事务中做出了让步，但是日本三面出击的争岛行动已经激怒了中俄韩。钓鱼岛之争对于中国来说，是危险也是机遇。中国应改变被动反应式的外交，制定大战略，明确对手，寻找机会，主动出击；针对不同国家制定不同政策，同时加快军事现代化步伐，将此次危机化为机遇。

——选自澳门大学郝雨凡教授的演讲

2. 保钓运动促进两岸相互了解

保钓运动对两岸的意义，最主要的就是促进两岸相互了解。当时很多保钓人士自动介绍或宣传大陆的情况，包括演讲、电影放映、书籍推销等，也为中国台湾留美学生提供了认识大陆的机会。总之，保钓人士在这个历史交汇点，发挥了桥梁的作用。早期保钓人士进行两岸交流的方式，很值得我们参考。

——选自台湾世新大学林孝信教授的演讲

3. 两岸致力于经济上的合作开发等目标，才是正道

两岸如能在当前的一个中国原则基础上，寻找到一种有效可行的互动模式，致力于经济上的合作开发等目标才是正道。两岸民间讨论合作领域问题已久，若双方均能正视现实，在《南海各方行为宣言》的原有框架基础上，积极展开两岸南海合作开发，以及倡导"南海共赢新秩序"，这才是积极面对南海争端的最佳方式。

——选自台湾政治大学汤绍成教授的演讲

4. 日本政府兼并钓鱼岛列岛是违反国际法的侵略行为

钓鱼岛从古至今都是中国不可分割的领土。日本政府在甲午战争胜利后决定兼并钓鱼岛列岛，是违反国际法的侵略行为，因为当时钓鱼岛列岛是清朝的领土，属台湾省噶玛兰厅（今宜兰），并不是日本所称的"无主土地"。

——选自南京大学何慈毅教授的演讲

5. 所谓"台日渔业协议"的签订增加了不确定因素

钓鱼岛问题涉及中国大陆、中国台湾和日本三方的海洋政策和海上划界主张，中日间钓鱼岛主权争议及与之相关的专属经济区和大陆架划界、海域资源共同开发等问题仍将长期存在。所谓"台日渔业协议"的签订，为目前复杂的中日东海问题和钓鱼岛争端增加了一个新的不确定因素，对我国解决中日东海问题及钓鱼岛争端造成负面影响。

——选自国家海洋局李明杰研究员的演讲

三、"一带一路"：大历史与新倡议

（一）主题阐释

丝绸之路的开辟，包括陆上丝绸之路和海上丝绸之路，是人类文明史上的伟大创举，对促进中外交流发挥了巨大作用，产生了深远的历史影响。时至2013年，习近平主席在出访中亚和东南亚国家期间，先后提出共同建设"丝绸之路经济带"和"21世纪海上丝绸之路"的愿景与行动，简称"一带一路"，之后又相继成立"丝路基金"和倡议建立"亚投行"，从而引发世

界普遍关注。

"一带一路"是当今中国迈向世界舞台的新倡议，体现出宏大的历史思维和敏锐的时代眼光。这一跨越时空的宏伟构想，融通古今，连接中外，赋予古丝绸之路崭新的时代内涵，使之焕发出耀眼的时代光芒，堪称是对历史资源创造性开发和利用的典范，对于深化区域交流合作，构建全方位开放新格局具有重大意义。

这充分说明，历史和传统不仅仅是过去的遗产和记忆，而且具有重要的现实价值。因此，青年大学生应该了解自己民族的历史和传统，并富有创造性地去激活和转化。同时，青年大学生肩负着国家的未来，承载着民族的希望，在努力学习专业知识的同时，也应该关注现实、关心国家发展，也就是要有"情系家国，心怀天下"的理想情怀。

本届研讨会聚焦"一带一路"倡议，从经济合作、国际关系、文化交流和历史地理等多个层面去探讨它的历史渊源与未来发展。

——选自联合国际学院吴清辉校长的开幕辞

（二）内容综述

2015年5月，第十五届国情国学教学研讨会以"'一带一路'：大历史与新倡议"为主题在联合国际学院举行。"一带一路"是当今中国迈向世界舞台的新倡议，不同领域的思维和视角都将注意力转向这一话题，本次出席研讨会的学者围绕着历史地理、国际政治、经济贸易及文化教育等几个视角展开讨论，部分与会嘉宾及演讲主题见表6-3。

表6-3　第十五届国情国学教学研讨会部分嘉宾及演讲主题

嘉宾	所在单位及职务职称	演讲主题
齐勇锋	中国传媒大学文化发展研究院教授	"一带一路"国家大倡议的文化视角
王建新	西北大学文化遗产学院教授	丝绸之路文化遗产与"一带一路"建设
李建民	中国社会科学院俄罗斯东欧中亚研究所研究员	从"丝绸之路经济带"与欧亚经济联盟对接看中俄合作

续上表

嘉宾	所在单位及职务职称	演讲主题
张振江	暨南大学国际关系学院副院长、教授	"一带一路":国际关系视角的学理解读与政策建议
孙建荣	澳门科技大学国际学院院长、教授	"丝绸之路经济带"中高等教育的战略地位
陈万灵	广东外语外贸大学国际经济贸易研究中心主任、教授	海上丝绸之路的历史与未来
杨太保	兰州大学资源环境学院教授	地理学与"一带一路"

研讨会主要包括以下两个内容。

(1)"一带一路"的历史图景。西北大学文化遗产学院王建新教授和广东外语外贸大学国际经济贸易研究中心主任陈万灵教授均认为,在历史上,陆上丝绸之路("丝路")和海上丝绸之路("海路")都不仅是贸易通道,也是文化交融的通道。"丝路"在丰富物种、促进文化多样性方面的作用与价值上对西方的影响甚于中国;"海路"早于"丝路",也是风俗文化、精神文明交流的无形之路。中国传媒大学文化发展研究院齐勇锋教授在"'一带一路'国家大倡议的文化视角"的主题演讲中指出,在地理上,"一带一路"连接了亚、欧、非60多个国家的三四十亿人口,连接了世界四大文明(中华文明、印度文明、阿拉伯文明和基督教文明)。"一带一路",有利于促进人类社会多样性的发展。兰州大学资源环境学院杨太保教授从地理学的角度分析认为,在"一带一路"倡议中,中国是亚洲"中央之国",利用自身地理之便就可连接他国,不用借道。与他国相比,我国的区位优势较为明显,但也具有局限性。

(2)"一带一路"的倡议布局。在"一带一路"的建设方面,与会学者也从国际政治、文化教育等方面给出了意见。中国社会科学院俄罗斯东欧中亚研究所李建民研究员将研究重点放在"中俄合作"中,他认为俄罗斯作为欧亚经济联盟的主导,在中亚关系中占有重要的地位,俄罗斯对"一带一路"的态度在很大程度上影响着该战略的成功推行;暨南大学国际关系学院副院长张振江教授认为应该从国际关系的视角来解读"一带一路",要把中国放到世界中去;在海上丝绸之路的部分,广东外语外贸大学陈万灵教授提出了"建立完善的自由贸易区和贸易机制"的建议;而回到"一带一路"倡议中人才储备的问题,澳门科技大学国际学院院长孙建荣教授对高校教育提出要求和期待,认为高等教育在此过程中应该基于对"一带一路"所需人才的评估,承担起咨询、人才培养和知识转化的责任。

在研讨会最后,联合国际学院中国语言文化中心主任伍鸿宇博士总结陈词,指出"一带一路"作为国家发展的重心之一,将日益受到国内外前沿视野的关注,此次研讨会是联合国际学院师生学习"一带一路"国家倡议的开始,希望在将来条件成熟的时候,联合国际学院能够组织学生重走丝绸之路,体验古老中外文化通道的历史魅力和时代新貌,加强高校学子家国情怀的责任感和荣誉感,这具有文化战略意义。

(三)学者观点

1. 建设"一带一路",中国要发挥积极的引领作用

建设"一带一路"是一个长期的过程,中国作为发起者和倡导者,要实现从韬晦向积极作为的转变,从世界秩序塑造的参与者转变为制定者必然要求中国在其中发挥积极的引领作用:超越自身利益,提供公共产品,尤其是要出思想、出人才,提供公共文化产品;组织协调作用,发挥政府作用,尤其是民间组织的作用;文化先行,扩大我们的文化经济版图。

——选自中国传媒大学齐勇锋教授的演讲

2. 文化先行,全面推进经济合作的方针

共建"丝绸之路经济带"不只是经济行为,与丝绸之路沿线国家特别是中亚各国建立稳固的友好关系,推进我国与中亚各国政治、军事、经济、文化的全面交流与合作,营造中华民族复兴崛起的外部和平环境才是根本目标。今天我们建设新的丝绸之路,应加快进行交通、通信等"丝绸之路经济带"的硬件建设,同时文化先行,全面推进经济合作的方针。人才培养、文化交流、丝绸之路文化遗产保护和旅游等人心相通的工作,是打开共建"丝绸之路经济带"工作局面切实可行的思路。

——选自西北大学王建新教授的演讲

3. 共同建设和默契合作

面向未来,"丝绸之路经济带"是一个需要通过沿线各国、各地区人民长期共同努力逐步实施的构想,而不是一个短期内就能够轻易获得成功的选项。对于中俄两国而言,需要审时度势,通过这样一个广大空间的共同建设和默契合作,深化两国人民之间的相互认知,提升和巩固两国合作水平。同时,中俄两国非常有可能通过在这样一个广大地区的开发和建设,来提升自己在全球事务中的地位。

——选自中国社会科学院李建民研究员的演讲

4. 从国际视角而非本国视野来制订计划

我们不仅要从国内的角度去分析"一带一路",也要从他者的角度来审视自身,避免出现解读上的内外反差。"一带一路"寻求的不仅是经济文化的交流,也是一种国际关系的博弈。它不仅是中国的工程,更多的是中国与外国的合作。因此,在政策上,我们应强调"丝路"是中国与其他国家的共享遗产。同时,我们也要维持利己和利他之间的平衡,寻求政府与非政府角色之间的平衡。总而言之,要把中国放到世界中去,把"一带一路"放到国际关系中,从国际视角而非本国视野来制订计划。

——选自暨南大学张振江教授的演讲

5. "五通"中最重要的是民心相通

"一带一路"的"五通"(政策沟通、道路联通、贸易畅通、货币流通和民心相通)中最重要的是民心相通。民心关乎人们对多元文化的理解,其中高等教育的战略地位不容忽视。我们要制定出符合民族文化特性的行为框架,高等教育在此过程中应该基于对"一带一路"所需人才的评估,承担起咨询、人才培养和知识转化的责任,具体应从以下四个方面支持:办学宗旨与"新丝绸之路经济带"构想有机地结合;基于"新丝绸之路经济带"所需人才能力的课程设计;以多元文化为导向的教学理念与教学法;基于"新丝绸之路经济带"所需人才能力的评估设计。

——选自澳门科技大学孙建荣教授的演讲

6. 新丝绸之路也是人文精神交流、互鉴的一种方式

"21世纪海上丝绸之路"反映了中国对外贸易关系的新格局,以及复杂的国际关系和文化交流合作。从本质上看,丝绸之路从来就不仅仅是一条固定的有形道路,它代表的更是一种文化和精神。同时,它是一条经贸合作之路,是"全球贸易网"中的一环,更是文化、科技交流途径,中国通过新丝绸之路,与海外各国开展广泛的文化交流与科技合作。最后,新丝绸之路也

是人文精神交流、互鉴的一种方式，它体现各国各民族平等、包容的人文精神，以及相互尊重各国历史、风俗文化、宗教信仰，彼此平等相待的精神。
——选自广东外语外贸大学陈万灵教授的演讲

第七章 融通中西

一、文学经典：中西比较与阐释

（一）主题阐释

2016年是中西方两位文学巨匠——汤显祖和莎士比亚逝世400周年，联合国教科文组织已经在世界范围内发起了一系列纪念这两位大文豪的活动。在当今文化全球化浪潮的推动下，从中西比较的视野和多元的视角，对我国那些传世的文学经典著作和作家进行更深层的解读和研究，是本届国情国学教学研讨会的宗旨。

从古至今，中国有着浩如烟海的经典文学著作。这些经典著作经历了历史的大浪淘沙，最终在时间的长河中脱颖而出，流传至今，因此具有极大的阅读和流传价值。每一个作家创作作品的本意都在于交流与分享。只有读者去阅读了，而且在阅读过程中发挥了自我的主观能动性，才算参与创作，作品也真正得以完成。从这个角度来说，作家写作和读者阅读是一种密切联系的互动。因此，不管是出版时间距今有多么遥远的文学作品，在今天依然有着无限的解读可能性。

本届研讨会力图以开阔的中西比较视野和多元的视角来分析和探讨中国经典文学作品和代表作家的基本内涵，发掘其所蕴含的文学、文化和社会意义，以帮助大家全面、深入地了解中国的传统经典作品和代表作家，从而对中国的传统著作和文化思想有更深刻的认识。

——选自联合国际学院吴清辉校长的开幕辞

（二）内容综述

2016年11月，第十八届国情国学教学研讨会以"文学经典：中西比较与阐释"为主题，以中西文学经典解读为切入点，邀请到台湾"中央研究院"、上海交通大学、南开大学、香港公开大学、广东外语外贸大学、福建师范大学等的多位学者，从中西方文学经典的翻译方法、解构理论和观感体验等方面来展开讨论与探析，部分与会嘉宾及演讲主题见表7-1。

表7-1 第十八届国情国学教学研讨会部分嘉宾及演讲主题

嘉宾	所在单位及职务职称	演讲主题
单德兴	台湾"中央研究院"特聘研究员	余光中的翻译之道
叶舒宪	上海交通大学教授	文学人类学派对国学经典的新认识
谭国根	香港公开大学人文社会科学院院长、教授	中国近年的易卜生演出与"后社会主义"的文化新观念
刘俐俐	南开大学文学院教授	今日重读马克·吐温的《竞选州长》
张保红	广东外语外贸大学高级翻译学院教授	从 A Red, Red Rose 与《关雎》的翻译说开去
葛桂录	福建师范大学文学院教授	哀静的心情与诗样的情怀——我们如此体悟戏剧《雷雨》
冯瑞龙	联合国际学院中国语言文化中心副教授	《邯郸记》与莎剧《仲夏夜之梦》的比较与阐释

研讨会主要包括以下三个内容。

（1）文学研究中的翻译方法。跨国别和地域的文学交流首先会碰到的问题就是翻译，中西方众多文学经典需要依靠译者媒介才能更理想地展现在异国读者面前。台湾"中央研究院"特聘研究员单德兴先生以"三者合一"（作者、学者、译者）、"六译并进"（翻译、论翻译、评翻译、教翻译、编翻译、提倡翻译）概括了余光中的翻译之道；广东外语外贸大学高级翻译学院张保红教授则以中西方诗歌的代表作品《关雎》和 *A Red, Red Rose* 的翻译为例，让学生感受到不同语言背景中相通的文学艺术之美。

（2）文学审视中的解构理论。面对卷帙浩繁的中西方文学经典，中国的文艺理论工作者一直在不断寻求构建和运用新的理论框架。上海交通大学叶舒宪教授介绍了"文学人类学"的学科理论，并将这一理论运用到《鸿门宴》的文本分析中，探讨了中西文化气质的不同；南开大学文学院刘俐俐教授将民俗学中的"平衡理论"引入《竞选州长》，对这部经典小说的文学技巧进行分析和批评。

（3）文学解读中的时代体验。随着历史语境的迁移和更迭，文学经典会得出更丰富和多元的解读。随着作家创作背景等真实材料的不断发掘，作品研究角度的合理转化和深入深刻影响了文学批评的演变。香港公开大学人文社会科学院院长谭国根教授以《玩偶之家》为本，以时代旋律为轴，展现了文学作品在社会大变革中的作用和影响；福建师范大学文学院葛桂录教授则将《雷雨》的解读放置到曹禺基督教的创作背景中，让《雷雨》的主题更深沉和博大；联合国际学院中国语言文化中心冯瑞龙副教授呼应研讨会主题，以《邯郸记》与《仲夏夜之梦》对比，并现场点评了联合国际学院学生的《仲夏夜之梦》改编片段。

（三）学者观点

1. 余光中的翻译在其文学历程中占有重要位置

余光中先生以诗人、散文家的身份显名于世，而他的翻译家身份则往往被忽略。实际上余光中乃是文学上的"多妻主义者"，而翻译则是其"写作生命的四度空间"之一，在其文学历程中占有重要位置，并且翻译亦深深地影响了他的诗歌创作，二者是相辅相成的。

——选自台湾"中央研究院"单德兴研究员的演讲

2. 文化人类学的四重证据法

文化人类学的出现以两个学科的学术转向为基础，一是人类学的文学转向（或称"人文转向"），二是人文学科的人类学转向（或称"文化转向"）。中国的文化人类学以20世纪90年代倡导的三重证据法为开端，21世纪以来拓展为四重证据法，从人文学科方法论上率先突破困局，随后尝试建构以文化文本及其符号编码原理为核心，以文史哲和宗教不分的"神话历史"为认识目标，以四重证据法为方法论的一整套理论体系，并按照这个理论系统去解说华夏文明发生的特殊性，通过对非实在的、看不见的文化文本的整体认识，重解看得见的文学文本及其再编码规则。

——选自上海交通大学叶舒宪教授的演讲

3. 易卜生在中国的接受与舞台演出

1978年中国改革开放以来，剧作家及易卜生研究者重新阐释易卜生，重新探讨个人主义的深刻及深层意义。最近十年的《玩偶之家》演出做了新尝试，在舞台形式、人物造型、性别思想、女性内心、中外文化差异等方面都做出了探讨，全面呈现出易卜生思想的多层意义及其在舞台上的无限演绎。这些演出有些是中国与挪威合作的，有些是中国年轻导演的力作，其中可见中国与世界文化的对话及互动。

——选自香港公开大学谭国根教授的演讲

4. 不同的文化语境对文学作品有不同的阐释

如同所有人文科学那样，文学作品的意义是层层累加并处于动态之中的，它的实现依托于具体时代的语境，在不同的文化语境之下，文学作品的意义也可以有不同的阐释。今天的我们是幸运的，因为我们拥有比以往更为宽松的语境，有利于我们把文本还原到诞生之时的语境中，做出更深入贴切的阐释。

——选自南开大学刘俐俐教授的演讲

5. 中英民歌体爱情诗的异同

中英的民歌体爱情诗，都以质朴、简练的语言表达人物内心诚挚而炽热的情感；都以天地山川、日月星辰等形体巨大、气势雄壮、空间广阔的意象来抒写对爱情的海誓山盟、忠贞不渝；内在节奏传递诗情的异同显著，在呈示丰富多彩的情感律动路径之时，各自折射出别样的诗美。相比之下，英诗在抒发心中的爱情时更显其铺陈的特色，也多了一份"慕"的胜境，而汉诗中爱情的抒发则只与"怨"紧密相连。

——选自广东外语外贸大学张保红教授的演讲

6. 对文学作品的解读也是对自我内在精神的发现

我们对经典文学作品意义的解读，不仅是发觉作者隐含于文本里的丰富内蕴，也是对自我内在精神或欲望的发现，这才能产生解读的多种可能性。以传统的视角看《雷雨》，我们总认为这应该是一个易卜生式的社会问题剧。但《雷雨》像一首诗，读了它，要让我们产生悲悯，而不是仇恨。对它，不必去做抽象的提升，更不必去做现实的诉求，而是要体悟。曹禺通过"序幕"与"尾声"，是想送看戏的人们回家，带着一种哀静的心情，希望流荡在人们中间的还有诗样的情怀，这构成了这部经典之作的基调。

——选自福建师范大学葛桂录教授的演讲

7. 莎士比亚与汤显祖戏剧的不同

莎士比亚与汤显祖是东西方同时代的文学巨匠，但他们的戏剧既有相通之处，又有明显的不同：莎剧是注重舞台表演的舞台剧，汤显祖的作品则是注重语言辞藻的案头剧。同时，中西方对"戏剧"的定义也有所不同：西方尤其是欧洲的戏剧必须有冲突，而中国戏剧则不一定有冲突。

——选自联合国际学院冯瑞龙副教授的演讲

（四）学生感言

听这次讲座，我最大的收获可以概括为两个字——角度。分析课文可以从文章结构出发，刘俐俐教授认为写文章就像搭建房子，要走进去研究它的结构，一层一层地剖析。而让我印象最深的是葛桂录教授讲《雷雨》，他从"序幕"和"尾声"说起，揭示了该剧充满欲望和压抑欲望的矛盾冲突。这最契合我看《雷雨》时的感受。因此，这次讲座让我收获很大，学者的不断研究也许正是为读者提供更多角度和更多思考的可能。

——会计学专业温涛涛

研讨会形式不错，内容丰富，富有深意。尤其是叶舒宪教授讲玉器的那场特别能打动人，让我们明白了中华传统文化信仰之根。研讨会上主讲的老师都很注重内容的选取，也结合了多样形式，同学们都获益匪浅。

——会计学专业刘艺

这次研讨会涉及很多我以前没有关注过的领域，不仅拓展了我的知识面，还让我了解到了很多中西文化的差异。不同地域的文化必然会有差异。但我们一定要用平和的心态去看待这些差异，以尊重的态度取其精华，去其糟粕。此外，这几场讲座也给我留下了很多值得思考的问题，无论是关于文学，还是关于人生。

——传播学专业王彦格

研讨会上，听了文人学者的讲座，我体会到了很多，不仅是学术上的，还有生活上的。也许我没有文学大家们深厚的文学功底，但是通过这场研讨会，我确确实实得到了一场文学洗礼，它吸引我深入了解文学真谛。我不禁感叹中华文化博大精深、世界文化多样，还有许多是我们需要学习的。我希望学校可以多举办这样的研讨会，为我们这些渴求知识的学子提供学习的平台，吸取世界精华，宣扬中华文化。

——传播学专业吴钡欣

讲座的内容围绕中西两种文化展开，我印象比较深刻的是刘俐俐教授关于《竞选州长》的新解读。刘教授介绍了一些比较新的名词和概念，比如"不可信叙述者""平衡理论"，听后我才发现原来所谓"文本解读"是这样子的，读书也有各种不同的方法和途径。我以前读小说，可能更多的是看情节，看完就不会多想了，短篇小说更是一看就忘，而且记住外国小说主角的名字和故事背景一直很困难。学习了刘教授的解读方法后，我以后想尝试这样读一读小说。

——环境科学专业韩佳育

研讨会的第一位演讲者是单德兴先生，他是余光中先生的学生。余光中先生是我的高中老师很喜欢的一位诗人，他的诗歌我们都背过。与高中的课本知识不同的是，这次的讲座，单德兴先生更多讲到了余光中先生的学者身份及他的翻译。这个部分，让我对余光中先生又有了一个新的认识。

——国际政治专业马天天

在高中的时候，老师曾经给我们播过《雷雨》的电影版本，我对观看电影后老师的讲解印象很深刻，他说《雷雨》对于大的时代主题的关注和呼应，封建家庭的家长、各种扭曲的人性和罪恶，都描写得特别好。没想到，葛桂录教授一开场就说，作者曹禺实际上并不满意这样的革命性阐释。这样的说法颠覆了我们一直以来对于《雷雨》的既定观念，难道高中老师讲的都不对吗？葛教授指出，在容易被忽视的"序幕"与"尾声"部分，作者更多的是加入了基督教的视野，在这样的宗教关怀下，一切的解读是不是可以更进一步或不一样呢？这样的阅读方法让我和同学有了一些启发。原来学过

的东西也可以通过新的解读方法得出新的见解和答案,这样的探索过程也许就是我们增长知识的过程吧!

——英语专业温雨辰

研讨会给了我们一个近距离聆听学者演讲的机会。在这种研讨会中,每位学者都能各抒己见,用自己的专业知识阐述同一个主题,各位学者的知识也可以互相补充。这样的讲座不同于以往老师的授课形式,更像是由学者启迪而引发思考的一个过程,我们在这样的百家争鸣中,收获大量的新知识,也学会辩证地思考。

——会计学专业章絮羽

听了这么多诸子学派的讲座后,我认识到一代人永远不可能接触到终极真理。环境在变,观念也随之而变,每个人都是在自己的视角中,根据自己固有的经验、知识体系对世界做解读、印证,是"盲人摸象",都是不同方面的深度解读,皆有成理之处,只是不同口味适合不同的人,"和如羹焉",犹如一道菜需要不同的调料。我们需要博采众长,和而不同。

——英语专业王浩宇

二、中国参与世界:中西文化交流

(一)主题阐释

中国参与世界,我们走进世界,应该用怎样的思维方法和心态来走这条路?我们不可以忘记历史,从古到今,要看破世间的变化,有些中心的观念需要理解。当然,在不同的时间、不同的空间会有不同的变化。可是,经过一段时间,这些变化的原因,我们需要重新检讨。中国参与世界,不仅是政治、经济、文化方面的,而是整个社会和全部个人的。因此,我们要用一种开放的心灵、开放的思想,用一种具有人文价值的科学观看待一切问题,要将整个自然环境和人类社会置于我们个人的心灵间,把它渐变成我们生命的终极价值。

——选自联合国际学院吴清辉校长的开幕辞

（二）内容综述

"中国参与世界：中西文化交流"是第三届国情国学教学研讨会及第七届国情国学教学研讨会的主题。2008年12月和2011年5月，来自中国社会科学院、北京外国语大学、苏州大学、深圳大学、台湾大学、台湾"中央大学"、澳门大学等的多位知名学者出席研讨会，部分与会嘉宾及演讲主题见表7-2。

表7-2　第三、第七届国情国学教学研讨会部分嘉宾及演讲主题

嘉宾	所在单位及职务职称	参加会议名称	演讲主题
耿升	中国社会科学院教授	第七届国情国学教学研讨会	康熙大帝、路易十四与天主教入华
王成勉	台湾"中央大学"教授	第七届国情国学教学研讨会	中国如何参与世界
郝雨凡	澳门大学教授	第七届国情国学教学研讨会	中国外交需要整体战略思考
季进	苏州大学教授	第七届国情国学教学研讨会	中外文学与文化交流
王晓华	深圳大学教授	第七届国情国学教学研讨会	中英文化交流中的国家意象转换
周志文	台湾大学教授	第七届国情国学教学研讨会	从利玛窦到笛福——谈17—18世纪欧洲人对中国看法的转变
周志文	台湾大学教授	第三届国情国学教学研讨会	中国与西方
张西平	北京外国语大学教授	第七届国情国学教学研讨会	中国文化在欧洲的传播
陈彰范	联合国际学院通识中心主任	第七届国情国学教学研讨会	中美百年文学关系的回顾
郁龙余	深圳大学教授	第三届国情国学教学研讨会	从印度佛教到中国佛教——兼谈佛教的世界性与国学身份

续上表

嘉宾	所在单位及职务职称	参加会议名称	演讲主题
王琛发	马来西亚道教学院院长	第三届国情国学教学研讨会	马来西亚的华人社会解析
连清吉	台湾彰化师范大学教授	第三届国情国学教学研讨会	21世纪东亚文化环境论——东亚文艺复兴的提出
龚鹏程	北京大学教授	第三届国情国学教学研讨会	中国传统观念中的西方
谢正一	中华两岸事务交流协会会长	第三届国情国学教学研讨会	中美两国循序渐进建立互动关系

研讨会主要包括以下两个内容。

(1) 中西文化交流的历史与体现。①宗教交流：周志文教授以利玛窦和笛福两位历史名人为线索，探讨了17—18世纪欧洲人对中国看法的转变；张西平教授论述了以波兰天主教耶稣会传教士卜弥格为代表的西方传教士对中西文化交流所起到的积极作用。中国社会科学院耿升教授和台湾"中央大学"王成勉教授阐述了基督教文明与中国文明的交流历史。②文学交流：联合国际学院通识中心主任陈彰范教授以"中美百年文学关系的回顾"为题发表演讲，总结20世纪前后中国文化对美国文学的影响。

(2) 中西文化交流的思考。深圳大学王晓华教授就中英文化交流发表了自己的见解，认为21世纪是多元对话的世纪；澳门大学郝雨凡教授认为，目前的中国应立足国内，放眼全球，通过制定明确的大战略消除国际社会对中国的误解；苏州大学季进教授就20世纪中外文学交流与文化交流做了专题报告。

(三) 学者观点

1. 日本文化创成与实践的借鉴

日本文化形成的径路是"受容—选别—融合—创成"。"受容"是文化新生萌芽的动力，"选别"是取舍判断近代化精神的要素，"融合"是文化主体性再生的动力，"创成"是继往开来的时代使命。而日本东洋文化的创成则体现于"道"。日本的"茶道""花道"等的"道"有两层意义,一是"路",即实践工夫的方法论;二是"道",即精神究极的境界论。各家流派体道的方法不同,看似繁文缛节,其实是由技进道,形器与神道兼修,"下学而上达"的体现。如果日本于文化创成与实践的径路足以为鉴,那么如何构筑大中华文化圈,进而创成21世纪东亚的文艺复兴,则是东亚文化发展的新取向。

——选自台湾彰化师范大学连清吉教授的演讲

2. 中国体系的散离及中国人的散居

在秦汉和唐宋时期,中国声势盛大,四裔慕义来归者多,因此以"夷狄"或"诸蕃"进入中国体系为主。中国人移往海外蕃国、诸夷者毕竟为少。明清时期恰好相反,中国体系开始松动,藩属逐渐散离,而中国人亦日益走出直辖本土,向世界扩散了。中国人不在中国体系建立且强盛时散布于"中国"境内,而在中国体系散离时才扩散出去,这真是个奇怪的现象。可能的解释是早先中国人认为中国等于世界,中国体系瓦解了,中国人才认识或发现世界。又或者是中国体系的松动散离与中国人的散之四方,恰好是同构的。但无论如何,中国体系松散了,中国人散居于世界各地了。北走欧洲、美国、加拿大,东入日本、韩国,南则中南美、东南亚、澳大利亚、新西兰,甚或非洲等,无不有华人踪迹及其所形成之华人社会。

——选自北京大学龚鹏程教授的演讲

3. 散处于世界各地的中国人伸张其国族主义

在那些华人社会中,往往体现着具体而微的中国。侨居各地之中国人自称中国人,用自己的文字,谈着自己国家的事,登记的国籍只是他暂时的居住地罢了。他真正属于的国度,并非所侨居之地。在侨居散处于世界各地之际,这些中国人也用这种方式,建构了一个新的中国体系:散居的族裔与散居的中国。中国无所不在,在侨民所在之处,"四海都有中国人"(一首歌的歌词),这些中国人合起来又构成了一个世界性的大中国。于是,散居世界各地之中国人,不伸张其国际性、世界性,而伸张其国族主义。但伸张其国族主义时,他们又开始遭到各国国族主义的压制,处境异常吊诡,"中国人"一词也越来越不好用。因为他们认为这一词汇会突显国家认同上的困窘,所以他们渐渐以"华人"自称。正如王赓鼎所统计的,1950年以前,《南

洋商报》等报刊中，华字头词汇（如华人、华教、华校之类）可说完全没有地盘。1951年以后，侨字头词汇（如侨胞、侨团、侨社、侨教、侨校、侨务等）取而代之。

——选自北京大学龚鹏程教授的演讲

4. 中国意识的弱化现象

国字头词汇（如国父、国府、国军等）则在1951年便已绝迹。这种侨民意识或中国意识之弱化现象，殊不仅新马一地而然。各种现象足以证明：在客观形势不利的情况下，原先伸张国族主义的世界各地中国人已逐渐识时务地放弃其国族主义，企图融入所在地国家，其国家认同已发生变化。虽然如此，华人的国族主义并未全面溃散。因为"中国人"的认同包含着种族血缘认同及文化认同。具体的国家认同虽已转向，"忠爱之忱"不施于中国政府，而施之于所在国，但种族血缘无法被改变。

——选自北京大学龚鹏程教授的演讲

5. 国族主义压力下的世界华文文学

新时代，乃是个流动性、多元性与混杂性日益加大的时代，所谓的中国作家也越来越不能以国籍来界定。故21世纪的中国文学史，需要重新用世界华文的概念来架构。对中国本土境外的华人或外国人来说，散居的中国，也是不折不扣的"大中国"，中国以世界为疆域。于是，世界华文共和联邦，意拟"英语帝国主义"，令人不安，对其他国家、民族来说，颇有威胁。这样一个大中国，如何处理它与内部早已不认为自己是中国人（而是"新兴民族"）之关系，亦使人困惑。各地华文文学的发展方向，是要让自己归属于当地的国家文学（例如，在北美，美国黑人文学争取让自己属于美国文学之一支；在新加坡、马来西亚、印度尼西亚等地，华文文学争取成为该国国家文学之一部分，成为该国多元文化中之一元），抑或要让自己归属于世界华文共和联邦，更是会引起争论。海外中国人对自己的中国身份感情复杂，自尊与自卑往往交杂难理。他们或坚决反对"中国人"之称，只愿自称"华人"；或对中国身份颇不以为然，提出如"血缘上我无可避免是中国人，但我只有时同意自己是中国人"① 的讲法；或从根本抛开华文与中华文化，期望能融入主流社会。这样，连华文都已放弃，还奢谈什么"华文共和联邦"？再说，从总体趋向上看，华人因移民流动，散居于世界各处者固然越来越多，可是在许多地方，学习华文、写作或发表华文文学，仍极困难；且华文信息流通又远不及英文。移民第二、第三代辄已不娴习华文了。

——选自北京大学龚鹏程教授的演讲

6. 世界华文文学的动向

21世纪的新趋向到底是华文、华文文学走向国际化，形成真正的"共和联邦"，还是终归衰亡，这也是个可争辩的问题。我们不能天真地认为中国人散居或什么国际化云云就能超越国族主义，或摆脱国族主义。我们也应注意"世界华文大同世界"之说，这对其他民族、其他国家，就可能形成文化霸权的压力。我们只能把中国人散居与世界华文共和联邦当成一个开放的描述体系。在21世纪，国族文学是主流，其早期以中国文学史之建构为主，后来逐渐发展成新加坡（华文）文学、马来西亚（华文）文学……纷起竞胜。世界华文文学，只是文学研究中的旁支、小流。未来我们怎能不正视世界华文文学的动向呢？

——选自北京大学龚鹏程教授的演讲

7. 为何佛教在中国特别兴旺

佛教四处传播，为何在中国特别兴旺呢？这里的原因很多，其中最重要的是政治需要。佛教实际传入中国的时间肯定大大早于西汉末年。为什么只有到了东汉汉明帝时期，皇帝才会梦见佛陀，而且派人迎取佛教？因为这时候的政治需要佛教了。自从佛教在魏晋南北朝和政治深度结缘，以后历朝历代，它都以某种形式和皇权紧密相连，说自己是佛弟子、菩萨再世的皇帝不在少数。到了清末，一方面，慈禧自比观音菩萨，和李莲英装扮成观音和韦驮，在万寿寺观音像前合影，人们都称她为"老佛爷"。另一方面，变法图强者和民主革命者也将佛教当作救世救国的武器，龚自珍、魏源、康有为、梁启超、谭嗣同及章炳麟等，都为革命而研佛。梁启超写下了"横流沧海非

---

① ANG I. Can one say no to Chineseness? Pushing the limits of the diasporic paradigm [J]. Boundary, 1998 (3): 223-242.

难渡，欲向文殊叩法门"的诗句；谭嗣同则认为"西学皆源于佛学，亦惟有西学而佛学乃复明于世"。

——选自深圳大学郁龙余教授的演讲

8. 终极关怀问题是佛教的看家本领

佛教外传，由中亚而来华夏，从两汉到当下，虽有高潮、低潮之分，但总体而言，可谓长盛不衰。其中，政治需要是一大因素。一个宗教传播到异国他乡，依靠政治力量可以大盛一时，但也不能长盛不衰。佛教之所以能在中国历两千年而不衰，除了政治因素之外，人们的精神需求是更有力、更深刻的原因。中国的社会思想是一个三维一统型结构，以儒家、道家、佛家为思想的三维，在"天下一家""天下大同"的大一统观念的作用下，形成了它的超稳定性。儒家讲修身、齐家、治国、平天下，是入世的，甚至有"知其不可而为之"的拼劲、蛮劲。道家讲清静无为，无为而无不为，是怡情的，为仕途中的失意者提供了一份精神的安慰和寄托。但是，道家既不是入世的，也不是出世的，处于半入世、半出世状态。这就为讲出世的佛家留下了一大块发展空间。人们需要解决终极关怀问题，了解今生和来世的关系，这正是佛教的看家本领。这样，儒、道、佛三位一体，形成品字型结构，具有极大的牢固度。而中国人的圆融思维又进一步加强了这种思想结构的稳定性。

——自选深圳大学郁龙余教授的演讲

9. 佛教何以成为中华国学的重要成分

中国佛教之所以成为中国佛教，成为中华国学的重要成分，是因为：在修持方法、果位及佛像造型上，中国佛教对印度佛教进行了很大改变，有的改变是根本性的；中国佛教对印度佛教的宗旨进行了彻底的变化，将以出世为主的宗旨变为以世俗为主的宗旨；中国佛教对印度佛教的教体进行了完全的改造，将音声教体改造成文字教体；中国佛教在义理方面有着大量创新，出现"佛教倒流"的情况。智者、玄奘是"佛教倒流"的代表人物。

综上可知：中国佛教不是印度佛教的简单翻译、移植，而是与中国文化相融合而化生的一种新佛教，它具有印度文化和中国文化的双重基因，显示出鲜明的国际性和中华民族的民族性。

——选自深圳大学郁龙余教授的演讲

10. 东西其实是个对立的观念

要说"中国与西方"这题目，应该先把"西方"的范围界定出来，否则就容易流于空洞。东西其实是个对立的观念，称别人为某方，先要确定自己站在何处，否则说东方、西方就没有意义。譬如欧洲人把我们西方的西亚说成"近东"或"中东"，是完全站在他们的角度来看的。欧洲人把我们中国看成"远东"，意思是远处的或遥远的东方，我们中国人听了很不高兴，因为我们几千年来就自居于世界的中心，所以把自己的国家称为"中国"。要是从中国人的角度来看世界，该叫作远东的应该是现在的美国了。

——选自台湾大学周志文教授的演讲

11. 两部关于中国文化与文明对世界影响的参考书

中国文化与文明对欧洲或世界有全面性的影响，如果有人想对这个问题做更进一步的了解，有两部书值得参考，一部是英国学者李约瑟（Joseph Needham）的《中国的科学与文明》（Science and Civilisation in China），另一部是法国史学家艾田蒲（René Etiemble）的《中国之欧洲》（L'Europe Chinoise）。前一部专论中国的科学发展，尤其重要的是与世界其他地区发展之比较；后一部专论欧洲受中国文化影响的部分，尤以16世纪之后为详。

——选自台湾大学周志文教授的演讲

（四）学生感言

在学者讲到日本具有强大的包容性，具有把别人的东西转变为自身的东西的勇气时，我感触很深。我们中华民族在强大的文化传统背景下反而缺乏这种勇气，中华民族优越感与自卑感并存。一方面，中华民族因为优秀的传统文化而具有优越感，对于日韩的文化有小瞧之意；另一方面，中华民族既害怕又想要吸收外来优秀文化。中华民族也有很强的包容性，但没有日本那样的勇气，中国过分敏感于任何有可能贬低自己文化的事物，过分看重外来的赞扬，缺乏谦卑的勇气，缺乏大胆承认借用外来文化的勇气。在中国文化现代化的今天，这种勇气虽不致命，但绝对是发展的一大障碍，怎样在强大的优越感之下鼓起谦卑的勇气？这是一个值得我们当代人深思的问题。

——新闻学专业 胡婷

中国未来有三个方面值得考虑：过去（民族仇恨、领土争端）；现实

（资源开发、经济危机）；发展（西方文化冲击、东方文化整合）。

——新闻学专业萧深

日本的确是一个以外来文化为用的国家，其可以有发达的今天，最重要的原因是日本可以明智地看到每一种文化的好与不好，取其精华，去其糟粕。这种明智成就了日本，也告诉我们社会文化关乎归属，世界更看重的是你能从别人手中得到的东西演绎出更新、更顺应时代的色彩而不失本色的能力。

——国际新闻专业郑立怡

为什么印度文化对中国文化影响至深，但中国文化对印度文化的影响较少，仅限于物质文明？对此，我的个人理解是除了周志文教授的观点外，还可能和当时中印各自的社会结构有关，当时的中国是集权社会，世俗世界的权力和精神世界的权力集于皇帝一身，这就使得中国社会有可能为了世俗的需要而大规模引进精神文化，而印度古代的种姓制度将两种权力分配给了两个不同的等级，使印度主动借鉴外来文化显得比较稀少。

——财务学专业王得利

尽管今天的讲座多涉及文化历史上中印的交流与影响，但我更关心的是在当今全球化的进程中，两个带着相似境遇、相异发展模式的发展中人口大国，应该如何发展、如何借鉴，以促进各自的发展，以及应对彼此间的竞争。中国应当反省目前的发展模式，吸收印度的长处、成功点，在保证制造业发展的同时，加强发展高新技术密集型产业，改善中国的发展环境，形成长远的优势。

——计算机科学与技术专业许占宇

我最大的收获是学会变换视角思考问题：在研究印度文化对中国的影响时，要考虑到中国对印度的反馈影响，要思考为何这种影响不明显。未来中印交流需要两座桥梁：一是具体载体。古代印度不善记载，现代印度应注重用文献保留文化成果，同时中国要多向印度输出自己在这方面的经验，注重现实。二是抽象载体。文化交流本质是社会意识的交流，因此两国都要尊重对方的思考方式、精神思维、表达和认知方式，优势互补，以实现文化交流的双赢。

——英语教育专业王静荷

听了关于中印文化交流的阐述，我对印度产生了一种与以往完全不同的看法：印度其实也很强，中国应该随时都有一种危机感。对中印文化的交流，中国一定要放平心态，不要以为今天印度经济不如我们，就总是持不屑一顾的态度。事实上，印度与中国一样有发达的古文化，也和中国一样在发展，因此，我们一定不能抗拒印度文化，而是要向印度虚心学习，这点很重要。

——新闻学专业黄珈艺

我明白了印度对中国的影响深于中国对印度的影响的原因。对两国的关系，我认为我们应该用客观、开放的态度增进双方文化、经济的交流，共同进步。在交流合作中，两国应不忘过去，共创未来，在全球化背景下携手共进。

——公共关系专业赵忆雯

历史上的中国从印度受惠颇多，而印度受中国文化的影响不太明显。这与印度对历史少有记载有一定关系。我认为，未来中印关系应加强。作为亚洲的两个人口大国，双方应在政治、经济、文化等多方面加强合作交流，共同推动亚洲文化圈的发展及亚洲经济的繁荣，从而更好地参与世界并影响世界。

——财务学专业汪楠

与中日之间的文化交流相比，中印目前的文化交流显得十分薄弱。作为同样延续至今的辉煌文明，中印之间的文化交流有助于各自文化的发展。要想增进这种交流，政府和民间组织是必不可少的关键力量。

——国际政治专业张踏陌

作为同时崛起的两大发展中国家，中国在东亚，印度在南亚，两国在各自的东亚和南亚大陆的地位和影响力毋庸置疑，由此引发的冲突也很明显。因此，增进中印交流的首要问题是和平解决两国的冲突，加强两国的沟通，保持独立的外交立场，摆脱欧美国家的误导。

——传播学专业赵宇驰

我认为中国与欧美现在是一种隐藏着对抗和积极合作的关系。从各自的利益出发，中国没有任何理由将自己孤立起来，而欧美也不可能将中国排除在外。然而，这种渐融的关系有着许多民族与世界的现实问题，中国如果要更好地参与世界，必须很好地处理这些问题，不能回避。在处理国际事务上，中国应当采取更开放、更主动的态度，争取更多的话语权和参与权，中

央政府在基本正确的发展方向上，应多注重民生实际和法制的完善，从而不断地塑造更好的国际形象。中国与欧美的良性发展，必是符合世界村和全球化趋势的。

——新闻学专业林群贤

中国与欧美需要进一步加强联系。中国的地位越来越高，经济不断发展，欧美更是需要一个潜力大、市场广的伙伴。抛开政治问题，光在经济上，两者需要更进一步的交流。

——英语专业董晓艺

历史上的误解应该得到消除，今天的发展也要得到更大的重视。适应发展的要求是最重要的，利益的相悖引起冲突，利益的一致促进合作。各方应增强实力，建立诚信机制，建立更适宜和平发展的国际新秩序！

——英语专业何侃伦

学者们帮我们厘清了中西方交流的历史。在谢正一教授关于中美关系发展历程的讲解中，我们重新认识台湾问题、中美关系的未来。

——财务学专业朱烨如

现在来看，中国的发展已经离不开世界，世界的发展也缺少不了中国，而我们的前进需要借鉴及更深入地去分析、了解别国的经验，去其糟粕，取其精华。就政治来讲，用更广的胸怀去接纳，退一步来看待各国的各种做法及其反应。这样对自身会看得更清，也会更好地寻找到我们的出路。

——应用经济学专业胥浅

三、传承与传播：全球化时代的中华文化

（一）主题阐释

近代以来，中国社会遭受了来自西方的巨大冲击。传统文化和思想不仅丧失了社会主导地位，而且一度被认为是中国走向富强的障碍之一。百年后的中国发生了翻天覆地的变化，从积弱积贫到跻身世界第二大经济体，从现代秩序的边缘到世界舞台的中心，古老的中国重回发展的轨道，中国文化的自信心和影响力空前提升。从政府到民间，从组织到个人，掀起了新一轮的传统文化热，例如国学热、读经热、孔子学院热、全球汉语热等。中华文化

发展开启了新篇章，展现了新气象。

当下的中华文化传承与传播，不仅有利于中国文化自信心的重建，更有助于中国国际影响力的提升。但是，透过这些传统文化的复兴现象，急需我们冷静思考的问题是，如何更有效地提升新时代中华文化内部传承和外部传播的整体质量和水平？当今世界，全球化浪潮深刻地影响和改变了世界的格局和面貌，作为新兴大国的中国自然也不能例外。全球化的影响，不仅深入中国经济、政治诸领域，而且在文化方面同样显著。绵延数千年之久的中华文化，在内部传承与外部传播上正面临着巨大的挑战和机遇。如何在多元、开放、自由的社会里传承中华文化、重建传统？如何在全球化、网络化、多极化的世界里传播中华文明？思考探讨这些课题是本届研讨会的宗旨。

——选自联合国际学院吴清辉校长的开幕辞

（二）内容综述

2014年11月，第十四届国情国学教学研讨会以"传承与传播：全球化时代的中华文化"为主题，响应时代号召，把握文化动向。学者从经典著作、影视改编、文化传播、海外汉学等多个议题切入，多维度探讨了在全球化背景下中国文化传承与传播的成就、趋势和发展走向，学者与学生互动频繁、讨论热烈，达到了教学相长的目的，部分与会嘉宾及演讲主题见表7-3。

表7-3　第十四届国情国学教学研讨会部分嘉宾及演讲主题

嘉宾	所在单位及职务职称	演讲主题
刘笑敢	香港中文大学教授	两种取向读经典：以老子《道德经》为例
尹鸿	清华大学教授	从影视走出去看中国文化的国际传播
吴予敏	深圳大学教授	中国文化中的仪式传播及其当代意义
梁秉赋	南洋理工大学孔子学院院长	新加坡的华文教育与华文教学
程龙	北京师范大学教授	美国大学里的中国文化课
董淑慧	南开大学教授	中华文化海外传播的现状与深度思考

研讨会主要包括以下两个内容。

（1）中华文化的传承。近几年来，国学在年轻人中的接受度和重视度明显提高，以此引申出的如何阅读经典著作、如何传承传统文化等问题也倍受关注。来自香港中文大学哲学系刘笑敢教授以老子《道德经》为例，介绍了两种读经典的方法；时任深圳大学传播学院院长吴予敏教授希望大家能从礼仪的传统中引导出一些重要的现代伦理精神，建立生命价值和社会责任相结合的内在心理结构；时任清华大学新闻与传播学院常务副院长尹鸿教授则将中华文化的传承与传播的研究重点放在影视媒介中，提出国内的影视文化产业日益繁荣但也存在问题，而国际化的影视文化传播切忌仅仅关注传统道德的表面弘扬。

（2）中华文化的传播。在以传统的汉语教育教学为方法的文化传播中，新加坡南洋理工大学孔子学院院长梁秉赋博士介绍了中国语言与文化在新加坡的传播历史和现况，提出新加坡华文教育的发展目标即为以民族教育为导向，成就双语教育，确保在一个以英文为主导语言的国家教育体系中，培养具备三种华语能力的学生；在以中国文化为交流教学内容的文化传播中，北京师范大学汉语文化学院程龙教授和南开大学汉语言文化学院董淑慧教授分别结合自己在海外的实际教学案例，提出跨文化交际过程中可操作与实行的建议。

（三）学者观点

1. 阅读经典的两种取向

阅读经典有两种取向：一是历史客观、严肃文本的阅读，要还原经典的本身意义，解释具体词语时不能用该词的现代含义直接带入，尤其是做学术研究更应如此；二是一种取向，就是其对于我们今天这个社会，对于今天我们的人生来说，有什么启示意义。我们需要一种自觉地改造，而不是不自觉地按照现代汉语、现在的流行文化去理解古代名言。按照现代汉语、现代流行文化去解释、理解古代的经典，结果是把常识、流行的价值观念当作国学的内容、古代儒释道的内容，并没有学到新的东西，只不过换了一种古代的语言来讲现代的常识。那等于只是在名义上学国学，实际上是学现代的常识，只不过换了一种说法而已。

——选自香港中文大学刘笑敢教授的演讲

2. 文化国际传播的三大挑战

在全球化背景下的国家竞争中，文化软实力相当重要，而影视作品正是文化软实力中一个不可缺少的组成部分。中国影视文化的国际传播面临着来自文化、市场和交流的三大挑战，尤其是文化方面，必须了解市场和观众的需求，而不是仅关注传统道德的表面弘扬。总之，唯有相互尊重、求同存异、分享价值，才能更好地进行文化传播。

——选自清华大学尹鸿教授的演讲

3. 从礼仪的传统中引导出一些重要的现代伦理精神

礼乐文化在中国的传统社会具有十分重要的意义，相比之下，如今商业化、欲望化的仪式传播对传统礼仪造成误解，而媒体形象则强化了误解程度。我希望大家能从礼仪的传统中提炼出一些重要的现代伦理精神：忠诚、感恩、守分、尊重、适度及自律，并且能够建立生命价值和社会责任相结合的内在心理结构，进而通过一些训练的方法来恢复传统的礼仪要求。

——选自深圳大学吴予敏教授的演讲

4. 双语教育反映了新加坡从一个移民社会熔铸为新兴民族的变迁

新加坡是一个由多元族裔组成的主权国家，这个以华裔人口居多的国家，却是以英文为社会的主要工作用语，以及学校的主要教学媒介语。从前的华文教育以民族教育为导向，如今新加坡的华文教学以成就双语教育为目标，这反映了新加坡由一个殖民地蜕变为一个主权国家、由一个多民族的移民社会熔铸为一个新兴民族的变迁。

——选自南洋理工大学孔子学院院长梁秉赋博士的演讲

5. 抱着"求同存异"的态度来解决跨文化冲突

"缠足"这一中国特有的文化现象，满足了一些西方人的猎奇心态，世界上很多国家都有类似此种"为了获得某种文化和心理上的满足，而在一定程度承受肉体上的痛苦"的做法，比如穿高跟鞋、文身、打耳洞、束腰等。因此，在谈到中国古代的"缠足"时，我们不应该一味地去否定排斥。我们在与其他国家进行文化交流时，应该抱着"求同存异"的态度来解决跨文化冲突的问题。尽管现在有很多外国人在学习汉语和中国文化，但我们应该保持清醒的头脑，只有自己保持较为客观的认识，才可以开启相互对话的窗口，建立一个良好沟通的平台。

——选自北京师范大学程龙教授的演讲

6. 推进深层文化的传播

中国文化在对海外传播的过程中，存在着传统文化多于当代文化、表层文化多于深层文化、硬件多于软件等问题，对外文化工作应有新的思路，即在"继承传统、突出当代、中国文化、国际表达"的大方针下，积极将国家战略、文化创新和商业化模式相结合，推进深层文化的传播，开展新汉学计划。

——选自南开大学董淑慧教授的演讲

第八章　面向未来

一、辛亥革命百年回眸与反思

（一）主题阐释

1911年爆发的辛亥革命是中国历史上划时代的巨变。它推翻了清王朝的统治，结束了中国长达两千多年的君主专制制度，广泛传播了民主共和的理念，极大地促进了中国人的思想解放，推进了中国社会的现代转型。可以说，辛亥革命开辟了中华民族的新纪元。历史常常要拉开时间的距离才能看得更明白。百年之后再回眸和反思辛亥革命，不但能对事件经过和影响获得更加清楚、透彻的认识，而且还可以从中汲取历史的经验和启示，从而更加明确前行的方向。

——选自联合国际学院吴清辉校长的开幕辞

（二）内容综述

2011年10月，第八届国情国学教学研讨会以"辛亥革命百年回眸与反思"为主题在联合国际学院举行。来自中国社会科学院、上海社会科学院、广州社会科学院、中国政法大学、四川大学、华中师范大学、中山大学、浙江大学、台湾"中央研究院"、香港中文大学、澳门大学等的多名专家学者出席了这次研讨会,部分与会嘉宾及演讲主题见表 8-1。

表 8-1　第八届国情国学教学研讨会部分嘉宾及演讲主题

嘉宾	所在单位及职务职称	演讲主题
杨天石	中国社会科学院研究员	辛亥革命何以胜利迅速、代价很小?
朱浤源	台湾"中央研究院"研究员	从历史真相看辛亥革命的基督教性格
罗福惠	华中师范大学教授	日本怎样看待和介入"对岸之火"
周兴樑	中山大学教授	辛亥革命与中国共产党——从同盟会员到共产党人的考察
郑会欣	香港中文大学研究员	辛亥革命与中国资本主义的发展
郑德华	澳门大学教授	辛亥革命与海外华侨再探讨
王敏	上海社会科学院研究员	应对新式传媒无方与清朝的覆灭
郭世佑	中国政法大学教授	"辛亥精神"与百年纪念
汪林茂	浙江大学教授	纷乱、纷争中的集权趋势
骆宝善	广州社会科学院研究员	袁世凯与辛亥革命
吴铭能	四川大学教授	革命尚未成功,同志仍须努力

研讨会主要包括以下两个内容。

(1) 对辛亥革命的历史回顾。中国社会科学院杨天石研究员指出辛亥革命的胜利迅速、代价小,导致中国的面貌没有焕然大变,没能彻底清除中国的历史痼疾;台湾"中央研究院"朱浤源研究员认为,基督教性质之意识形态主导了孙中山的革命,孙中山设计的民主共和受到了它的影响和限制;中山大学周兴樑教授分析了辛亥革命与中国共产党的关系;广州社会科学院骆宝善研究员以"袁世凯与辛亥革命"为题,他认为辛亥革命的和平解决是国民的福祉,具有极其重要的意义。

(2) 辛亥革命的历史影响。华中师范大学罗福惠教授探讨了辛亥革命发生之后日本各界的反应和态度;香港中文大学郑会欣研究员分析了辛亥革命之后中国资本主义的发展；浙江大学汪林茂教授则以浙江为例，分析了辛亥革命后的局势；中国政法大学郭世佑教授深入分析了"辛亥精神"的内涵；四川大学吴铭能教授重点探讨了如何继承和发扬辛亥革命精神。

（三）学者观点

1. 辛亥革命的胜利迅速、代价小

辛亥革命发生在一个幅员广大，面积达一千多万平方公里的超级大国里，它结束了长达两千余年的君主专制制度，使中华大地上出现了前所未有的巨大政治变革，这是一件十分伟大、十分了不起的事件。但是，从武昌起义到南京临时政府成立、中华民国诞生，前后不过80多天，3个月不到。如果从兴中会成立算起，也不过17年。辛亥革命的胜利出奇的迅速，而且，代价也很小，并没有出现大量伤亡、血流成河的恐怖场面。用孙中山自己的话来说，就是"太过迅速、容易，未曾见有若何牺牲及流血"。

——选自中国社会科学院杨天石研究员的演讲

2. 辛亥革命何以出现胜利迅速、代价小这种状况呢？

（1）清政府腐烂透顶，既顽固地维护君主专制制度和满洲贵族的核心利益，又为自己培养了大批掘墓人。

（2）革命党正确对待满人，实现了一次人道主义的文明革命。

（3）革命党争取列强中立，避免其直接武装干涉，减少阻力。

（4）革命党团结立宪派和开明官绅，结成反清统一战线，壮大革命力量。

（5）革命党利用袁世凯，"先成一圆满之段落"，避免南北相抗，长期战争。

——选自中国社会科学院杨天石研究员的演讲

3. 辛亥革命未完成的事业

辛亥革命的胜利迅速、代价小，自然难以一下子清除奥吉亚斯"牛圈"中的全部"粪秽"，中国的面貌也难以一下子焕然大变。以专制制度为例，有形的皇权专制主义被推翻了，但是，回眸百年，孙中山的遗言并没有过时。"革命尚未成功，同志仍须努力。"

——选自中国社会科学院杨天石研究员的演讲

4. 日本各界对辛亥革命的反应

辛亥革命爆发之后，原先抱有不同意图，曾对孙中山等革命派有过同情和支持的日本浪人，及与浪人有联系的日本政界、经济界个人，仍对这场革命给予了多方面的援助；日本知识界、舆论界的多数声音，也肯定这场革命，并曾讨论过中国实现民主共和是否会对日本政治产生影响；但包括内阁、军部和元老在内的日本政府，则敌视辛亥革命和民国政权，并以多种计划和行动，试图使中国维持君主制度，或分裂中国，最少也要趁机扩大日本在华的殖民势力。

——选自华中师范大学罗福惠教授的演讲

5. 辛亥革命对中国社会的影响

辛亥革命不仅是一场深刻的政治革命，而且是一场触及国人灵魂的社会巨大变革。从此共和思想日益深入人心，"实业救国"的口号更是响彻云霄。辛亥革命后中国出现经济转型的具体表现，其中包括工矿业的蓬勃发展、近代金融业的兴起、对外贸易与商业的发展、人口的迁移趋势与城市化的发展进程等。

——选自香港中文大学郑会欣研究员的演讲

6. 民国初年中国资本主义发展的内在原因

民国初年中国资本主义发展的内在原因包括：一是国民观念上的转变，二是政府的支持与鼓励，三是民族主义的高涨与国货运动的兴起，四是民族资产阶级力量的壮大，五是中央集权的式微，六是投资环境的改善。第一次世界大战的爆发确实为形成中国资本主义的"黄金时代"带来重大的契机，但是若要寻找中国资本主义发展的真正原因，还必须从中国内部的深层结构去分析和研究。

——选自香港中文大学郑会欣研究员的演讲

7. 海外华侨积极参与辛亥革命的推动力

海外华侨积极参与辛亥革命主要是社会条件综合起作用的结果，其中包括：清政府未能担当保护华侨的角色、海外掀起排华运动革命派和改良派在海外的论争、孙中山等革命派组织活动的影响。这并不是单一的社会效应。

——选自澳门大学郑德华教授的演讲

8. 清政府何以应对新式传媒无方

导致清朝覆灭的因素有多种，新式传媒报刊也在其中扮演了重要的角色。清末维新运动的高涨，革命思潮的澎湃，都离不开报刊的推波助澜。面对汹涌而来的报刊宣传，清政府镇压无效，主导不成功，规范滞后。析其原因有三：一是清政府缺乏主动应对新问题的能力，对新式传媒现代报刊的舆论功能和新思想传播功能未有充分的警觉，更未能做到未雨绸缪；二是应对报刊宣传的文化资源相当贫乏，官报不但缺少应对民权、自由等西方观念的新理论，甚至"中体西用"的老调也不愿重弹；三是国家主权不完整，租界成为改良和革命报刊舆论传播的基地。清政府由失去舆论主导权，进而失去了专制政府的合法性，最终也失去了人心。清亡，已是人心所向。

——选自上海社会科学院王敏研究员的演讲

9. 辛亥革命唤起了中国人两个方面的自觉

我们还得追寻辛亥先驱的足迹，翻翻"辛亥精神"的家底，先弄明白辛亥革命最有价值的历史贡献与影响究竟何在。辛亥革命的历史贡献不仅在于推翻了一个腐朽的清朝，还在于推翻了一个在中国延续两千多年的君主制，开启了中国民权政治的新时代。不管你是否重视那场革命，是否感恩，海峡两岸乃至天下华人都是辛亥革命的受益者。正是因为辛亥革命，中国人的脑袋和双腿才不再为磕头而准备着，而是可以为思考和走路而准备着。

孙中山的政敌梁启超也承认，正是辛亥革命，唤起了中国人两个方面的自觉：一是觉悟到凡不是中国人，都没有权来管中国的事；二是觉悟到凡是中国人，都有权来管中国的事。他还说，前者叫作"民族精神的自觉"，后者就是"民主精神的自觉"。至于"辛亥精神"，其实就是为了国家与民族的根本利益而屡败屡战的进取精神与赴汤蹈火的牺牲精神。

——选自中国政法大学郭世佑教授的演讲

10. 为什么袁世凯走上接受共和统一的道路

武昌起义，革命军兴。清王朝上下，都把力挽狂澜的希望寄托于袁世凯一人身上。然而，数月之内，袁世凯不仅未能让清王朝起死回生，而且还堂而皇之地亲自取代了它。当时，革命党势力虽不甚强大，但风头正劲，各方协力，最终以共和取代已成气候的立宪，这是不移的史实。但就南北议和本身而论，内有作为谈判主帅的唐绍仪临阵倒戈，外有东南立宪派力量转向与革命党势力合作，袁世凯失去了政治上的盟友。这大概是袁世凯"君主立宪"主张失败的两大具体原因。南京临时政府成立后，南方提出"拥袁共和"，即拥护袁世凯出任南北统一的"共和国大总统"，局势一步步促使袁世凯走上接受共和统一的道路。这样，君主立宪就完全失去了继续运作的余地。

——选自广州社会科学院骆宝善研究员的演讲

11. 辛亥革命的和平解决所具有的意义

辛亥革命的和平解决，使各派的政治利益得到了最大的满足。国民免遭战争带来的屠戮与浩劫，躲过倾家荡产、流离颠沛、横尸遍野的苦难，安宁地过渡到新的政权之下。国家实现了政权的和平转移，国力未遭破坏，国基未受动摇，国家形象得到提高。这是一个了不起的历史创举，是古老东方政治智慧的结晶。

——选自广州社会科学院骆宝善研究员的演讲

12. 辛亥革命未完成的使命

统一是海内外全体中国人的终极关怀，恢复民族优良传统，重振泱泱大国风范，也是21世纪中国要在世界舞台上扮演重要角色的雄心壮志。现阶段中国该如何团结四海中国人，共同建设中华家园，实现孙中山所揭橥的"天下为公"理想，实践民有、民治、民享之中国？

——选自四川大学吴铭能教授的演讲

二、百年中国教育历程：回顾与展望

（一）主题阐释

在当前国家和珠江三角洲地区教育发展中长期规划纲领相继出台的情况下，反思过去百年来中国教育发展的历程，以及当前中国教育发展的成果显得尤为重要。积极吸收中外、内地香港等合作办学经验，确定未来教育改革的方向、方针和战略目标，这对于中国教育体制的改革走"依法治教""育人为本"的路线，积极跟上世界教育改革的潮流是有着重大意义的。我们在教育改革过程中还需要面对的是,现有教育制度中的思想文化教育,尤其是伦理道德教育的不足造成的诸如社会价值观扭曲,基本伦理道德被忽视等严重的问题。这些问题得不到有效的解决,就无法实现真正意义上的素质教育,促进人的全面发展。教育应该以文化为根、生命为本。本届研讨会旨在提供一个平台,通过师生广泛探讨,思考如何以重视民族文化观念为基础,让中国的教育改革事业为国家和民族的发展做出应有的贡献。

——选自联合国际学院时任常务副校长郭少棠教授的开幕辞

(二)内容综述

2010年5月,第五届国情国学教学研讨会以"百年中国教育历程:回顾与展望"为主题,邀请到来自教育部、北京大学、北京师范大学、北京理工大学、厦门大学、曲阜师范大学、台湾大学、香港浸会大学、香港教育学院、珠海市教育局、珠海市中学校长代表团等的学者、工作者出席。与会者认为,历经百年风雨,中国教育既取得了巨大的进步,也在新时代面临着前所未有的挑战与机遇。基于此,大家认为,推行以文化为根、生命为本,促进全人发展的文化生命教育是突破目前教育改革困境和开创中华教育新天地的根本,部分与会嘉宾及演讲主题见表8-2。

表8-2 第五届国情国学教学研讨会部分嘉宾及演讲主题

嘉宾	所在单位及职务职称	演讲主题
马陆亭	国家教育发展研究中心主任	我国高等教育在近百年期间的发展与变革
史秋衡	厦门大学教育研究院教授	我国高等教育在近百年期间的发展与变革
杨东平	北京理工大学教授	中国高等教育在近百年间的主题变化
郭齐家	北京师范大学教授	中国高等教育在近百年间的主题变化
龚鹏程	北京大学教授	中国台湾地区高等教育的历史与经验
胡少伟	香港教育学院教授	中国香港地区教育的发展史
谢泳	厦门大学文学院教授	西南联大的历史经验及其对当下教育改革的参考意义
胡钦晓	曲阜师范大学教授	西南联大的历史经验及其对当下教育改革的参考意义

研讨会主要包括以下两个内容。

(1) 回顾中国百年教育发展历程。国家教育发展研究中心马陆亭主任和厦门大学教育研究院副院长史秋衡教授分别回顾了我国高等教育在近百年期间的发展与变革；来自北京师范大学的郭齐家教授和北京理工大学的杨东平教授则分别梳理了中国高等教育在近百年间的主题变化；北京大学龚鹏程教授重点报告了中国台湾地区高等教育的历史与经验；香港教育学院胡少伟教授则述说了中国香港地区教育的发展史；来自厦门大学的谢泳教授和来自曲阜师范大学的胡钦晓教授分别从不同的视角探讨了历史上存在时间短暂，但是教育成果辉煌的西南联大的历史经验及其对当下教育改革的参考意义。

(2) 全人教育理论与实践探讨。联合国际学院协理副校长陈焕贤教授、香港浸会大学叶敬德教授分别报告了香港浸会大学的教育实践成果；厦门大学教育研究院范怡红教授探讨了欧美的全人教育理论和实践经验结合的成果；北京师范大学郑日昌教授在演讲中提出了创新的全人教育模型；台湾大学周志文教授则着重阐述了中国传统的全人教育；厦门大学张艳涛博士分析了全人教育与马克思关于人的解放与人的全面自由发展思想之间的关联；联合国际学院全人教育办公室主任郭海鹏博士做了关于联合国际学院的全人教育理念与实践的报告，提出联合国际学院通过提出和实施全人教育、四维教育发展及国情国学教育等创新教育理念和举措，为国家高等教育开辟出一条中西结合的创新博雅教育和全人教育的新路子。

（三）学者观点

1. 传统中国的全人观

"全人教育"这一个词在西方可能来自基督教，《以弗所书》里就有"全的人"这一个词。但基督教的全人观与中国传统的全人观念很不相同。基督教认为人要使自己成为"全人"，必须仰赖神的伸手辅助，人如果没有神的相助提携，是绝不可能成为"全人"的，因此西方的全人观，是掺杂了人以外的条件的，在基督教的教义中，人对自己的未来，只有部分的决定权，真正掌控全局的是上帝。传统中国的全人观念却不作此想，人必须为自己的道德负起所有的责任，在儒家的观念中人可以变得更好，只要自己下定决心并且努力不懈，人可以决定自己是否能成为圣贤或成为"全人"，不须仰仗神明的垂怜。孔子说："有能一日用其力于仁矣乎？我未见力不足者。"又说："仁远乎哉？我欲仁，斯仁至矣。"

——选自台湾大学周志文教授的演讲

2. 全人教育运动的兴起

在西方，全人教育作为一种带有强烈批判色彩的"建构性的后现代主义"教育思潮，兴起于20世纪60—70年代的美国。20世纪60—70年代，人们开始对现代工业文明带来的环境恶化、生态失衡、核武威胁、战争频仍、人的异化、消费至上等种种问题进行质疑和反思，意识到需要纠正现代工业文明过于看重技术理性的功利主义倾向和相应的教育片面化倾向，需要重新反思教育的目的，从而形成以"追求人的整体发展"为要旨的全人教育运动。这一思潮，一反西方传统关于人性本恶的假设，转而认可人性中善之存在，以有机整体观（organic holism）为哲学基础，视人和社会、自然为一有机生命共同体，视教育和学习为人内在善性的有机成长和人之潜能的全面发展，追求人与人、人与自然、人与自我的和谐境界。

——选自联合国际学院郭海鹏博士的演讲

3. 传统大学模式的演变

法国的巴黎大学是最早的中世纪大学，教师按行会模式聚集在一起招收学生。稍后英国的牛津大学、剑桥大学在学院制模式上做出了积极的探索，学生与教师学习、讨论、生活在一起，在教授"烟斗的熏陶下"成为绅士。1810年，德国创立的柏林大学提出教学与研究相结合，初步确立了近代大学的人才培养模式。美国在学习了英国和德国的模式后，催发出高等教育的社会服务功能，产生了现代密集研究型大学。目前，我们所追求的"一流大学"，参照模式就是美国的研究型大学。

——选自国家教育发展研究中心马陆亭主任的演讲

三、城市与海：历史与未来

(一) 主题阐释

一个民族的生命，是需要开放的，是需要包容的，因为在 21 世纪，在全球化的影响下，在一个新时代的塑造过程中，没有一个国家，没有一个民族可以单独活在这个地球上。整个世界不是停留在表面的经济活动、社会活动、政治活动和军事活动，所有的根源都是我们的文化。历史的发展已经到一个崭新的阶段，从 500 年前哥伦布发现新大陆开始，整个世界一步一步走向一个交流、融合的阶段。

海滨城市文化，是从亚洲或者东南亚提出一个不同于城市和地区的概念。在这个历史文化反思的大方向中，在 21 世纪，在当代整个世界的发展中，已经有很多新的因素出现，海岛、海滨文化，以及西亚沙漠这种地缘政治已经有很重要的改变。我们现在处于第三次科技革命之中，在对整个世界人类历史加以思考的时候，"海滨城市"这个概念提出了一个新的例命题。

——选自时任联合国际学院常务副校长郭少棠教授的开幕辞

(二) 内容综述

2009 年 4 月，第四届国情国学教学研讨会邀请了当代著名文化学者余秋雨先生，台湾大学廖咸浩教授，澳门基金会行政委员会吴志良主席，珠海市委常委、市委宣传部部长黄晓东同志等来自深圳、中国澳门、中国香港、中国台湾、马来西亚、新加坡和日本长崎等地的众多文化学者，围绕"城市与海：历史与未来"的主题展开研讨，部分与会嘉宾及演讲主题见表 8-3。

表 8-3　第四届国情国学教学研讨会部分嘉宾及演讲主题

嘉宾	所在单位及职务职称	演讲主题
余秋雨	澳门科技大学人文艺术学院院长	从宏观角度看中国文化与海的关系
黄晓东	珠海市委常委、市委宣传部部长	珠海辉煌的海洋文明史

续上表

嘉宾	所在单位及职务职称	演讲主题
廖咸浩	台湾大学教授	台北与海的文化关系
吴志良	澳门基金会行政委员	澳门文化的历史发展进程与独特风貌
杨松年	台湾佛光大学教授	从文学传播的角度看城市间流变：以新加坡市、槟城、吉隆坡为中心的观察
周志文	台湾大学教授	淡水今夕
连清吉	台湾彰化师范大学教授	环中国海港城市文化的构筑可能
陈漱石	台湾中原大学教授	马六甲海峡历史城市：跨文化契机与挑战
严忠明	清华大学客座教授	珠江口：季风亚洲的中央娱乐区

研讨会主要包括以下两个内容。

（1）从中国视角看城市与海的话题。余秋雨先生就古代中国与海洋的关系演变、中国文化对海洋的陌生感与距离感、上海与海洋的关系等方面进行了精辟论述，建议学生增加对海洋的关注；连清吉教授则从理论联系实际，阐述了环中国海港城市文化的构筑可能；联合国际学院叶钜志教授以香港文化的海洋性内涵为例，探讨城市发展与海洋文化的深沉脉络；廖咸浩教授论述了台北与海的文化关系；周志文教授以台湾小城淡水这一具有特殊历史背景的城市为点，展开对海洋文化发展的思考，希望城市文化可以在忠于原貌的基础上发展进步；徐新先生和黄雁鸿女士分别解读了澳门的文化背景；珠海市委常委、市委宣传部部长黄晓东同志也与会做了关于珠海的主题发言，就未来珠海城市的经济文化建设及发展前景做了简要说明；严忠明先生则提出了一个极其新鲜又合理的论点：季风亚洲的中央娱乐区——珠江口。

（2）从世界的视角探讨城市与海的话题。陈漱石教授以其鲜明的演讲风格纠正在场师生对于西亚文化及社会现状的某些错误认知；杨松年教授以滨海城市新加坡市、槟城、吉隆坡为中心进行观察，提出从文化传播的角度看城市间文学的流变。

（三）学者观点

1. 对滨海城市应有更多的关注

滨海城市，对我们中华文明的核心价值来说，是比较异类的存在。这些年来，海洋文明又开始被重视，并且越来越被重视。我们慢慢让海洋跟我们更亲切，我想说的亲切不但是地理上的，还有文化上的。这就是我主要讲的一点，辽阔的陌生。对我们年轻的学生来说，对海洋应有更多的了解，海洋远比陆地辽阔。海洋是一个足以吸引我们很多目光的所在，我们对海洋的了解还不及我们对太空的了解。在关心几大古都时，我们要明白，有一些被低估的城市，就是滨海城市。我们和其他文明相比，对海洋的陌生，祸害了我们文明的发展，影响我们中华文明的生命力，我们对滨海城市理应有更多的关注。

——选自著名学者余秋雨先生的演讲

2. 中华文化圈年轻世代应强化对多元民族文化的尊重

马六甲是亚洲拥有显著多元民族文化的古老城市，主要有伊斯兰马来文化、中华汉族文化和印度淡米尔文化。早在数百年前马六甲就展现其多元宗教和平共存的典范。17—18世纪的马六甲清真寺建筑具体呈现了跨文化的特色，结合多元民族文化建筑风貌；同一条街上，伊斯兰清真寺、华人寺庙、印度教庙宇与各种欧式基督教堂，亦和平共存了好几个世纪。在如此多元文化交会的氛围之下，迈进21世纪，我们所面对的却是文明冲突、宗教对峙及族群自大的国内现状与国际时局。

"疑今者察之古，不知来者视之往。" 600年前郑和七次下西洋，马六甲就是郑和舰队的主要基地，即其"官厂"所在地。今天在斯里兰卡科伦坡国家博物馆还珍藏着600年前郑和镌刻的布施恭谒三大宗教的"三语文碑"。碑志：中文详述布施佛教寺仰惟佛祖，印度淡米尔文阐明供奉兴都教庙宇歌颂兴都神明，波斯文则刻注献赠清真寺的详情。当缅怀并宣扬郑和丰功伟业时，更要深入研析及探索郑和的文化背景、思想内涵、宗教观念及领导风范。郑和在600年前竖立的"三语文碑"正是展现其对中华文化、印度文化及伊斯兰文化的宽容与尊重，如果中华文化圈的年轻一代能强化跨文化教育与历练，对东亚国际地位的提高与文化蕴涵的提升必能发挥极大作用。

——选自台湾中原大学陈漱石教授的演讲

3. 将珠江口建设成为未来亚洲中央娱乐区

港珠澳大桥的建设使得珠江口作为未来亚洲中央娱乐区的地理条件基本成形。这个区域作为未来亚洲休闲娱乐的重镇，将从产品的多样性，以及气候、地理位置方面比新加坡区域、台湾海峡和日本、韩国区域具有更大的优势。因此，珠江三角洲未来发展的规划方案的一个核心点，应该是在珠江口作为亚洲中央娱乐区的整合方面做出有创意的方案，使之成为一个有价值的发展亮点。从珠江三角洲的未来发展来说，如果亚洲中央娱乐区这个品牌得以建立，那么可持续发展之路才有更加坚实的落脚之地。

——选自清华大学客座教授严忠明先生的演讲

4. 澳门中西文化共存并非共融

从政治往来、人口分布、城市格局以至文化交集来看，澳门都是处于东方和西方文化相融少之又少的状态；葡萄牙人入据澳门，1849年之前，明清政府以天朝大国自居，实施的是防范葡萄牙人扰乱内地、阻止华人与葡萄牙人勾结成为"奸徒"的措施；1849年以后，则是葡萄牙人以殖民者的优越心态对澳门实行管治。这个城市中西交流的形态是：在生活上华人大部分是工匠、商贩和渔夫，葡萄牙人要与他们接触，为的是生活需要，但在种族相处上却是泾渭分明。澳门的建置井然有序，与各华人区的杂乱迥然不同。葡萄牙人聚居的坐标是教堂，华人则是庙宇；除了进教的华人基督徒，基本上华人是不许在澳门生活的；同样，为了九夏之防，葡萄牙人也不能到华界活动，诚如芒福德所言："在被限定的区域中，这些团体都被固定在不变的结构之中。"没有流动和对话的文化格局，也注定了澳门中西文化共存并非共融的事实。

——选自澳门理工学院黄雁鸿女士的演讲

中编 体验反思

导　言

　　体验反思这部分源自联合国际学院中国语言文化中心开设的课程中独具特色的一个组成部分——小组课题。小组课题是由5～6位学生组成一个小组，在学社成员集体研究、探讨中国传统文学中的一些经典作品或传统文化的基础上，通过10分钟左右的现场讲解或表演，将本组的研究成果展示出来的一种学习方式。小组课题报告旨在锻炼学生在相互磨合中的沟通与合作能力，发掘每个学生的创新潜力，实现考查他们的理解和创造性地运用所学知识的目的。

　　第九章"语言与教育"专题思考的是日渐消失的方言和中国历代考试制度的问题；第十章"地域与文化"专题探讨的是地域文化的多样性和差异性；第十一章"建筑与艺术"专题讲述的是建筑背后的社会文化和家国情感；第十二章"婚姻与社会"专题对爱情婚姻的本质提出严肃的思考；第十三章"中国与世界"专题关注的是中西文化差异和中国文化的独特性。这些报告虽然以文字形式呈现，但这些课题最初是以皮影戏、小品、舞台剧、影像短片等丰富形式来展示的。

第九章 语言与教育

一、方言：你在哪里？去往何方？

班级：国文 7 班

学社：轩辕学社

社长：许占宇

社员：林树立、刘宇焓、武斌、杨嘉琦、张浩然

撰写人：许占宇

课题简介

选题缘起：本学期国文小组课题，轩辕学社秉承尊重传统文化，探索中华文明的宗旨，在社员来自天南地北及普遍有研究方言的爱好的基础上，选择了方言这一课题方向。考虑到小组课题研究的时间限制，我们去粗取精，经过多次讨论筛选和舍弃，最终决定以方言的生存现状作为着眼点入手。

展示形式：DV 作品。

选题意义：这一选题让我们更好地了解我国方言这一博大精深的文化"活化石"，并且在课题的制作过程中，我们喜欢上了方言文化及由此引申的中华文化，同时思考方言所包含的文化内容、文化问题。对于课题展示的外在影响，我们意在用一些简单的专业知识和贴近现实的情况来提醒大家关注方言这一看似熟悉而又陌生的文化内容，并对方言的过去、现在、未来产生

必要的思考。

分工安排

许占宇负责统筹、策划、撰稿、解说、后期制作。
张浩然负责研究整理北方方言、摄录及后期制作。
林树立负责研究整理西南官话的图片、影像。
武斌负责策划、研究整理晋方言。
刘宇焓负责研究粤方言、客家方言，及修改文稿。
杨嘉琦负责策划及研究整理方言在大、中、小型城市的生存状况。

DV 内容

方言　你在哪里　去往何方

1. 方言朗诵《满江红》

视频的开头，小组成员富有创意地制作了用各地方言朗诵岳飞的《满江红》的录像。之所以选择这首词，是因为《满江红》押的是入声韵。入声是中古方言发音的一个重要元素，却在现代汉语中已消失。用保留入声的方言来朗诵这首入声韵词，是一种最佳方式。

视频文字：想知道古人是怎样读诗词的吗？

张浩然（天津市—北方方言—天津话）：现在请听，方言版《满江红》。

劳梦荔（上海市—吴方言—上海话）：怒发冲冠，凭栏处，潇潇雨歇。

姚地绿（福建厦门—闽方言—闽南话）：抬望眼，仰天长啸，壮怀激烈。

黄海飞（江西鹰潭—赣方言—江西话）：三十功名尘与土，八千里路云和月。

刘宇焓（广东梅州—客家方言—客家话）：莫等闲，白了少年头，空悲切！

邓丹妮（湖南长沙—湘方言—长沙话）：靖康耻，犹未雪。臣子恨，何时灭！

蔡淳智（中国香港地区—粤方言—广东话）：驾长车，踏破贺兰山缺。

杨嘉琦（山西大同—晋方言—大同话）：壮志饥餐胡虏肉……

武斌（山西太原—晋方言—太原话）：笑谈渴饮匈奴血。

林树立（贵州六盘水—西南官话—贵州话）：待从头，收拾旧山河，朝天阙。

2. 方言概述

从方言在中国的形成特点谈到古代方言，进而谈到方言的变迁，以及现在公认的方言分类方式。

解说：中国，广袤的大地，一脉相承的文明。地域的差异，让方言成为这个伟大文明最为广泛、最为平民化的体现。

解说：《𫐓轩使者绝代语释别国方言》是由西汉的扬雄编纂而成的中国古代第一部方言研究专著，其中详细记载了当时全国12种完全不同的方言，随着历史的变迁，方言也在不停地嬗变。旧的方言消失，新的方言形成。如今，《𫐓轩使者绝代语释别国方言》一书所记载的12种方言已经融合演变为7种，它们是：北方方言、粤方言、吴方言、闽方言、湘方言、赣方言和客家方言，其中使用人数最多的，是北方方言。

3. 普通话

以访谈形式介绍普通话的地位、影响。

张浩然：（天津话）我来自天津。天津话属于北方方言京津片一类。说到北方方言，它是由古代北方的游牧民族和中原民族方言融合的产物。我国在20世纪50年代的时候确立普通话是以北方方言为基础方言，以典范的现代白话文著作为语法规范的，这和刚才所说的有很大关系。

解说：普通话，这个写入国家法律的标准语言，在国家的大力推行下，如今已经遍布中国的每一个角落。它让天南地北的人能无阻碍地交流的同时，也在深深地影响着方言。

4. 城市化与方言生存

以访谈形式介绍大、中、小城市中方言的生存状况。

解说：让我们从几个发达程度不同的城市，来了解方言的生存状况。

许占宇：我所在的汾阳市是山西省一个普通的县级市。因为它的发达程度不是很高，方言在那里得到了较好的保留，几乎所有人都可以流利地使用方言。

杨嘉琦：我来自山西省第二大城市大同。作为一个新兴的二级城市，方言的流失并不是非常严重。但是在市区，普通话还是被作为主要的交流工具。

武斌：我来自山西省太原市。作为省会城市，普通话在太原得到了很好的推广。与此同时，太原本地方言却在不断地消亡。与我一样的同龄人能够熟练运用太原话的，已为数不多。

解说：显然，城市的发达程度越高，方言的流失越为严重。这一点可以在全国大部分地区得到印证。城市化的进程直接带来方言的淡化，甚至消亡。

5. 强势方言

以访谈形式介绍粤语、西南官话这两种强势方言生命力顽强的原因。

解说：也有一些方言，它们拥有着较强的生命力，普通话的冲击并没有强烈地影响它们的生存。粤语就是其中的典例。

刘宇焓：我从小在广州长大。广东在总体上能保持自己的文化认同，加上受中国香港、澳门地区的影响，粤语得到了极好的保留。

解说：如果说粤语是因为受中国香港、澳门地区的影响而得到良好的保留，那么在中国的西南地区，西南官话这一北方方言的分支能够较好保留，则是有地域和使用人口的原因。

林树立：我来自贵州六盘水。贵州话与其他西南方言一样，都属于西南官话。西南官话有着广泛的人口基础，各地区间的差异性不大。甚至在一些大城市比如成都、重庆，人们日常交流也仍以西南官话为主。因此，西南官话与其他方言相比有更好的完整性。

6. 方言存在的意义

以访谈形式表现方言的特殊意义、文化含义及现今方言在年轻人中间的现状。

解说：方言是中国多元地域文化的承载者，是民间思想最朴素的表现形式，也是含义最丰富、最深刻的语态。在方言意境的笼罩下，说话双方进行的已不仅是语言的交流，而且是文化上的交流。

杨嘉琦：用方言交流能更好地表达自我，并且使用方言在同一地区进行交流会显得更加亲切。除此之外，方言所表达的许多意义和意境是普通话所表现不出来的，而普通话在有些时候显得更加正统与严肃。

解说：尽管如此，在大城市生活的年轻人，为了交流顺畅，已经对方言有所疏离。甚至有些人还认为某些方言"太土"，不好意思去说。一个明显的事实是，年轻一代使用普通话的熟练程度早已超过了方言。

7．"方言热"——方言的复兴？

针对现今各种艺术方面所表现出来的所谓"方言热"，小组思考其对方言保留所产生的作用和意义。

解说：天津话的相声曾经风靡一时，东北话的小品至今仍占据着"主流"地位。时下网上开始流传以各种方言演唱的歌曲，而许多作家也开始有意识地以方言进行创作。很多人把这些方式看作是方言复兴的一种形式，而事实并不容乐观。

许占宇：其实很多人已经意识到，这种所谓的"方言热"只是一种市井文化的调剂，它并不能承载方言的文化内涵。相反，它只能说明方言在不断地衰落。它充其量只能说是一种暂时的繁荣，没有办法做到方言的复兴。

8．结语

小组对方言逐渐消逝的感叹与对方言未来生存的预想。

解说：方言的死亡、差异的寿终正寝，意味着鲜活的感性缩减为干巴巴的、号称为理性的方程式，以及电脑键盘上的键符码。方言是中国多元文化的承载者，方言的消失在某种意义上讲就是文化差异性和丰富性的缩减。方言的出现、发展和消亡是语言和语言之间的较量，我们又能做些什么呢？全球化的年代，人类必须用一种公共语言来交流。

解说：其实，方言消亡是因为支撑这种方言的文化背景或者使用人口太少，并不是推广普通话的结果。如果某种方言真的能拥有强劲的生命力，那么它一定会永远存在。倘若支持它的文化背景、环境太少，那么它只能随着时代消亡。

参考资料

1．背景音乐

(1) *Bring Back Her Consciousness.*

(2) *Complete Rest.*

(3) *Gallery Screen.*

(4) *Horizon.*

2. 网络视频

(1)《美丽中国》，由英国 BBC 自然历史制作小组、中国中视传媒联合制作于 2008 年出品。

(2)《伟大工程巡礼：北京水立方》，由美国国家地理频道摄制于 2008 年出品。

(3)《论拳》，《曲苑杂坛》相声。

(4) 赵本山：《卖拐》，2001 春节联欢晚会小品。

学生感言

又是一次激动人心的小组课题。轩辕学社因为有了上学期的成功经验，内部的融合协调成了本次课题的最大优势。整个工作保持了我们的特色，在探求文化内容的同时力求引出深意、让人共鸣、引人思考。这是我们的宗旨，而且我们的确做到了。感谢轩辕学社的每一个人，合作的愉悦是我最大的享受。方言的知识内涵和生存现状已经在我们的课题研究的过程中深入人心，每个人对方言的未来也有了自己的看法。最重要的是，每个人都或多或少改变了曾经的偏见或误解，对方言产生了前所未有的好感和渴望了解的欲望。

——许占宇

方言，折射出了中华文化的缤纷多彩、源远流长。有位外国学者说过，一种语言从地球消失，就等于失去了一座罗浮宫。但有人认为方言不过是一种语言交流的简单工具罢了，和身份、血统及尊严没有关系。如果各种方言消失了，语言文化实现了所谓的"大一统"，那么璀璨的中华文化就像黑白照片一样，只拥有单调的华丽。无可否认的是，世界几乎是以经济为基础、核心而建立的，一些满足不了现代快节奏需要的物质只能遭到无情的淘汰。方言正在接受世界的挑战，"适者生存，物竞天择"对方言也适用。但方言是最自然本质地表达中国多元文化的根基。因此，当问题正在恶化的时候，我们应该及时对症下药。通过这次的小组课题活动，我能够深刻地感受到"本"的含义。古有家训言：莫忘本。"本"乃是父母谆谆教诲中最重要的

字。方言也是"本"之一。

——刘宇焓

"少小离家老大回，乡音无改鬓毛衰。"小时候我们都学过这句诗，但对它的理解并没有那么真切。诗中所言的"乡音"指的就是方言，可见方言音韵在社会生活中被赋予了多么温馨的意义。这次的小组课题，使我对方言有了更深的认识，它不仅表现地域文化的多样性，体现民族文化的多元性，而且如今对于方言的研究已成为一门专门的学问。语言的多样性本身就是人类宝贵的财富，而如今它的流失，不得不让人深思。这次的小组课题通过对方言现况的研究，不仅使我对中国方言的种类、分支、进化、由来等有了一个系统性的了解，而且让我懂得保留方言的重要性。保留方言的方式，不能仅仅以动画、电影的方言配音等艺术形式来作为手段，这样有可能丑化方言的形象，加速方言的消亡。

——林树立

通过这次小组课题对方言的研究，我了解了很多关于方言的知识，特别是家乡的方言。我从前并不常说太原话，家长、同学总把说太原话视为一种不太好的行为，因此在我们这一代会说的就很少了。但太原话承载着古老的文化，它是唐代流传下来的。用太原话诵读唐诗朗朗上口，而我们却没有将其良好保存。拍摄小组课题时，我讲的太原话内容还是从父亲那里现学的。看着其他地方的同学都能流利地讲家乡方言，我难免感到一丝遗憾，同时也感到传承方言是一种责任。这次大家集思广益，充分发挥团队合作精神，将课题善始善终完成，取得了不错的成果。虽然这次小组课题已经告一段落，但我们探求中华优秀传统文化的脚步并没有停下。我们看到了现状，认清了事实，也肩负了责任。方言的未来，更需要我们的努力，尽我们所能将其保存并发扬。

——武斌

这次我们国文小组成员与上学期的成员相同，因此在组员的磨合上节省了不少时间，也提高了我们的工作效率。因为我们都互相了解，所以在任务分配时也是各取所长，这样使得我们的团队能够更加快速地完成任务。在这里我要感谢我们的组长许占宇及每一位成员。因为成果不属于我们个人，而是属于我们的团队。成果属于轩辕学社，因为这其中有我们每一位成员的辛勤和汗水。

——张浩然

又是一个新学期,又是一次新的国文创意课程。上次活动中的成功在这次的国文创意课程的进行中给我们平添了几分的压力。但是,没有压力就没有动力,我们求创意、求超越。与上次选题不同,这次方言的话题没有上次选题的生动性和创意性。但是,经过几次小组成员的讨论和最后的验证,我们还是在这个方面走出了与别人不一样的路来。大家第二次的合作多了更多的默契,也进一步增进了彼此的感情。在压力下求创新,是这次课题的最大收获。

——杨嘉琦

教师点评

"方言:你在哪里?去往何方?"主要通过采访、解说的方式介绍了方言的生存现状并分析方言衰落的原因。学生以较客观的方式表达了对方言衰落的隐忧,但整个课题并没有任何的说教意味,而是将自己的见解、认识隐藏在整个视频中,让人回味无穷。

课题内容较有深度、线索清晰、起承转合俱佳。第一,学生用七种方言朗诵岳飞的《满江红》,让大家对七大方言有初步认识。第二,学生从学术的角度介绍方言的形成、变迁、分类。第三,由北方方言引出普通话,学生点出普通话的推广对方言的影响。第四,学生以亲身体验考察了山西发达程度不同的城市使用方言和普通话的情况,将城市化进程对方言带来的冲击细腻地展现在大家面前,并得出城市的发达程度越高,方言流失越严重的结论。第五,学生又以亲身体验讲述了粤语、西南官话这两种强势方言生命力旺盛的不同原因。粤语是因为受中国香港、澳门地区的影响而得到良好的保留,西南官话则是因为地域偏僻和使用人口众多而得到保存。这些探讨,让整个课题的研究更加全面,也更为生动、深刻。第六,学生研究方言存在的意义,指出用方言交流能更好地表达自我,人与人之间更亲切,这种情感纽带是普通话无法比拟的。但是,为了交流顺畅,年轻人不得不使用普通话。方言与普通话的矛盾再次凸显出来。第七,学生探讨近年来文艺作品中"方言热"的现象,并认为这种"方言热"只是一种市井文化的调剂,充其量只能是一种暂时的繁荣,没有办法做到复兴。第八,学生展望了方言在未来的发展情况。

不足之处是，总结时有些表述不太恰当，甚至颠覆了前面的很多探讨研究。比如"其实，方言消亡是因为，……并不是推广普通话的结果。"但在"城市化与方言生存"这个单元中，他们曾得出这样的结论："城市的发达程度越高，方言的流失越严重。"可见，在此次课题小组活动中，他们认为，正是因为普通话的广泛使用才让方言逐渐失去了舞台。若能更细心一些，此硬伤当能避免。

二、中国考试 MV 大串烧

班级：国文 9 班

学社：动国神社

社长：冯羽

社员：夏春沐、陈鸽、汪毅、何剑文、陈俊川

撰写人：陈俊川、冯羽

课题简介

选题缘起：本视频旨在通过 MV 串烧的方式展现中国式考试制度的特点及其带给考生的各种感受。

展示形式：MV。

选题意义：MV 从纵、横两线入手，将历史与现实相结合，既带有知识性，又带有幽默感，同时更能让同龄人有所共鸣，令人回味。

分工安排

冯羽负责总策划、改编歌词、视频制作与渲染。

夏春沐负责整合素材、制作视频、改编歌词。

陈鸽负责搜集"哀""忆"的图片、改编歌词、联络。

汪毅负责搜集"忆"的图片、撰写过场文字。

何剑文负责搜集"忆"的图片、撰写过场文字。

陈俊川负责搜集"溯"的图片、搜集整理文字、撰写过场文字、撰写小组课题报告。

第九章　语言与教育 ◎… 143

> **MV 内容**

溯

演唱：冯羽、吴怡、潘昕　　词：冯羽　　曲：《吉祥三宝》

爸爸 诶 科举制度是谁发明 的呀 隋文帝 科举制度确立它凭

着啥 进士课 进士这个 词是谁先 说哒 隋炀帝 隋朝科举 制度就像 婴 儿

一样 妈妈 诶 科举制度 是谁丰富 的呀 李世民 考核武艺 它是谁的

办法 武则天 及第落第 啥时候开 创啊 唐朝啊 及第者当 官落第他就 得 受苦

啦 宝贝 诶 宋朝考试 制度可严 肃啦 怎么说呢 针对作弊 它有 不少

办法 是嘛 而且严格 禁止 走后 门呐 噢 大伙儿考试 就别 再想 坏 点子

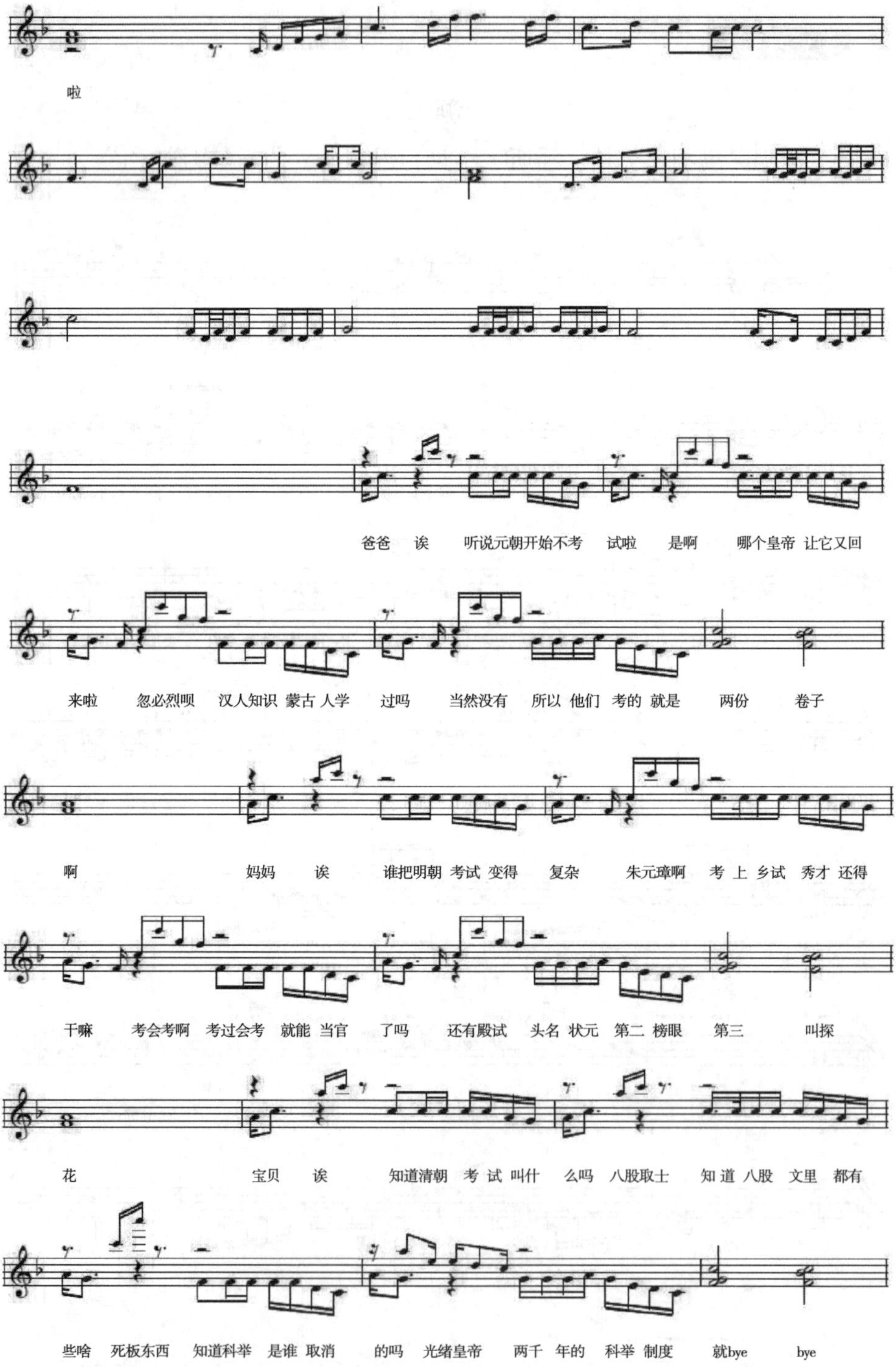
啦
爸爸 诶 听说元朝开始不考 试啦 是啊 哪个皇帝 让它又回
来啦 忽必烈呗 汉人知识 蒙古 人学 过吗 当然没有 所以 他们 考的 就是 两份 卷子
啊 妈妈 诶 谁把明朝 考试 变得 复杂 朱元璋啊 考 上 乡试 秀才 还得
干嘛 考会考啊 考过会考 就能 当官 了吗 还有殿试 头名 状元 第二 榜眼 第三 叫探
花 宝贝 诶 知道清朝 考 试 叫什 么吗 八股取士 知 道 八股 文里 都有
些啥 死板东西 知道科举 是谁 取消 的吗 光绪皇帝 两千 年的 科举 制度 就bye bye

第九章 语言与教育 145

啦

哀

演唱：肖丽妍　词：陈鸽、冯羽　曲：《下雨天》

第九章 语言与教育 ◎ ··· 147

忆

演唱：林学森　　词：夏春沐、冯羽　　曲：《红日》

高三以前　我们都不知道　未来会是什么样子
生活如常　嬉戏打骂

考试给人 多少机会　考试 让人 无言 以对　考试 总是 答非 所问　让人掉眼泪 我不

会心灰　狂风吹呀吹　让我们用心 一起 来体 会

考试 给人 多少 机会　考试 让人 无言 以对　考试 总是 答非 所问　让人掉眼 泪 我不

会 心 灰　狂风 吹呀吹　让我 们 用心 一起 来体 会

高三来了　梦想是那样沉甸甸　而又真实的存在着
我们都注定要　破釜沉舟　背水一战

学海 无涯 迷迷 茫茫　怎能 看得 清复 习时　我也 曾经 独自 一人　寂寞 而无 助

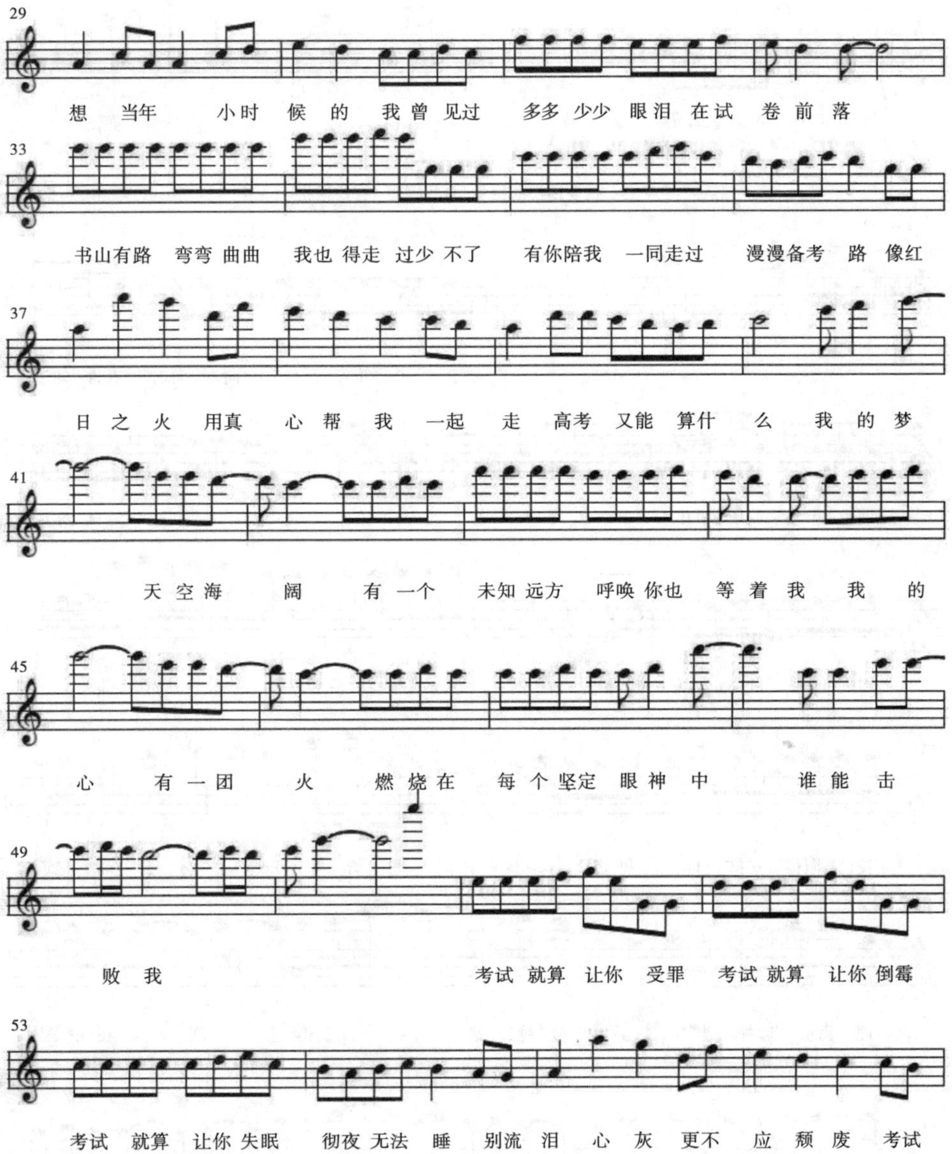
29
想 当年 小时 候 的 我曾 见过 多多 少少 眼泪 在试 卷 前 落
33
书山有路 弯弯 曲曲 我也 得走 过少 不了 有你陪我 一同走过 漫漫备考 路 像红
37
日 之 火 用真 心 帮 我 一起 走 高考 又能 算什 么 我 的 梦
41
天 空 海 阔 有 一个 未知 远方 呼唤 你也 等 着 我 我 的
45
心 有 一 团 火 燃 烧 在 每 个 坚定 眼 神 中 谁 能 击
49
败 我 考试 就算 让你 受罪 考试 就算 让你 倒霉
53
考试 就算 让你 失眠 彻夜 无法 睡 别流 泪 心 灰 更不 应 颓 废 考试

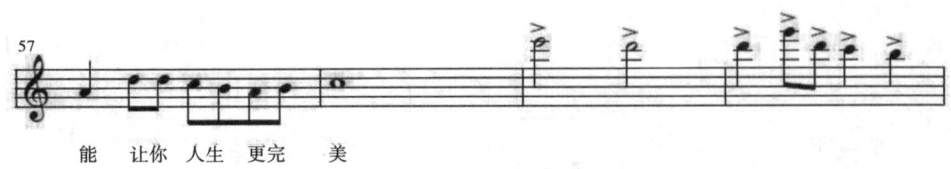

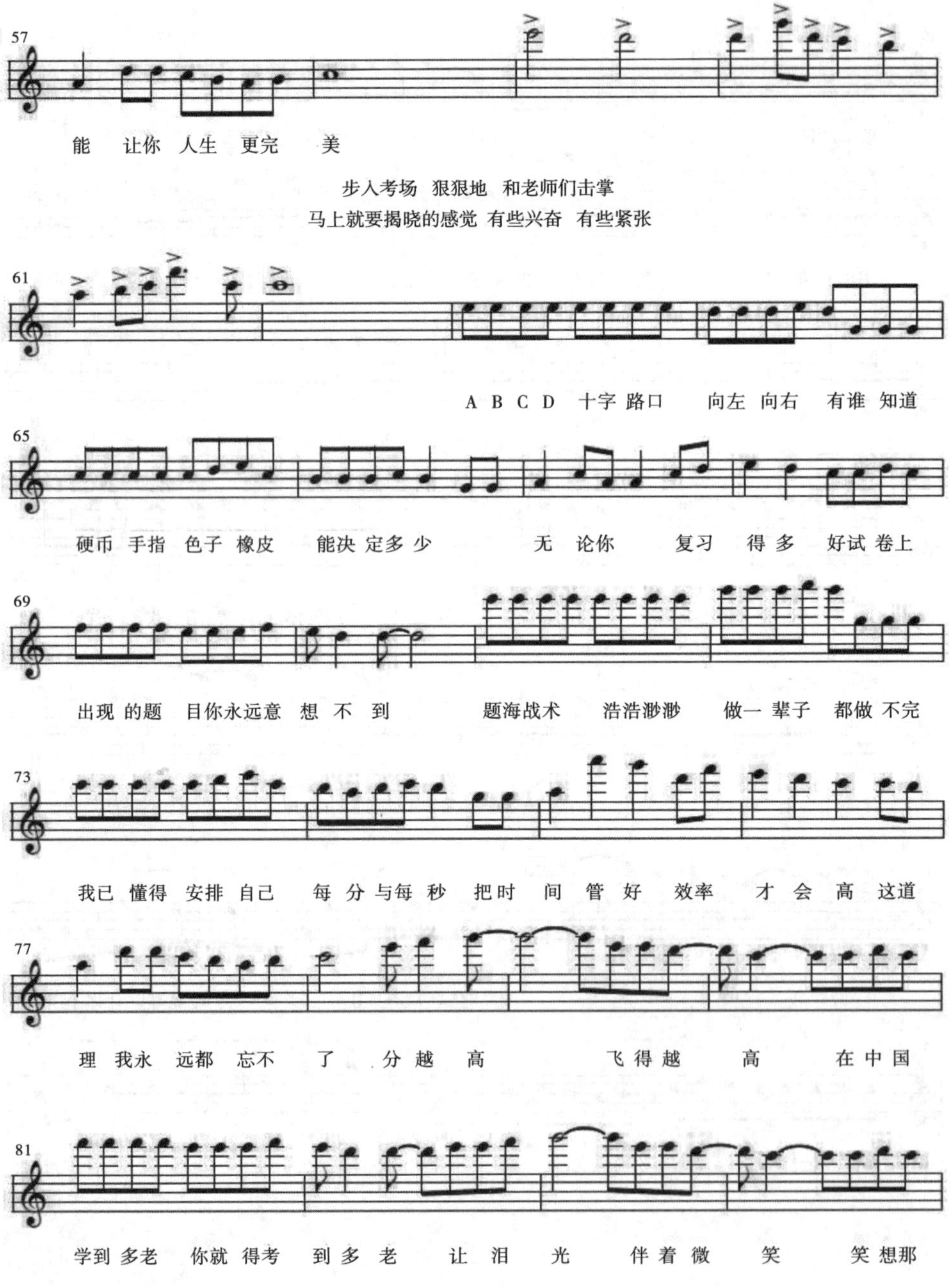
57
能 让你 人生 更完 美
步入考场 狠狠地 和老师们击掌
马上就要揭晓的感觉 有些兴奋 有些紧张
61
A B C D 十字 路口 向左 向右 有谁 知道
65
硬币 手指 色子 橡皮 能决 定多 少 无 论你 复习 得 多 好试 卷上
69
出现 的题 目你永远意 想 不 到 题海战术 浩浩渺渺 做一 辈子 都做 不完
73
我已 懂得 安排 自己 每 分 与每 秒 把时 间 管 好 效率 才 会 高 这道
77
理 我永 远都 忘不 了 分 越 高 飞 得 越 高 在 中 国
81
学到 多老 你就 得考 到 多 老 让 泪 光 伴 着 微 笑 笑 想那

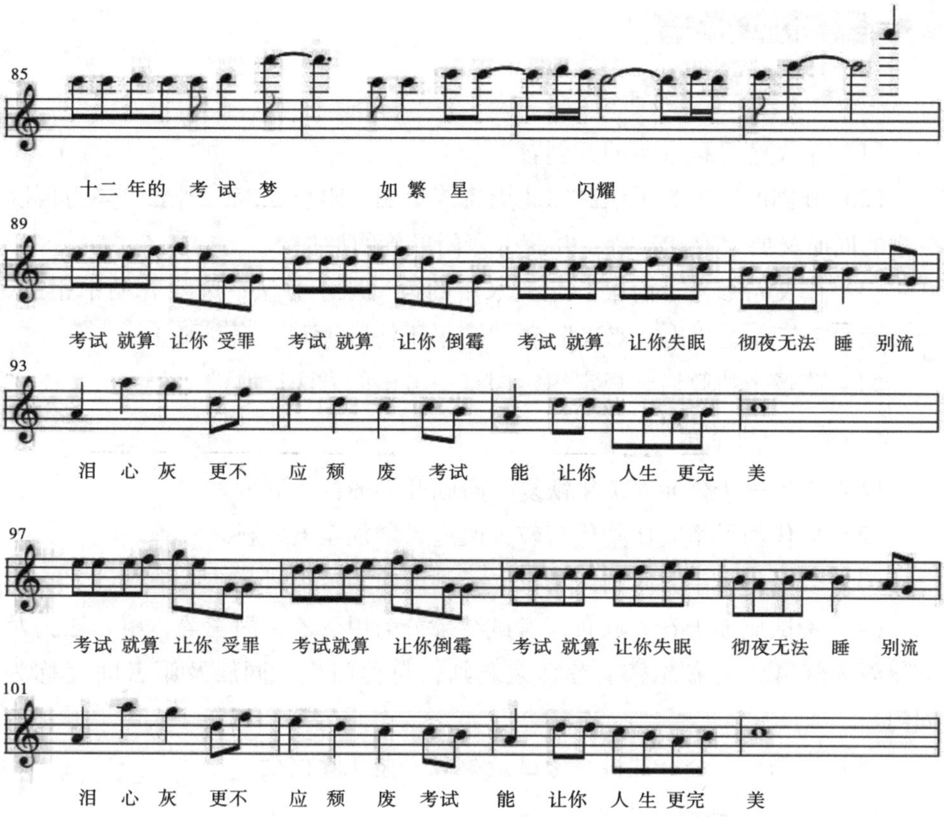
85
十二 年的 考试 梦 如繁星 闪耀
89
考试 就算 让你 受罪 考试 就算 让你 倒霉 考试 就算 让你失眠 彻夜无法 睡 别流
93
泪 心 灰 更不 应 颓 废 考试 能 让你 人生 更完 美
97
考试 就算 让你 受罪 考试就算 让你倒霉 考试 就算 让你失眠 彻夜无法 睡 别流
101
泪 心 灰 更不 应 颓 废 考试 能 让你 人生 更完 美

放下手中的笔 看看周围

漫天的纸片 雀跃的欢呼声 歇斯底里的呐喊

我们像是 被束缚了千年的蚕 幻化成蝴蝶

在蓝天白云间 自由无拘地 飞翔

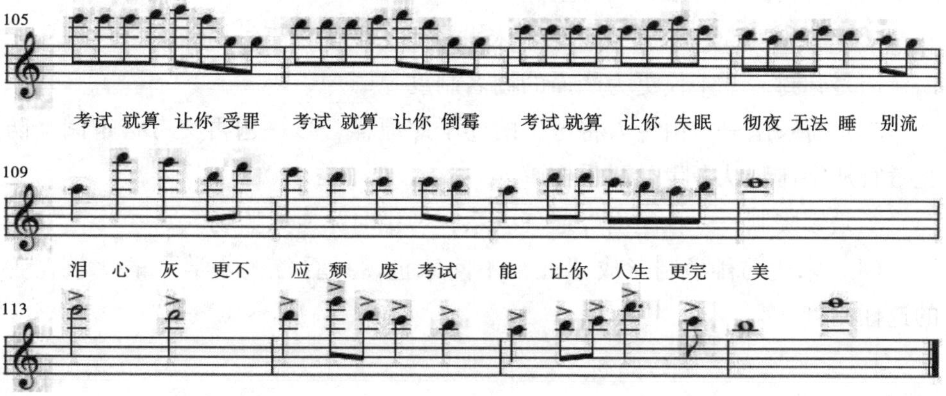
105
考试 就算 让你 受罪 考试 就算 让你 倒霉 考试就算 让你 失眠 彻夜 无法 睡 别流
109
泪 心 灰 更不 应 颓 废 考试 能 让你 人生 更完 美
113

MV 中 PPT 内容

1. 隋——科举制的开创

（1）隋文帝是科举制的开创者。

（2）开创原因：为了压制原北周贵族集团，阻止江南门阀士族势力再度扩张的同时又要争取其支持，并获得寒门庶族的拥护。

（3）隋文帝参考了南梁、北齐采用的策试取士方法，废除九品中正制，于公元 587 年设立"志行修谨"和"清平干济"两科，开科举士。

（4）隋炀帝执政后又规定用定期统一考试的方法选取进士。

2. 唐——科举制的发展

（1）李世民于公元 627 年恢复了隋朝开创的科举制度。

（2）唐代的科举制比隋代有较大改进，增加至七八科。

（3）公元 702 年，武则天又设立了测试检验考生武艺的武举科。

（4）考试成绩于春天颁布，考试结果分为甲、乙、丙三等，甲、乙为及第，丙为落第。及第者尊主考官为老师，自称门生，同届及第者间互称为同门。

（5）唐朝还下令，凡科举考试及第者一概免除徭役。

3. 宋——科举制的完善

（1）宋朝自开国皇帝赵匡胤起就明确规定，非经科举考试不得授官。

（2）为了制止走后门等不正之风，宋太祖取消了唐代的举荐制，严禁士人干谒和官员向考官举荐应考士人。

（3）针对考试中的违规现象，宋太祖还采取下列三种措施。

一是弥封——宋代更为严谨的糊名制度。

二是誊录法——由专人将考生的卷子照原样誊抄一遍再交考官审阅，防止考官从字体辨认考生，联手作弊。

三是锁院制——杜绝内外通气联系，考试时派专人监场。

（4）宋代的科举制形成"取士不问家世，只看各人才学"的比较完善的选任制度。

4. 元——科举制的低潮

（1）元朝最早是元太宗窝阔台于 1238 年举行过一次科举考试，这威胁了世袭贵族的利益，遭到反对，只好终止。

（2）1313 年，元仁宗下诏恢复科举，并颁布了章程，规定每五年举行一次科举考试。

（3）分左右两榜开考，为了照顾蒙古人、色目人弓马娴熟、文字功夫较差的实际情况，他们须报考内容简单些的右榜。为了压汉人、南人一头，汉人、南人须报考难度大些的左榜。

5. 明——科举制的衰微

（1）明代朱元璋于 1382 年下诏科考每三年举行一次，从下至上分地方乡试、中央会考、皇帝殿试三级。

（2）考上地方学校有了初级功名的叫秀才，头名秀才叫解元。当了秀才之后经考试证明成绩优秀的才可以参加乡试。

（3）考上乡试叫中举，当了举人也就取得了做官的资格。

（4）考生参加中央组织的会考，考中者叫贡士，头名称会元。

（5）会考通过的贡士还要参加皇帝亲自主持的殿试。殿试后，由皇帝亲自主持发榜，按卷子优劣分上、中、下三甲等，头甲称"进士及第"，只取前三名。其中，头名称状元，第二名为榜眼，第三名叫探花。

6. 清——科举制的终结

（1）清代科举制基本沿袭明朝的办法，大同小异。

（2）八股文是明清时用于科考的一种文体，它源于北宋王安石变法时将科考从以诗赋取士变为以经义取士的改革，又受元代以朱熹注释的《四书》为内容的科举制的影响而逐渐形成。光绪二十八年（1902），八股文终于被取消。

（3）1905 年，清王朝宣布取消科举制。

（4）1911 年，清朝被推翻，中国最后一个封建王朝和为封建社会服务了一千多年的科举制都成了历史。

参考资料

1. 图片

邓邵瑞、付媛杰、陈鸽参与拍摄部分图片，其余图片均来源于互联网。

2. 期刊

志钢：《历代科举史话》，《广角镜》，2002年，第4—第8期。

3. 音乐

（1）李克勤：《红日》，由环球音乐集团（Universal Music Group）于1993年发行。

（2）布仁巴雅尔，英格玛，乌晓中：《吉祥三宝》，曲普罗艺术于2005年发行。

（3）南拳妈妈：《下雨天》，由Sony BMG（新索音乐）于2008年发行。

学生感言

这次的小组课题报告总的来说是令人满意的，身为组长，我把这次的成功总结为两个方面。第一，把握时间。时间太紧，是我上学期课题报告失败的"元凶"之一。因此，在这一次的课题报告中，我一确定选题便开始了策划工作，而且提前了一个多星期的时间制作MV，计划每天预期的工作目标，从不拖延。第二，团队合作。可以说，完成了这次的小组课题报告后，我就像给自己上了一堂重大的人生课。在此之前，我从未感受过如此强大的团队力量。实际上，我从未组织过我的组员一同围在饭桌上聊小组报告的事情。这是因为，这样的会议效率不太高。与之相对应的是这样一个方法：在每个阶段的工作中，我都给组员说明详细的工作要求和明确任务提交时间，组员可以目标明确地进行自己的工作。同时，我也会把其他组员的任务一并告诉每个组员，让组员都明白自己那部分工作的不可替代性，从而提高组员的工作责任心。

不足之处在于，因为我没有把我们制作组的每项工作进展情况汇报给大家，所以部分组员们对我们课题报告的整体框架没有明确的认识。我会吸取这方面的教训，在以后的小组合作中做得更好。

——冯羽

我觉得这次的国文小组活动很有意义，小组的选材和表演形式都很有创新性，而且很有挑战性。这次我们选择的题目是"中国式考试"，对于刚经历过高三的我们来说，这是一个熟悉并且大家都有很多感触的课题。我们把课题融入歌中，用歌曲的形式表现中国式考试，这是一个新颖的形式。

我们把歌词修改并分成三部分：第一部分有一定的知识性，大概介绍中国科举制度从兴起到消亡的过程；第二部分表现我们在学习中的辛苦和劳累；第三部分则是写我们高考期间的一些经历，以及描述考完以后的兴奋和开心的心情。总体来说，我觉得我们的编排很明确，并且能紧扣主题来表现中国式的考试。

在这次国文小组课题中，我主要负责做MV，虽然做MV做得很累，但是学到的东西很多。我感谢组长给我的建议，让我把MV做得更完美。我也感谢负责提供资料的组员，因为他们及时提供可靠、高质量的素材，才让我做出连自己都不敢相信是自己做的MV。谢谢你们！

——夏春沐

我觉得这次国文小组课题整体来说很成功。而且我对我们取得的成果也非常满意。这次与组员的合作，使我感到非常愉快，也让我学到了很多东西。

我们组选的题目是"中国式考试"。为了用MV的形式来诠释这个主题，我们改编了三首流行歌曲。改编歌词是需要创意的。对我而言，这是一个我从未尝试过的事情，我不由怀疑："我能做到吗？"当组长把改编其中一首歌歌词的任务交给我时，我对自己还不是很自信。当我尝试着去做这件事时，词句的琢磨与反复的修改，令我举步维艰。但多次的尝试后，我写出了一段段的歌词。这使我认识到有些事往往在开始时显得格外艰难，但只要我们用心去做，没有什么是做不到的。

从今以后，我会尝试着做更多没做过的事情，敢于挑战自我。

——陈鸽

这次的合作不得不说是我十分满意的，组长有条理的安排加上组员密切的合作才有了这次精彩的国文报告。

最重要的是组长有很好的创意和行之有效的分工，在这一点上，我远不如他的行动决断力。对整个创作团队的操纵和把控，是合理、有效地完成任务的基础。在此之上，一个团队拥有一个好的领导者才是任务精彩完成的原动力。这次课题于我来说，就是把整个高中学的古代史梳理了一遍，认真完成自己被分配的任务。最后和大家一样，我在小组报告时惊叹地看着自己组的作品，一种骄傲感油然而生。

对我来说，美中不足的是，我对于整个组的课题进行没有一个框架性的认识，在完成组长所交付的任务时难免有些力不从心。尤其是在寻找资料的时候更加明显，犹如大海捞针。

——陈俊川

我觉得这次国文小组活动整体还是很不错的。其实一开始我并不是很看好我们的选题。虽说很少人会选我们所选的考试题材。但是因为大家都太熟悉这个题目了，反而很难做到令大家都很满意。

不过，我们组还是做到了。组长想到了一个很有创意的点子。他让我们帮忙找资料。整个小组的人都很卖力，找了几百张照片。最后，组长和夏春沐一起完成了制作。说真的，当看到成品的时候，我被震撼了，成品做得相当不错，令人耳目一新。同时，我们也拥有了很多美好的回忆。

其实，一个团队的创造力是不可估量的。只要我们同心协力、一起努力，就能创造出很多意想不到的奇迹。我很幸运能和这些同学一起完成这个任务。

——汪毅

这是一次完美的国文课题表演。在历时一个多月的小组课题准备当中，大家各司其职并竭尽全力，才造就了这次完美的国文作业。我在这里真的想和我们组的各位同学说一声：辛苦了！

说实话，我个人在整个国文小组课题的准备当中，贡献是比较少的。我虽然查了很多照片，写了点东西，不过貌似有点文不对题。幸好有我们组其他成员的努力，弥补了我的不足。

这次真的让我体会到了团队合作的重要性。我们小组中的每个人都有各自擅长的领域，但是如果只靠一两个人，是不可能做出这么好的效果的。我们能够充分认识到这一点，发挥小组每个人的作用。一部分人做MV，一部分人查资料，这样的分工合作不仅保证了效率，而且将课题报告质量最优化。我想，这也是为什么我们要组队做国文表演的原因。

——何剑文

教师点评

"中国考试 MV 大串烧"以歌曲的形式来展现中国科举制度的创立、发展、演变、消亡的过程，当今中学生繁重的学习任务，以及考生在高考前后的压抑与狂欢。选题贴近学生生活，形式新颖独特，主题明确，脉络清晰。

第一部分"溯"，借鉴布仁巴雅尔《吉祥三宝》问答对歌的形式及轻快的乐曲，唱出中国科举制度从创立到消亡的过程。改编的歌词生动活泼，具有较强的感染力。比如，"及第者当官，落第他就得受苦啦"，用最通俗的语言道出放榜后的两种人生轨迹。再如，"宋朝考试制度可严肃啦……大伙儿考试就别再想坏点子啦"用幽默俏皮的语言将宋朝考试时的情景刻画得活灵活现。又如，"知道科举是谁取消的吗……两千年的科举制度就 bye bye 啦"夹杂着英文的唱词，魅力无穷。

第二部分"哀"，借用《下雨天》忧伤的乐曲，唱出当今中学生在考试面前焦虑、失眠、紧张的状态和心绪。"快考试了，怎么办？""不想去复习""我找不到原因"开门见山地呈现出考试带给人的焦虑。"生物、化学和物理，理综一台戏""怎么来得及"诉说着学习任务的繁重。至于"深夜里我总在学习""怎样填空？怎样选择？怎样我才能得更高的分？""牙签撑眼皮，一个劲做题"则描摹出学习的辛苦和不得不学的无奈。而"其实我根本不想考那破试"道出了千千万万学子的心声。

第三部分"忆"，套用《红日》激昂的乐曲，唱出了考生对十二年考试生涯的总结。改编歌词亦生动地展现了学子们在高考过程中的欢笑与泪水："书山有路，弯弯曲曲""高考又能算什么"描述了漫漫备考路上同窗间同舟共济的温馨画面。"我的梦，天空海阔""谁能击败我"诉说着学子们对梦想的坚持与执着。"考试就算让你受罪""考试能让你人生更完美"鼓励学子不要灰心、不要放弃。"硬币、手指、色子、橡皮能决定多少"幽默地再现了考试时的某些情景。"无论你复习得多好，试卷上出现的题目你永远意想不到"，那份无奈让人感同身受。"分越高，飞得越高"形象地描述出高分优势。"让泪光伴着微笑，笑想那十二年的考试梦如繁星闪耀"，非常浪漫地总结了十二年的考试生涯。

此外，MV 中的旁白不仅语言优美、感情充沛，而且起到了良好的桥梁作用。比如，"但回想当初，哀伤绝不是我们的主旋律"，将"哀"与"忆"顺理成章地联系起来；再如，""高三来了……背水一战""步入考场……有些兴奋，有些紧张""放下手中的笔……在蓝天白云间，自由无拘地飞翔"

与整首歌词融为一体，清晰地勾勒出"忆"的线索，使歌词更加明白晓畅。

　　感言部分的反思亦增添了课题报告的深度。冯羽同学不仅与大家分享了此课题成功的经验，亦反思了其中存在着的不足；陈俊川同学亦反思了其在小组课题中的一些不足之处；陈鸽同学则提醒大家歌词改编需要创意；何剑文同学则认识到发挥学社中每一位同学的长处，取长补短，齐心协力，才能将小组课题的质量最优化。这些宝贵的经验不仅仅让人感受到他们的成长，亦能给他人一些借鉴。

第十章　地域与文化

一、买卖风云

班级：国文 9 班

学社：墨痕社

社长：江诚成

社员：吴雪晨、金聿山、郑礼财、罗雪龄、徐睿

撰写人：江诚成

课题简介

文化是一个民族的灵魂所在，南北文化在中华民族长达五千年的历史中扮演着各自独特的角色。作为一个中国人，理应了解自己的文化。学社希望采用表演的形式，生动地表现出南北文化中饮食、环境、性格等方面的不同。希望大家能够在这些细节上管中窥豹，初步了解南北文化的精彩。

分工安排

罗雪龄负责编剧、旁白、音乐。

徐睿负责编剧、PPT、音乐。

吴雪晨负责编剧、道具、PPT、联系外教。

金聿山负责编剧、旁白。

江诚成负责编剧、音乐、导演、租借服装。

郑礼财负责订教室、联系社员、旁白。

创意剧本

买卖风云

道光年间,十三行"独揽"中国对外贸易的大权,人们通过它,与洋人进行商品交易……

第一幕

郑买办老婆拿着首饰在他眼前炫耀。

郑买办　啊!老婆!你的首饰真漂亮!

郑夫人　算你有眼光。这可是首饰店的新货,限量版的。你给我小心点啊!

郑买办　漂亮是漂亮,不过你哪来那么多钱买这么贵重的首饰啊?

郑夫人　要你管!

郑买办　你该不会是偷的吧?

郑夫人　你说什么啊!对了,你过两天是不是有宗买卖要处理啊?记得给南方那两个商人说点好话。

郑买办　你该不是收了别人什么好处吧?

郑夫人　没什么,就随便收了他们一个大元宝而已(拿出一个巨大的金元宝)。

郑买办　什么?你竟然背着我受贿!万一东窗事发,那可是人头不保的呀!

郑夫人　没出息!你这样胆小,一辈子也别想发财。

郑买办　话是这么说。不过,生命诚可贵啊。

郑夫人　这事只有你知、我知、天知、地知。你不说,我不说,谁知道啊?你这样缩手缩脚的,活该只是个穷买办。你看看人家和珅,才做了半年买办,如今竟然在京城买了套四合院,还花钱买了个官做。说起那四合院,每进院落有东西厢房,正厅两侧有耳房。不但有倒座房、垂花门、正厅、正房、后罩房,院落四周还有穿山游廊和抄手游廊。那架势,就两字——阔气!

郑买办　南方也不差啊。你看咱家麻雀虽小,但五脏俱全。

郑夫人　你这没出息的，还好意思说！这宅子这么小，是人住的吗？你就舍得让你这个骨瘦如柴、弱不禁风、貌美如花的老婆受这种委屈？等我有钱了，我一定要住最大的房子。

郑买办　那这钱——

郑夫人　这钱怎么啦？我告诉你，钱进了我的口袋，就没有收回的理由。难道你不想过点好日子？

郑买办　想！想！还是老婆大人聪明，以后都听你的。

第二幕

一匹狼　北方欢迎你，在太阳下分享呼吸，在黄土地上做生意。（一匹狼唱着歌）

郑买办　Yeah！唱得好！纯爷们儿！

一匹狼　哟！郑买办，好久不见啊。最近怎么样啊？（一匹狼太过热情地拍打郑买办，郑买办咳嗽）

一匹狼　一不注意，用力了，对不住啊。

郑买办　行，行。你坐吧，南方商人还没到。

一匹狼　您真没事儿吧，咱刚才可真不是故意的。

　哼　江南好，风景旧曾谙。

　哈　日出江花红胜火，春来江水绿如蓝。

　　　哼、哈靠背，撑伞。

哼、哈　能不忆江南？

　哼　哥，这次的生意有多大把握啊？

　哈　有我在，不用怕。

　哼　哇！太帅啦！

　哈　我们哼、哈二将，天下无双。走，见郑买办去。

　哼　（对一匹狼）哟！郑买办，早闻您气度不凡，威武高大，今日一见，果真如此！不愧是十三行的第一把手！与您合作，三生有幸啊！

　哼　（对郑买办）哟！一匹狼是吧，您这身材，好好补补吧。

一匹狼　小兄弟，俺是一匹狼，这才是郑买办。没想到你还挺黑色幽默的啦。

哈　　当然，当然。玩笑，玩笑。郑买办，您可别介意。小弟年龄尚小，讲笑话不知道分个场合。上次我们的事，不知——

郑买办　心照不宣，心照不宣。

第三幕

洋商菲力上。

哼　　哟，菲力。今天的主角总算登场啦！我跟您说，我们这次的商品，极品！您绝对不会失望的。

菲　力　好，好。你是？

哼　　我是南方商行的老板——哼，这是我哥——哈。我跟您说啊，我们这次的商品——

一匹狼打断。

一匹狼　大兄弟，想不到还挺壮实的啊。俺是北方商行老板一匹狼。

菲　力　好。大家入座，吃饭。

哈　　这杯是龙井茶，色绿、香郁、味甘、形美，是一种极佳的绿茶，最适合饭前饮用，可以开胃清肠。绿色健康！您尝尝！

一匹狼　不就凉白开嘛？有啥可稀罕的？

哼　　没文化！品茶，先观其色，闻其香，然后分三口饮尽。这么好的龙井茶，就这样给浪费了。

哈　　龙井茶啊！我的龙井茶啊！

哼　　哥，别理他。他不懂，不专业。

一匹狼　一堆穷讲究，不就凉白开嘛！来，大兄弟。尝尝我珍藏二十多年的刚刚牌二锅头。纯高粱酿造，喝起来杠杠的。（倒酒）来，咱先干为敬。这可是好酒啊，你也尝尝。

哼、哈　不用，不用。谢谢！谢谢！

哼被灌酒，喝不惯白酒，咳嗽。

一匹狼　这么好的东西，你们怎么就不懂欣赏呢？

哈　　（上海口音的普通话）这位先生，这样喝是不健康的。我们是来谈生意的，又不是借酒浇愁，用得着这么玩命吗？

一匹狼　说啥儿呢？咱做人就讲要痛快，爷们儿！知道不？磨磨叽叽像啥样？

　　　　　晓月端着北京烤鸭上。
晓　月　北京烤鸭，请慢用。
　哈　　等等，这个菜是不是上错了？
晓　月　客官，玩笑了，这就是您点的。请慢用。
一匹狼　俺点的。咋啦？又没招你惹你，表情还这么纠结。
　哼　　这鸭这么油啊？这么大一坨肉，切过没啊？这能吃吗？
一匹狼　（吃鸭）怎么就不能吃啦？你这人磨磨叽叽，有完没完？大兄弟，别理他，敞开了吃，不够咱再点啊。
　哼　　哼！咱平时就吃的清淡：蒸的、煮的、闷的，营养又健康。这皮肤啊，白里透红，美得由内而外。你这鸭太油了，我看还是别吃了，不然明天该长小痘痘咯。
一匹狼　还小痘痘?!你存心跟我过不去是吧！小心我让你吃不了兜着走。
　哼　　哥，他好凶啊！
郑买办　一匹狼啊，这就是你不对啦！怎么能以大欺小啊？
　哼　　就是嘛。哼哼！
一匹狼　好！你小子好自为之。
　　　　　晓月举着"吃饭中"牌走过。
　　　　　晓月举着"吃完饭"牌走过。
郑买办　现在大家都吃完饭了，不如就来谈谈买卖的事吧。

　　　　　　　　　　第四幕
　　　　　哼、哈拍手，导购员罗媚娘携南京云锦上。
罗媚娘　谁与分天巧，裁成云锦裳。春花笼淡月，秋水照斜阳。论天下刺绣，唯云锦独尊。
　　　　　罗媚娘围绕着菲力。
罗媚娘　先生，这可是位于三大名锦之首的南京云锦，它可是可遇而不可求的哟。它的花纹浑厚优美，色彩浓艳庄重，而且配以大量金线，形成了其金碧辉煌的独特风格。若不是见您这般玉树临风，气质非凡，那些凡夫俗子想买，我媚娘还不卖呢！来来来，我帮您试试看。
　　　　　罗媚娘给菲力试穿云锦。

罗媚娘	哎哟！这可真是人靠衣装，佛靠金装，即便是那潘安再世也不过如此吧！您穿上这云锦啊，温文儒雅之中又不失雍容华贵。那风流倜傥的劲儿，指不定把多少姑娘的魂儿都给勾跑了！俗话说得好，什么样的东西配什么样的人。依我看，只有这南京云锦才配得上您！
一匹狼	有啥了不起的！翠花，上！

一匹狼示意，导购员徐翠花携玉如意上。

徐翠花	玉如意，您身份的象征！山寨牌玉如意，无限尊贵，睿智超然。40毫米的超薄玉身，遍体的通透圆润，将您的王者之气，尽显无疑。这就是我们的山寨牌玉如意，低调中彰显品位，奢华中尽显沉稳。放客厅，显富贵！放卧室，显尊贵！放书斋，显品位！

徐翠花走到菲力身边，面对观众。

徐翠花	您看仔细了啊！这可不是一个普通的玉如意，这可是由新疆手工坊制作的。是的，纯手工制作的玉如意，采用最尖端的雕刻工艺，主体呈流线型（动作示意），柄微曲，整体造型优美华丽，绝对是一款惊世骇俗之作。原价9 999两银子，现正逢我们十周年庆典，只需999两银子。
全　体	（惊呼）怎么可能？
徐翠花	是的，您没有听错。只需999两银子，您便可以把这款低调中彰显品位，奢华中尽显沉稳的玉如意给带回家。您还犹豫什么，赶快拿出银票订购吧！
罗媚娘	我要订购，我要订购！

南方三人装作被吸引样。

罗媚娘	先生，您可别被她忽悠啦。您看这云锦质地优良，买了绝对不会后悔的。
徐翠花	大哥，咱这玉如意可是限量发售的，这么优惠的价格，过了这村儿可就没这店儿了！
罗媚娘	先生，您若买了这云锦，日日可穿在身上，衬得您光鲜亮丽。哪像那玉如意，放在家里，还遭贼惦记。
徐翠花	唉，怎么说话呢？存心找碴是吧！大哥，别理她，心眼儿忒小了，咱接着聊！

罗媚娘　姐姐怎可冤枉于我，妹妹不过说了句实话，这玉如意顶多拿来显摆，哪像云锦派得上用场。
徐翠花　显摆怎么了，咱就是有钱！要的就是彰显富贵，长脸！
罗媚娘　肤浅。
徐翠花　（气愤）你——
徐翠花　（对菲力发威）大哥，您给句爽快话，到底买还是不买啊？
罗媚娘　哟！姐姐都吓着先生了！
罗媚娘　先生，人家大老远给您送来这么好的东西，您若不买，人家可不依哟。
菲　力　好——好——别急别急，我都买了。
罗媚娘　哎。
徐翠花　成！

　　　　　　仆人上。

仆　人　老爷，不好了！
一匹狼　怎么啦？有事慢慢说。
仆　人　京城那边传来消息，说禁止与外商交易，不然——（手势表达被杀）

　　　　　　众人慌作一团。

一匹狼　哎呀，妈呀！
哼、哈　（升降调）我的天啊！

　　　　　　徐翠花扶住哼。

徐翠花　喂，没事儿吧你！
哼　　　啊？！翠花姐姐。
徐翠花　你脸色怎么那么难看啊？
哼　　　哎，这云锦都卖不出去——
徐翠花　切，这有啥？走！我请你喝酒（挽住，走）。
哈　　　（对罗媚娘）你连云锦都卖不出去，留着还有什么用？走吧！走吧！
罗媚娘　（对一匹狼，哭腔）老板老板！怎么办？云锦卖不出去，老板要赶我走，以后的日子怎么过啊？
一匹狼　大妹子，没事儿吧。这云锦我给你买了还不成啊？

罗媚娘　真的吗？

一匹狼　大丈夫一诺千金！不过，你能不能教我怎么饮茶啊？

罗媚娘　饮茶，好啊。

　　　　　　　全体走到前面。

一匹狼　南北文化，实属一家。兼容并蓄，和而不同。

罗媚娘　中华文化，源远流长。一脉相承，万年吐芳。

北方俩人　大风泱泱，大潮滂滂。

哼、哈、郑　洪水图腾蛟龙，烈火涅槃凤凰。

罗　媚　娘　文明圣火，千古未绝者，唯我无双。

全　　　体　和天地并存，与日月同光。

学生感言

第一次亲自操刀，没想到效果还是很不错的。但是一开始就遇到很多问题。首先，文化这个东西本来就是很模糊的，什么都可以叫文化。我们在选取该讲什么东西的时候就很费力。然后，我们选择了食物作为最主要的部分。最后，我们通过表演来展示南北方人物的性格差异。最难的地方就是要把乏味的讲解变得很有趣味。万般纠结后，我们想到用买卖这个办法来解决，通过饭桌上、生意上的对比来体现，增加其中的趣味性。

在合作中，我作为组长，学会最多的就是去担负起自己的责任，即使再想玩、再想睡懒觉的时候也要完成任务，做出表率。

——江诚成

在江诚成同学的带领下，我们凭借众志成城的力量、别出心裁的创意、共创佳绩的决心，耗费了用时间与金钱也无法衡量的心血，集中了各位兄弟姐妹的智慧与才能，为小组课题表演增添了一道极具观赏价值的风景线。

从这次小组课题中，我们获益匪浅。从各位同学的意见不一到最终的协商统一，让我明白了个体应当服从整体；从各位同学以突出形象夺得掌声，让我明白了应该牺牲小我成全大我；从台下几十天到台上十分钟，让我明白了成功背后的付出有很多。值得欣慰的是，经过各方努力，我们终于上演了一出集文化、娱乐、创意为一体的戏剧。

当然，问题还是存在的。我们还需更好地把握时间，争取在创意大赛中有质的飞跃。

——罗雪龄

经过半个多月的精心准备，墨痕社以南北文化为主题的表演得到了大家的广泛认可。当然，其中也不乏批评的声音。对此，我们会积极听取，让表演有质的飞跃。

谈到我们的学社，我很庆幸自己能加入如此强大的团队，大家都有一个特点就是积极参与并提出自己的想法。我们没有详细计算过开会和排练的次数，但估计不下 15 次，最高峰时一周申请了课室 3 次，搞得工作人员都认识我了，有一次甚至被工作人员拒签。为了展现最佳表演效果及应对突发情况，徐睿同学制作了两份 PPT 以应对苹果操作系统与 Microsoft 软件可能发生的不兼容，熬夜熬到了凌晨 3 点。

当然，如此精彩的表演背后还有许多鲜为人知的社员辛苦奋斗的例子。学社里的每一个人都很强、很积极，如表演方面的江诚成和徐睿，剧本制作方面的罗雪龄，还有剧本创作和电脑技术方面的金津山和吴雪晨。

在如此强大的学社里，我感觉自己的能力有限，对学社的奉献是最少的，只能混一个打打杂的职务，算是尽自己的一份力吧。最后，还是那句话，这是一个能力很强、队员很负责任、创意无限的学社，而我们的目标也是成为王者——中国文化创意大赛的冠军。

——郑礼财

与去年的国文表演相比，这是一次很成功的合作。首先，在人员配置上，不再是以往男生的叠加，而是男女搭配，各尽所长。其次，本学期以文化为专题，来自不同地区的组员能够发挥各自的地域特色来完善剧本。最后，对剧本与 PPT 的反复修改与完善、表演上的不断改进、服装的挑选、外援的引进等，使得这个表演达到很好的效果。虽然整个剧在某些方面有一定的不足，但每个人都尽力想方案，在中国文化创意大赛前尽量去改进它。总之，这是一次愉快的合作，大家互相提建议，使得团队很团结、高效。

——吴雪晨

在这次国文小组的合作中，我最深刻的感觉就是每个成员都有很强的责任心。大家各司其职，每次都尽全力去完成任务。因此，节目才会有今天的高度。我觉得现在的这个国文小组更像是一个团队，每个人在活动中都全力

以赴。在节目有困难的时候，总会有人挺身而出。特别是在以下三件事上表现得尤为突出。第一，在PPT的制作上，徐睿同学的制作十分精细，而且花了很多时间。第二，在节目排练的地点和排练方面，郑礼财和江诚成同学都是尽心尽力。第三，在剧本的修改这件事情上，罗雪龄特别负责。

尽管我们在节目的创作、排练过程中会说说笑笑，但是效率还是很高的。每次排练大家都会有进步，节目的质量也在不断地提高！

在这样一个团队里，我感觉每个人都合作得很愉快。而不足的方面，我想是我自己为这样一个队伍做的事还不够多，在表演上还需要提高很多。

——金聿山

每一次的小组课题对于我而言都是一场新的挑战，我很高兴能够为第二次的表演画上一个圆满的句号。

一开始，因为刚分班的缘故，我们这六个人之前都没有合作过，对彼此并不是十分了解，大家经历了一个较长的磨合期。这次小组课题，不仅增进了我们之间的友谊，也让我获益匪浅。在整个合作过程中，我们会经常出现意见分歧，但是最终都能够达到基本的统一。我们这组的同学普遍时间安排都较为紧凑，很难抽出时间进行小组排练。因此，我们把很大一部分的开会和排练时间都安排在了晚上。在排练和开会时，我们都很积极和认真。这是因为我们都有着一个共同的目标，那就是做到最好，不留遗憾。

我主要的工作是参与编写和修改剧本、找背景音乐、制作PPT，以及扮演北方导购的角色。这些工作充分锻炼了我的相关能力。我认为我的伙伴都很优秀，也很高兴能够和他们一起合作。

——徐睿

教师点评

"买卖风云"通过道光年间对外贸易的故事，展现了南北建筑文化、饮食文化、人物性格等方面的差异。

台词是本剧一大亮点。比如，"说起那四合院，每进院落有东西厢房，正厅两侧有耳房……那架势，就两字——阔气！"幽默风趣的语言有力地概括出北方四合院的特点；再如，导购员徐翠花在推销玉如意时融入了"山寨""十周年庆典""限量发售"等新鲜词汇，用现代人的词汇推销清末的产品，使得整个介绍生动俏皮。

南方人细致婉约、北方人热情粗犷，在剧中亦有一定程度的体现。比如，第三幕中，哼、哈二将从色、香、味、功效等方面介绍龙井茶，体现了南方人饮茶的考究；而一匹狼拿出珍藏二十多年的美酒与大家分享，体现了他作为北方人热情好客的一面。再如，哼、哈二将挑剔北京烤鸭油多、肉大，提倡清淡有营养而又健康的饮食，亦体现了南方人细致的一面；而一匹狼一方面热情招待大家吃北京烤鸭，另一方面恐吓哼、哈二人少叽叽歪歪，亦体现出北方人粗犷的一面。又如，第四幕中，南方罗媚娘的婉约与北方徐翠花的豪放亦形成鲜明对比，尤其是翠花被媚娘气急时，直接对着菲力发威问他是否购买玉如意，其豪爽的性格可见一斑。

二、幸福小馆

班级：国文 11 班

学社：般若社

社长：陈韵

社员：唐诗、范赛尔、陈佳希、李秦、麦嘉曦

撰写人：陈韵

社名由来

"般若"为佛教词语，给人一种安静祥和的感觉。"般若"亦为梵文，是"智慧"之义，指洞视彻听、一切明了的无上智慧。取名"般若"，我们不止希望这是一个智慧的团体，更希望能够集中大家的智慧共同克服困难。

世间的智慧都离不开般若。般若为大智慧，洞悉世间一切万物。我们没有洞悉世间一切的本领，却可以洞悉自己的心灵，在团队合作中用心灵彼此交流。

般若是指心的灵用。我们的团队没有定法，所有的所有，都是在用心交流。般若亦为一种美丽的植物，别名"美丽星球"，属仙人掌科，常数朵花同开，果实成熟时裂开成星状，性喜阳光、温暖，也耐短期的低温，喜排水良好之土壤，耐干旱。因此，我们亦希望，经过阳光抚照和磨炼，我们团队

中的每个人都可以开出美丽的花。

课题简介

选题缘起：经过一番积极的商讨之后，小组组员一致决定选择"饮食专题"。因为大家普遍觉得此选题展现空间大且比较容易展示其内涵。饮食文化是中华文化的典型、宝藏和精华，而且接近于我们的生活，具有熟悉感和亲切感，容易展现。

展示形式：2 分钟 DV 短片 + 8 分钟现场创意表演。

选题意义：我们学社希望通过此次小组课题展示，让大家懂得饮食文化的内涵。第一，我们通过短剧中两个厨师的争吵来体现南北菜系的差异，又通过一个转折点来突显饮食文化的多姿多彩；第二，我们通过诙谐幽默的短剧营造出轻松气氛，让大家在被吸引的过程中自然而然地体会饮食文化的特色；第三，我们短剧的主线由海归的行为及话语串起，希望在海归的话语中，大家能了解更多中国的饮食文化，同时表现出家乡菜对海归的重要性；第四，我们结合课程中讲到的"菜根哲学"等，加深同学们对上课内容的印象。

分工安排

李秦负责查找资料、制作视频。

陈佳希负责编剧。

唐诗负责借服装。

陈韵负责准备道具、制作视频。

范赛尔负责照相、摄像。

麦嘉曦负责补充查找资料。

创意剧本

幸福小馆

第一部分　宣传短片

这一部分主要展示各个角色以及我们所要表现的主题，所用背景音乐为

《超级玛丽》等。

第二部分　现场表演

范小姐　（海归）唉！在国外待的时间久了，腻了！都说社会主义好啊！这啊，绝对的真理！我最怀念的就是咱们中华小吃了！什么羊排、牛排、猪排、比萨饼，还不如咱中国的大烧饼！（忽抬头）咦？幸福小馆？哎哟哟，这广告做得好啊！进去尝尝！

服务员　欢迎光临！小姐，请问几位呢？（范小姐手势）这边请。您想来点什么（给菜谱）？

范小姐　"韭"菜炒蛋。

服务员　（鄙夷地小声嘀咕）是韭菜吧。

范小姐　切，这都是些什么菜呀！那么没有文化深度！国外的中餐馆都比这个要好咧！

服务员　这位小姐，那么您想吃些什么呢？我们餐厅的厨师都是持有一级证书的！只有您想不到的，没有您吃不到的！

范小姐　（一边拿起旁边放置的餐馆提供的书。低吟，漫不经心地）一川碎石大如斗，随风满地石乱走。匈奴草黄马正肥，金山西见烟尘飞。

服务员　什么？您，要什么？

范小姐　唔——不是说什么都会做么？那——我就要这个！

　　　　　服务员作迟疑状。

麦老板　点个菜都这么磨蹭！快点过来帮忙啦！

服务员　（将菜单递给麦老板）可是——这，要怎么做嘛？

麦老板　（朝服务员瞪眼）拿进去，给她们作。总之，一定要做出来！

　　　　　服务员把菜单递给李秦、陈佳希、陈韵三位厨师。

麦老板　（转向范小姐，满脸堆笑地走过去）哎呀！这位小姐——一看您就是刚从海外归来的（范小姐做得意状）。看您好洋气哦！我知道啊，像您这样的海归，最最想念的就是具有中国特色的传统菜了！放心！我们这儿呀，什么山珍海味，应有尽有！包您满意！记得多为我招些像您这样的海归哟！

　　　　　李秦、陈韵、陈佳希上。

麦老板　（对秦、韵、希说）谁做出来了我就让谁当主厨！（离场）

李　秦　　可——可——这也太为难了吧。

陈佳希　　呵，有什么难的！"一川碎石大如斗，随风满地石乱走。"黄沙，碎石，不就是土豆炖牛肉嘛。（现场动作表演）

陈　韵　　什么呀——"匈奴草黄马正肥，金山西见烟尘飞。"匈奴、草原，这分明是手抓羊肉！蒙古菜！（现场动作表演）

陈佳希　　那是土豆牛肉，南方菜！

陈　韵　　手抓羊肉，北方菜！

陈佳希　　南方菜！你看那位小姐温文尔雅，怎么会想吃那满股骚味的羊肉？

陈　韵　　那位小姐一看就是极洋气的角儿！小小的土豆牛肉怎能配得上她？

陈佳希　　土豆牛肉怎么啦？那是经典的南方菜！南方人性格温和、浪漫多情，自然菜是色彩亮丽、清新爽口、味道浓淡适宜咯！

陈　韵　　那手抓羊肉曾经是古代北方贵族才能品尝到的佳肴！北方人质朴厚道、直爽豪放，自然菜是香味浓郁、醇香质朴，吃来回味无穷咯！

陈佳希　　土豆炖牛肉，南方家常炒。要用精美的筷子碗碟细细品味肉的爽滑和土豆的浓香！还手抓羊肉呢？人家是从国外归来的精致女性，你以为是几千年前的原始人吗？还手抓？

陈　韵　　手抓怎么了？手抓那是北方人吃饭的一大特色！人家那是海归，外国人多豪放啊！人家在国外待久了，自然是用刀、用叉、用手撕咯。这叫"风味"！你懂不？

两　陈　　哼！走着瞧！（一起面向观众）真相永远只有一个！

　　　　　两人归位，炒菜。

李　秦　　（在一旁沉思）没事儿拿唐诗做菜名干吗啊？诶？唐诗？"糖狮"？哦，我知道啦！

　　　　　三人各自做自己的菜。陈佳希、陈韵装盘、上菜。

范小姐　　咦？你们这两个都上什么菜啊？

陈佳希　　黄沙炖石头！

范小姐　　嗯?!（惊讶）

陈佳希　　啊！不！是土豆炖牛肉！

范小姐　　土豆，土豆。一听这名字就觉得土。诶（转向陈韵），那你这又是什么菜？

陈　韵	（毕恭毕敬，镇定状）您好！这是——手抓羊肉，蒙古菜。
范小姐	手抓？！油腻腻的，难受死了哦！
陈佳希	（朝陈韵嘀咕）都说不是你的菜了！
陈　韵	你还不是一样！（互瞪一眼，失落状）

　　　　　　李秦端菜上场。魔术表演。

李　秦	小姐，您好！这是"糖醋狮子头"。不知道是不是您想要的那道菜？

　　　　　　范小姐做惊奇状并尝菜。

李　秦	（边说）听您念的都是唐诗，而且听您的口音是江南人，我就想到了淮扬名菜——糖醋狮子头。不知是否合您意？
范小姐	（抬起头）嗯！这就是我想要的味道！（感叹）唉，我在国外待久了，好久都没有吃到这种家乡味了，好怀念啊！在国外，就算有中餐馆，也很难感受到这样的人情味。你们这两位厨师做的菜虽然不是我想要的，但你们能从这首诗中想到这两道菜，已经很不错了，我很感动呀。一番关于南北菜系特点的争论，更让我感受到中国饮食文化的博大精深。
陈佳希	我明白了！原来中国饮食文化的真正内涵并不在于怎么吃、吃什么，最重要的是这菜中所包含的礼、孝、亲、情！
陈　韵	没错！饮食，重点实际上不在于如何咀嚼，而是应当用心去品尝每道菜背后的故事。
李　秦	以前呢，只知道如何体现中国饮食的博大精深，必须要把菜色弄得缤纷多彩，餐具准备得精心妥当。而原来这些都只是中国饮食文化中浅层的含义，最关键的还是要抓住食客的心意，让他们体味到这菜中的"人情味"！
服务员	我知道！实际上这也反映了中国饮食文化中"菜根哲学"的道理！"麦饭豆羹淡滋味，放箸处齿颊犹香。"即使是一道普普通通的家常菜，其中也包含了深层的饮食文化内涵！
麦老板	是啊，是啊！我们幸福小馆就是要将这种温馨的内涵融入我们的每道菜中，让我们的客人在品尝每道菜时，都能感受到其中的幸福。
范小姐	嗯！希望你们"幸福小馆"继续将中国饮食文化传承下去哟！拜拜！（离场）

全　体　人生可短暂了。要想品味人生，常来"幸福小馆"哟！

 学生感言

　　对于我个人来说，我非常热爱这门课程，也非常喜爱这种展示的形式。它既考验了我们的创造性，也培养了我们的团队精神。它像强力黏合剂一般将大家紧紧地黏在了一起，不能分开；它也像丝绒一般柔软，以另一种方式教会我们成长。上个学期，没有当社长的我自然没有感觉到当社长的压力。只有亲身体验后才真正感受到了当社长的许多难处。大家合作难免会有矛盾的时候，这时我应该起到积极调和的作用。但是，因我的朋友们性格温和、活泼伶俐，矛盾得以化解，大家仍然快乐地合作着。针对这次的选题，大伙儿精心挑选、密切讨论、意见一致；排演的时候也是合作默契，虽然难免有时候大家来不齐，但是排练还是顺利进行。这次的表演能取得这样的成绩，真的不是一人所为。没有大家的努力，就没有收获的快乐；没有大家的宽容，就没有收获的喜悦。我学会了视频制作，更修炼了耐性。大伙儿私底下都是很好的朋友，希望以后还有合作的机会。

——陈韵

　　在经历了上学期的国文创意表演后，我们对这学期的小组课题报告更期待，也更有热情。同时，我们也更有经验，但是怎样做得更好，让表演更有特色，也给我们带来了更多的挑战。这学期我们小组加入了一位新的成员，她的加入也给我们小组带来了更多的活力与色彩。在这次小组报告的准备过程中，我们每位小组成员都积极地参与了讨论，最终我们决定用DV加上现场表演的方式来诠释这次小组课题报告。在这次排演过程中，我又一次感受到了团队合作的重要性，每个人都有不同的角色，每个人对于这场表演都是同样重要的，可谓是环环相扣，一个也不能少。在讨论排演的过程中，虽然我们常常会因为意见不合而产生激烈的争执，但是我们还是会讲求团队合作的精神，最终达成一致。也许这就是努力的结果，我们一遍遍地排练、修改，大家在这种磨合中也培养了一定的感情与默契，在共同努力下，最终我们获得了老师的好评，并且得到了不错的成绩，对于这样努力后得到的成果，我真的感到很开心，觉得这其中一切的努力都是值得的。我也渐渐感受到，在今后的学习和工作道路中，同样需要这样的精神：善于与他人合作，

善于听取他人意见，全身心地投入到学习、工作中，并发自内心地觉得与他人合作是一种快乐，这样，我们不但可以收获很多，也可以拥有充实的一生！

——唐诗

和诸多展现世间人情世故的作品相比，我们展现的，只是简单的结构、简单的内容，以及让大家开怀大笑的喜剧表演。而其实，我们的初衷，就是让大家在简单而纯净的快乐中得到中国美食给予的启迪。这种启迪，不仅仅体现在貌似离我们很远的高档次或者深厚的文化底蕴上，更存在于和我们息息相关的生活和情感之中。为了表现博大精深的中国美食文化，给大家一个相对生动和具体的概念，我们先将菜名和唐诗结合，再向中国南北方居民性格的大致差异延伸，从而展现出中国美食"和而不同，海纳百川"的特点。又引出代表性的名菜"糖醋狮子头"，简单介绍它的历史背景，告诉大家中国菜不只是摆在桌子上让人吃的东西，它更承载了人们的感情，而这种感情，可以是人们对美食的喜爱，也可以是人们对家乡的眷恋。在此次国文小组课题的准备阶段，我们大胆而充分地发挥了想象力，在大致剧本不变的情况下，几乎每次排练都在改进。而我们也非常享受这个过程。排练这样一场与美食相关的喜剧，我们拥有了太多开心而难忘的回忆。抛开课业压力和生活烦恼，排练就是排练。欢笑与共的同时，我们携手并进。再大的坎坷，我们一起面对；再小的欣喜，我们一起分享。

——李秦

在这一学期的小组课题中，我们依然是般若社，但是我们多了个新成员——陈佳希同学。我们般若社也换了社长，变成了陈韵同学。但是，合作依然那么愉快，我们开始讨论了很久，都不能确定我们小组到底以什么形式出演。最后我们一致认为现场表演更加适合我们轻松愉快的小组主题。在排演的过程中，虽然有人迟到、有人未到，但我们都很宽容地看待这些问题，因为我们知道每个组员都是有自觉性和团结心的人，我们都把国文表演看得很重，也都很用心。排练的过程中，我们虽有磕磕绊绊，但我们相扶相持，互相纠正动作、修改台词，我们在互相帮助中不断地进步。现在回想，那真是个快乐的过程，我们搞笑，我们逗乐，相比上学期略带痛苦的排练，这一次的排练，我们更乐在其中。到了展示时，演出还是挺成功的。当听到台下的观众笑了，我们的心里也在微笑，我们想要带给大家的，也正是这样一个轻松愉快又不失情趣的表演。再一次地与般若社的其他组员合作，我们的友情更坚固了。对于合作的定义，我也有了更深一层的了解。我想说，谢谢般若社，谢谢我的好朋友们，也谢谢中国语言文化中心的老师们给我们提供这样一个提升自己的机会。

——范赛尔

　　从最初的课题选定，到后来的剧本写作与编排，再到最后的后期制作准备和表演，我们小组的每一个成员都付出了自己的努力，使得这次小组课题的展示十分完美。其间，我们的合作也相当愉快，我从中受益良多。相比其他用 DV 拍摄的小组，或许我们的创意表演"幸福小馆"缺乏了技术性，但效果依旧很好。因为我们的目的是为了揭示中国饮食文化的内涵，要如何把这一宏大的概念很充分地展现，同时又要让我们的表演不乏故事性与趣味性，这就是个很大的难题了！好在，我们克服了这一难题，在很短的时间内找到了展示这一文化主题的方式。而其间，我们在视频制作、剧本编写上也学到了很多。尽管剧本还存在一些瑕疵与漏洞，但这对我们而言已是一个很好的开端！同时，我们能将饮食文化的内涵展示，而非只是做表面文章，最终得到老师、同学们的认可，这便是我们社在这次小组课题展示中的最大收获！

——陈佳希

　　首先，我要感谢成立了一年的国文小组，它见证了我从组长到组员的角色转变。我觉得作为一个组员，学到的东西不会比组长少。因为第二学期开学一直都很忙，事实上我有很多前期的准备工作都没有参加，倍添组长的麻烦。然当，曾为组长的我也知道作为一个组长的辛苦。幸好大家的能力很强，也团结在一起，共同创造了一个极富创意和深意的剧本。到排练阶段，我学会了如何放开自己去贴近角色，深切体会到演员的乐与苦，这不是一件容易的事，但在大家的鼓励和引导下，我做得更好了。同时，与大家一起分享成果也让我体会到成功感。对于很多事情，一个人做好很难，也很麻烦，而真诚地询问接受别人的意见或建议会令人更享受工作的过程。这个学期国文小组的成功经验足以令我获得很多方面的成长。我会永远珍惜这次难忘的经历。

——麦嘉曦

> **教师点评**

"幸福小馆"是一个非常有创意的餐馆名字。

以海归范小姐刁钻古怪的菜名为线索,三位大厨绞尽脑汁设计出"土豆炖牛肉""手抓羊肉""糖醋狮子头"三道名菜。"土豆炖牛肉""手抓羊肉"以诗句内容为出发点了解顾客心意,并引申出南北菜系的特色;"糖醋狮子头"则以"唐诗"和范小姐口音为突破口破解顾客设的局,最后因为它是范小姐的家乡菜,最贴心,最合范小姐的心意,并由此凸显"幸福小馆"的"幸福"二字。

幽默风趣的语言较有吸引力。比如,陈佳希大厨对陈韵"手抓羊肉"的调侃:"人家是从国外归来的精致女性,你以为是几千年前的原始人吗?还手抓?"陈韵则针锋相对地予以反驳:"人家那是海归,外国人多豪放啊!人家在国外待久了,自然是用刀、用叉、用手撕咯。这叫'风味!'你懂不?"一番你来我往的"攻击",让人忍俊不禁。又如,受到范小姐那句诗的影响,陈佳希大厨端出"土豆炖牛肉"时,错说成"黄沙炖石头",亦能博得众人莞尔一笑。

不足之处是故事背景让人感觉不太真实。范小姐为何这样点菜?是她心血来潮,还是她本来就有这样刁钻古怪的性格?如果能做个说明,整个剧情会更细腻、更合理。

此外,部分台词不够恰当或者过于突兀。比如,范小姐对餐馆菜单的抱怨:"切,这都是些什么菜呀!那么没有文化深度!"这挑剔略显夸张。再比如,陈佳希大厨的感慨:"原来中国饮食文化的真正内涵……是这菜中所包含的礼、孝、亲、情!"其内容本身没什么大问题,但是前面的剧情并未涉及饮食文化中的"礼""孝""亲""情",因此这感慨略显不合时宜。糟糕的是结尾部分几位大厨的附和亦存在这种毛病。如果能将结尾部分感慨的内容融入主要的故事情节中,含蓄地表达出来,效果更佳。

第十一章　建筑与艺术

一、陈芳故居

班级：国文2班
学社：心华社
社长：杨子倩
社员：邓可心、海钧星、黄蓓蓓、阚秋子、胡汀卉
撰写人：杨子倩

◆ 社名由来 ◆

新华社是中国最大的新闻通讯社，名字早已被人们所熟知。我们国文社的名字取其谐音，改变了一个字，就把国文中心的主旨即宣扬中国文化简洁明了地表现了出来。心系中华，这是最表面最直接的理解。虽然我们身在国际化学校，但是中国人的身份和气质不能改变，学习博大精深的中国文化是我们终身的追求。

如果徒有新华社的字面模仿，我们只是山寨版的社团。我们要向新华社学习一种精神，这也是我们学习国文的精神，那就是严谨、全面、权威。心华社的成员就是抱着这样的态度来完成国文学习的安排的。

◆ 课题简介 ◆

选题缘起：中华文化博大精深、源远流长，鉴于对中华文化的认识尚

浅，我们就想针对一个具体的事例来进行研究，尽可能摸索出文化的规律与内涵。

建筑在中华文化中是一个冷门的话题，但是我们愿意将这个冷门的话题与我们的社会、我们居住的环境、我们生活的城市相联系，从而增加学生对珠海这座城市的了解与认识，达到"冷门不冷"的效果。珠海的魅力与广东作为侨乡的特色是课题研究的出发点。"陈芳故居"是由珠海人邓可心同学提出，经过大家激烈的讨论与比较而敲定的话题。

展示形式：DV 展示、PPT 讲解。

选题意义：我们的目的是了解华侨文化在广东，特别是在我们居住的珠海市所留下的烙印，浅析其形成的原因与过程，展现陈芳故居独特的人文魅力和中西结合的风采。对我们大学生来说，我们希望课题能起到抛砖引玉的作用，激发大家对华侨文化的热情，反思自己与生活的环境所形成的关系。

分工安排

海钧星负责策划、制作 DV。

杨子倩负责拍摄与制作 DV、制作 PPT、撰稿、现场朗诵。

阚秋子负责撰稿、收集资料。

黄蓓蓓负责制作 PPT、拍摄图片、讲解。

邓可心负责策划、制作 DV。

胡汀卉负责策划、收集资料、讲解。

DV 内容

陈芳故居
——一个华侨的建筑情怀

第一部分　DV 解说词

DV 解说词是跟随拍摄陈芳故居的镜头而做的解释，如同一位用心体会华侨建筑的文人，仔细抚摸观察着故居中的一草一木，对静态的建筑产生动态的情感。

图 11 - 1　故居侧道　　　　图 11 - 2　欧式拱形窗

（背景音乐：神思者《故宫的回忆》）

陈芳故居，百年老宅。

沿着斑驳的院墙，来到陈芳故居门口（见图 11 - 1）。

门口挂着的红灯笼，似乎还在述说着当年陈家的兴旺。

踏入院门，二层小楼采用中西合璧的设计，显得别致又典雅。

花厅并不是主人摆花的地方，而是指此建筑的装饰以雕花构成。

花厅四周镶嵌着西式窗户（见图 11 - 2），屋顶赫然是粤式花雕，仔细打量才发现原来雕刻的勾边全部都是夏威夷风格的花纹。庭院里的每一块砖都是从夏威夷运来的，由火山灰烧制而成，产自当时当地最好的厂家，且很贵气地用细细的花体刻着厂家的地址与出厂年月，用这样的砖砌成了中国式的墙。会客大厅中摆着的家具极具古典气质，让人不禁联想到当年陈家热闹的情景。

走廊连接着会客大厅与主人的卧室，一盏西式的照路灯又体现着主人在细节处的对西洋的痴迷。

打开这扇门，一面屏风立在面前。

屋顶的雕花采用中国典型的花纹纹路，可是厅中的吊顶又采用了西式房屋建造的设计。

每一间房间的家具陈列、生活用品都不尽相同，亦中亦西，细看耐人寻味。

（背景音乐转为圆舞曲）

阳光从西式天窗洒下来，照亮了整间屋子。

后花园是用来进行西方式交际的地方，周围是立着罗马式门洞的小舞池（见图11-3），据说这是陈芳在想念他的夏威夷公主时常来的地方。舞池底下却用中国的铜钱纹地砖打底，应着"步步是金"的好兆头。

图11-3 罗马式家庭舞厅

这间房子寄予了主人对西式建筑的热爱与对中式建筑的留恋。

这座宅院体现了一个华侨的建筑情怀。

第二部分 PPT讲解

陈芳（1825—1906），字国芬，珠海前山梅溪村人，我国首位华侨百万富翁。19世纪下半叶，陈芳这个名字在夏威夷与广东香山县几乎是家喻户晓。他既是檀香山华侨首富，被誉为"商界王子"，又是夏威夷国王的义姐夫；他既是夏威夷枢密院（国会）的顾问，又是中国驻檀香山领事馆的首任领事；他亦商亦官，亦中亦洋，生平富有传奇色彩。

陈芳故居建于1891—1896年，包括1座陈公祠、3座大屋、1座洋楼和1座花厅，建筑面积为2 495平方米，占地面积为5 742平方米，结合了西方文化及中国建筑传统，整座建筑雕梁画栋，具有突出的岭南风格。此外，门前、屋巷铺设石板、青砖，种有白玉兰、九里香等百年以上珍贵花木，周围筑砖墙，东西两角设置哨楼，组成陈氏家庭庄园工匠建筑群。陈芳故居细到空间的分割、方位的确定、陪衬物的设置等方面都透露着岭南古代建筑园林与自然相通、与人居相融的精华内核，体现了岭南和谐人居建筑的理念。

华侨的私宅建设不仅带来了新的建筑材料，新的建筑思维，更为建筑的发展注入了新的活力，为居住者的心灵和情感创造了一个更加舒服的依附和归属的载体。陈芳故居的如今面貌是经过翻修后的结果，在现在经济快速发展的社会，我们要更好地保护好这些建筑。

参考资料

1. 网络文章

（1）南方网：《陈芳：被夏威夷铭记的名字》，http://www.southcn.com/news/gdnews/hotspot/qhch/whx/200501310141.htm.

（2）易欢游旅行网：《梅溪牌坊陈芳家史展》，http://www.easy-tour.cn/zh/sight/tj/mx/702.htm.

（3）百度百科：《梅溪牌坊旅游区》，https://baike.baidu.com/item/%E6%A2%85%E6%BA%AA%E7%89%8C%E5%9D%8A%E6%97%85%E6%B8%B8%E5%8C%BA/8096332?fr=aladdin#2.

（4）珠海特区报（电子版）：《岭南园林文化》，http://search.zhnews.net/tqb/text.php?ud_key=34738&ud_date=2007-12-06.

2. 背景音乐

（1）神思者：《故宫的回忆》，1996年NHK电视台纪录片《故宫》的配乐。

学生感言

国文小组的课题研究使我了解了华侨对建筑的情怀。华侨较早地吸收了西方先进的思维与创作灵感，他们的房屋建造运用了当时西方时尚的元素，同时，他们是爱国的，他们的房屋中难以抹去传统中国的典雅韵味。陈芳只是众多华侨中的一名，故居的结构也不一定具有典型意义，但是这样的民族心理是令人回味和敬重的。

建筑是凝固的音乐。"陈芳故居"向我们传达的是细腻相融的音符，细听颇有收获。这不仅仅是知识的学习，更是一种情感的碰撞，是对珠海这处海滨侨乡的感慨。

这次的小组课题活动时间紧、任务重，其实在这种建筑上的探讨还是不够专业与全面的。如果有机会，我会细细研究华侨文化，这是中华文明进程中不可缺少的一种特色，我们应该更好地从华侨的情感中认识建筑的故事、文明的故事。

——杨子倩

通过这次的国文小组课题探索，我收获了很多。"陈芳故居"这一课题的研究是真正意义上的实地调查，而不仅仅是上网搜索资料，此外这方面可供参考的资料并不全。我们亲眼见证了陈年古屋的神韵犹在，它将中西方建筑特色融合得恰到好处，一砖一瓦之间都带着淡雅与从容，建筑风格细腻而又带有革新的巧妙。从屋子的建筑风貌了解到主人的高雅品格，古屋无处不彰显主人曾经的叱咤风云，但在风云背后有一颗对建筑温柔细腻的心。这些视觉与神经的冲击只有亲自拜访才能体会得到。我和国文小组组员的合作非常愉快，大家很努力地进行后期制作，积极地参与讨论，使我受益匪浅，并和组员们建立了深厚的友谊。

——胡汀卉

在做这次国文课题研究前，我对建筑了解不多，没想到这个新颖的话题背后，有那么多故事与元素，这些都激发了我对建筑的浓厚兴趣。陈芳故居的庭院别致，花草树木相互呼应，与建筑融为一体，故居的翻修并没有破坏它的人文魅力。游览故居仿佛就置身于陈芳那个时代，和他一起体验中国古典风韵和西洋先进思维，和他一起久久不愿离开宽敞的大厅、典雅的卧室、洋气的小舞池……我不仅收获了建筑的知识，也收获了华侨的情怀。广东作为侨乡的优势是，拥有这样一批饱读国学并积极接受西洋文化的人创出的名声，他们的一举一动不仅停留在言语与动作，更为他们生活的空间留下了深刻特殊的烙印。珠海的历史细细品来，竟有这样的风韵。

——海钧星

这次国文课题研究，我们学社研究的是华侨建筑。在课题的采景方面，我们一同前往了位于珠海梅溪的陈芳故居进行实地考察，并在后期对陈芳故居的构造、特点进行了深入的了解。通过这样一次国学探究，我对岭南建筑中的华侨文化，有了更加深刻的体会。从入门两侧的拱形欧式琉璃窗，富有西洋特色的吊顶，为了节省空间并增强立体效果的旋转楼梯（见图11-4），华丽的家庭罗马舞厅，到中西合璧的化妆台、婴儿车、台灯，以及保留古岭南建筑特

图11-4　旋转楼梯

色的山水庭院,都让我深深感受到华侨建筑的雄浑的文化底蕴,更增加了我对这方面的兴趣。通过这次有意义的国文课题,我们在了解华侨建筑的同时,也增强了小组成员之间的友情,增进了小组成员对地域文化的了解,并提高了我制作PPT的文字提炼能力及现场讲解的表达能力,可谓收获颇多。

——黄蓓蓓

这次国文小组的课题研究,我们学社集体来到了珠海市内的陈芳故居,亲眼见证了作为一位华侨,陈芳先生在建筑中所体现的华侨情怀。亦中亦西的建筑,既使我们在审美方面得到享受,又丰富了我们的知识。古文物的保护翻修工作使故居充满了灵气,但是来访的游客并不多,希望我们在同学之间小范围的宣传也能引起大家对华侨建筑的关注。快乐的陈芳故居之行很快结束,之后的几天我又参与了台词的编写工作,从众多资料中了解到很多细节,得到了专业知识的提升。在这次的小组课题活动中,我们既开心又很轻松,丰富了知识,开阔了视野,大家分工合作,效率很高。它为我大学期间的国文课画下了一个圆满的句号。

——阚秋子

通过这次国文课题研究,我们对珠海的华侨建筑文化进行了深入的调查和了解。虽然我是珠海人,但是,我对珠海文化的认识仍存在着不足和空缺,借助此次机会,我进一步地弥补了自己的不足,加深了对珠海的认识和了解。在参观陈芳故居的时候,我与小组成员愉快地合作,积极地讨论课题的设计和拍摄,对每一个镜头都进行了思考和探索,力争做到最好,把华侨故居文化尽可能地展现在大家面前,让大家能深入地了解珠海的历史和地方风情。总而言之,这次小组课题活动给我留下一个很深的印象。

——邓可心

教师点评

"陈芳故居"以一个华侨的建筑情怀为线索,讲述了这座百年老宅动人的故事。课题分为两个部分:DV解说和PPT讲解。

略带感伤的解说使DV洋溢着浓浓的怀旧情感。比如,"陈芳故居,百年老宅。沿着斑驳的院墙,来到陈芳故居门口。门口挂着的红灯笼,似乎还在述说着当年陈家的兴旺。""百年""斑驳""红灯笼""当年"等字眼带领大家慢慢地进入到 DV 酝酿的情感基调中。又如,"走廊连接着会客大厅与主人的卧室,一盏西式的照路灯又体现着主人在细节处的对西洋的痴迷。""这间房子寄予了主人对西式建筑的热爱与对中式建筑的留恋。"这些解说词中时时出现的"主人",让人近距离地感知陈芳修建这座宅子时的情怀。

但是,令人遗憾的是 DV 解说词中有近 40% 的文字来源于他人作品,PPT 讲解词近 80% 的文字来源于他人作品。这种做法是不恰当的。其实,从同学们的原创文字中可以看出同学们的语言表达能力不错。如果直接把他人作品的文字改为自己创作,相信同学们的课题会更有特色,整个收获亦会更大。

而且,由于对他人作品解读不完整,同学们的有些解说不够妥当。比如,"会客大厅中摆着的家具极具古典气质,让人不禁联想到当年陈家热闹的情景。""每一间房间的家具陈列、生活用品都不尽相同,亦中亦西,细看耐人寻味。"如果这些家具是陈芳一家留下来的,这些说法无可厚非。但是,《陈芳:被夏威夷铭记的名字》这篇文章中曾明确说过"日军曾经把这里当作他们的后方医院,把这里的所有家具都拆掉当担架,或抬伤员或烧死人。所以原配的家具已荡然无存"。由此可见,如今放在陈芳故居里的家具也许不是当年的家具。《陈芳:被夏威夷铭记的名字》这篇文章发表在 2005 年 1 月 31 日的《南方日报》,有一定的参考价值。查询资料时,同学们若能更细心、更严谨,此硬伤亦是能避免的。

二、独家记忆

班级:国文 11 班

学社:"六合彩"

社长:马扬嫄

社员:连璐娜、郑立怡、张冰君、张圣楠、范晓燕

撰写人:马扬嫄

社名由来

相比起其他学社富有文采的社名,"六合彩"这个名字可谓有些俗气,

让人一听就忍不住发笑。这个名字也没什么大的来头，它的由来特别简单。因为我们小组有六个人，所以决定起一个和"六"有关的社名，就这样大家很自然地想到了"六合彩"三个字。

但是回头想想吧，这个名字也很是不错。其一，"六合彩"代表着我们小组成员对于这次彼此合作的美好期许，希望我们小组也能像中六合彩一般快乐地把这次合作进行下去。其二，将"六合彩"这个词语扩充一下，可以说成"六人合作更精彩"，这样就与我们小组期望通过组员之间的默契合作从而获得一个好的结果的想法不谋而合了。

这次经过小组成员的共同努力，还是得到了一个令人满意的结果。这也是"六合彩"这个名字给我们六个人带来了好运气。

课题简介

选题缘起：要了解一个城市，除了需要我们了解它的地理与经济外，更重要的是要深入一个城市的内心去解读其中的文化精髓。文化之于一个城市，就好似根之于大树。一个城市要走得长远，文化有着举足轻重的作用。然而，我们遗憾地发现，在经济蓬勃发展的今天，在城市化进程加剧的今天，有很多城市片面地发展着自己的经济而忽视了对传统文化与建筑的保护。

广州——一个经济繁荣的大都市，同时也是一个极具魅力的历史名城，汇聚着现代与传统的力量。广州对于城市建筑文化的保护及打造羊城文化等方面，都有诸多可圈可点之处。我们透过陈家祠这一处小小的历史文化建筑，不仅向同学们揭示了老宅子背后的广东民居特色与民间建筑艺术，也带领同学们领略了广州的城市风采。更重要的是，我们希望通过视频，能让同学们了解到历史文化建筑对于一个城市的巨大意义。老建筑承载着城市的过去，城市在发展自身的同时，更应珍惜自己的历史与文化。

展示形式：DV 短片。

选题意义：我们希望站在一个广州普通市民的位置，通过自己的拍摄来向同学们叙述一段新广州与老建筑的故事，让同学们在了解陈家祠历史文化及建筑的基础上，也对广州的城市文化有一定的了解。更重要的是，我们希望通过制作和审视我们的短片，让同学们思考：中国城市化进程加速的今天，传统建筑应何去何从？

分工安排

马扬嫄负责编剧、导演、拍摄、DV后期制作、解说。

张冰君负责剧务、饰演主人公。

连璐娜负责剧务、摄影、PPT制作。

郑立怡负责剧务、摄影、资料收集。

张圣楠负责剧务、化妆、资料收集。

范晓燕负责剧务、化妆、资料收集。

DV内容

独家记忆

第一幕 逝去的风景

女孩将奶奶收藏多年的老照片找出来，小心翼翼地将它们一张一张挂出来，细细地看。

那些老房子的照片，都是奶奶生前所收藏与珍爱的，每一幢老屋后面，都唤起一个或是温暖，或是难忘的回忆。

小时候，就在那童年的小院里，奶奶曾抱着女孩，给她讲述每一张照片背后的故事。然而如今，伴随着城市化进程的加剧，像照片中奶奶那个时代的老屋，留下的已经不多了。

女孩的手指掠过那一张张珍贵的带有回忆气息的照片，温习着照片后那一个个美丽的故事。最后，她的手指停在了一张泛黄的老照片上。那是一张当年陈家祠的照片。女孩双手拿起照片，过往的记忆将她带回到十年之前，她陷入了沉思。（背景音乐：Ycyi《独家记忆》钢琴版）

第二幕 童年的小院

照片上的景象渐渐淡去，屏幕中出现字幕"十年前"。

小女孩踮起脚尖，将奶奶挂在绳上的老照片取下来，好奇地看着这些老照片。（背景音乐：班得瑞《雪之梦》）

小女孩　这里怎么这么多照片？

　　　　　奶奶慢慢地走上前，从后面轻轻地搂住了小女孩。

奶　　奶　（粤语）乖孙，在看什么啊？

小女孩　（指着照片）奶奶你看，这里是哪里啊？

奶　　奶　（抱起小女孩）哦，这是陈家祠的照片。挂在这里的这些都是好老的照片了，有的老屋依然还在，有的已经看不到了。

　　　　　奶奶抱着小女孩，拿着照片给小女孩讲陈家祠的故事。在讲述过程中，祖孙俩绽放出幸福的笑容。

解　　说　看着这些老广州的照片，奶奶就感到很亲切、很熟悉。奶奶对这些老房子很有感情，看着它们，奶奶就很开心。

第三幕　陈家祠的故事

　　　　　小女孩在陈家祠里游历，看到陈家祠的红木屏风、砖雕、屋顶、长廊、聚贤堂等。（背景音乐：林克仁洞箫演奏《妆台秋思》）

奶　　奶　（粤语）这里就是陈家祠，是我最喜欢的老建筑。现在的它与以前相比起来，都没有太大的变化。我是陈家的后人，当年你太公（外曾祖父）来广州参加考试的时候就住在陈家书院。

小女孩　老太公来广州？那是什么时候啊？

奶　　奶　（粤语）那个时候是清朝末年。陈家祠是光绪二十年（1894）建好的，这间书院是当时广东72县的陈姓人士合资兴建的。陈家祠被保护得很好，这么多年了，它还是和以前一样那么古色古香。在我小的时候，你太公曾经带我来过陈家祠。我记得好清楚，进门那儿有好大的一面红木屏风，上面有一正一反两个竹形的"福"字，谐音是"（竹）祝福到（倒）"。整面屏风都是镂雕的，这里体现了南方民居一个很重要的特点，就是通风、透气、采光好。屏风上面雕着三个不同的场景，由上至下分别是白居易的"踏雪寻梅"，唐太宗的"金殿比武"，以及极富有广东百姓生活特点的"渔舟唱晚"。三种不同的场景代表了三个不同阶层的人物形象，而将读书人放在最高处则是体现了古时"唯有读书高"的思想。每一个小小的装饰后面都有着它特别的意义，屋檐上的蝙蝠前面雕着一枚铜钱，取义为"（蝠）福在眼（钱）前"。屋顶上面的鳌，取"独占鳌头"的吉祥意义。就连陈家祠的长廊都分为三进，每一进都比前一进高，取"步步高升，平步青云"的意义。小时候，我最着迷的就是陈家祠的雕刻。拿屋顶来说，近看屋顶上都是一个个活灵活现的戏曲人物。他们（指屋顶上的人雕）都有几个很有趣的特点啊，就是"身长脚短，有前无后，有眼无珠"。陈家祠中最大的一个堂，就是"聚贤堂"。和其他传统的古建筑一样，这里的屋顶没有用过一颗钉子。而现在在哪里还能看到有这样工艺的老房子呢？这样独特的民间艺术就要失传了！老房子对于我们老人家来说是特别珍贵的。老屋、老巷承载着我们对于这个城市的所有记忆及依恋。如同音乐一样，每个时代、每个时期都有自己的流行曲，都回响着自己的经典之声。因此，建筑应当为自己的城市留下不同时代的容貌及贯穿历史的画面。

音乐渐弱。

第四幕　城市的过去与未来

儿时的小院、奶奶温暖的怀抱与美丽的故事让女孩久久沉浸在过往的回忆中。睁开眼，仍然是当年老旧的照片，奶奶慈祥的声音仿佛依旧在耳边回响。

女孩再次凝视着这些照片。

女　孩　这些照片，都是奶奶最喜欢的。奶奶说，它们不仅是照片，更是记忆。这些记忆，连接着我与奶奶各自的时代，也连接着这个城市的过去与未来。

女孩拉开窗帘，窗外出现广州车水马龙的街道、摩天大楼、商铺、酒店、陈家祠等，以及普通广州市民生活情景。（背景音乐：东山少爷《月光光照羊城》）

解　说　这是我生活了14年的城市，是我眼中的广州，繁华、嘈杂，但是充满了人情味。我老家在江苏，我出生在湖北，五岁来到广州。那时的我，对于这个城市是那么没有归属感，从未试过离一个城市如此近，又如此远。可是，慢慢地，我融入了这个城市，她温暖着我，以致不知从什么时候开始，我心里产生了一种"广州是我家"的感觉。我想，能让人感觉温暖的，无非就是文化，那是记忆，那是根，那是任何东西所不能替代的。不了解广东的人，会称广东是"文化沙漠"。或许，广东不如某些历史文化名省，有深厚的文化底蕴。但是，正因为我们的文化不多，所以我们保护得好。从东山口的洋楼到上下九的骑楼，从西关大屋到沙面的租界，多少年的风雨过去，城市化的进程没有将它们淹没，它们不仅活在广东人的心中，更活在广东人的身边。

画面渐黑，视频中出现字幕：

那些被拆毁的不仅是建筑，更是一代人的共同记忆。

逝去的城市背影承载了太多。

挖土机将老屋从这个城市拔地而起的那一刻，也将它们从这个城市的记忆中抹去。

如果有一天，我们熟悉的一切都变得面目全非，那么，人们对于城市的依恋也就荡然无存。

老人失去了曾经拥有的老房子、老巷子。

而下一代的年轻人还没来得及去细细体会老建筑与世无争的宽容与美到极致的静谧时，老建筑就与这个时代擦肩而过了。

参考资料

1. 网络文章

胡杨：《成都的老建筑，再不看就没有机会了》，http://blog.sina.com.cn/s/blog_ 4986d0030100ckab.html。

2. 背景音乐

（1）Ycyi：网络音乐《独家记忆》钢琴版（原唱为歌手陈小春），http://www.1ting.net/banzou/AView.aspx?A＝23945。

（2）班得瑞：《雪之梦》，被收入《莱茵河波影》（专辑），由广西民族音像出版社于2002年10月发行。

（3）林克仁：《妆台秋思》，被收入《国乐八音洞箫》（专辑），由江苏音像出版社于2003年5月发行。

（4）东山少爷：《月光光照羊城》，被收入《唱好广州》（专辑），由内蒙古文化音像出版社于2005年1月发行。

特别鸣谢

李晓玉饰演小女孩；戴玉红（李晓玉的母亲）饰演小女孩的奶奶；曾晖任拍摄技术指导；王颖峰任影片剪辑指导。

学生感言

总的来说，这次小组课题活动让我收获了很多。国文课在大学二年级就不再开设了，这对于喜欢国文的我来说是一种遗憾。但是，在大学一年级与组员共同努力完成小组课题活动的过程是我一个成长的机会。

最初，我对于陈家祠的文化了解得并不多，虽然在广州住了十多年，却没有时间去真正了解西关的文化。对于广州这个城市，从最初的陌生到找到自己的归属感，我被广州的文化，以及市民对于自己城市文化的认同所深深感动。

通过参与课题活动，我不仅了解了陈家祠的建筑文化、历史，更了解了陈家祠身上所凝结的文化内涵与市民对于这座建筑的感情。这是我第一次制作视频，我一开始有些手足无措，但是咨询了一些相关的专业人士后，我明白了真正能打动人的是一个好的剧本及其中的情感——最朴实无华的真情。

我们选择的是建筑文化这个专题，希望挖掘的一点就是保护城市老建筑，维护城市文化。如今，各个城市的古老建筑在城市化的进程中都面临着巨大的挑战。中国的各个城市都不断地向前发展着，但是很多城市的发展是以城市文化的缺失为代价的。许多极具历史文化意义的老建筑被拆毁，它们的倒下意味着一个个时代的终结，许多老市民曾经有过的关于这个城市的美好记忆随着老建筑的倒下而渐渐逝去。当老一代人离开了这个城市，一些美好的文化、记忆不久就无人知晓，城市也就成了一个没有记忆的城市。而年轻的一代，他们还没来得及欣赏老屋那与世无争的安详与美到极致的静谧时，老屋就与他们擦肩而过了。

一个真正的大城市不能没有文化的支撑，没有文化支撑的城市是走不长远的，因为没有文化就没有了凝聚力。经济永远不能代替文化，也无法凝聚当今浮躁的人们。我们唯一能做的，就是保存独特的城市文化，在经济快速发展的今天，留下几处老屋，留下几条老街，留下几首传统童谣，让生活在

此的市民能够真正找寻到家的感觉。

——马扬嫄

这次的小组课题活动可以说给了我非常难忘的记忆。国文课上独有的体验，让我感受良多。

对于这次的制作，我们倾注了很多精力。两个星期的时间，包括写剧本、小组讨论与拍摄，到最后的剪辑，时间是非常紧的。但是，在这个紧张的过程中，我确实感到了前所未有的充实，只因我切实投入进去了，在这个投入的过程中付出了自己的努力。

为了拍摄陈家祠的DV短片并且深化我们的建筑主题，我们对剧本进行了多次讨论。最初的灵感来自对广州缺少文化古迹的抱怨，由此想到了已经被拆毁的文化古迹。其实，我们想要强调的并不只是广州对古建筑保护得多么好，而是想以广州为代表，告诉大家并不是所有人都对文化古迹的消失无动于衷，或者只是眼睁睁地看着却无计可施，已经有人在为此做出努力，那么，关心文化古迹的你们也应该可以做出相应的努力。古建筑的意义从来都不只是古代的建筑，它们见证了过去，承载着一代人的情感，更是过去与现代的维系，对它们的保护在任何时候都应该引起人们的重视。比如说，过去只有在提到相关事件时表示一下痛心的我们，如今也可以用自己的双手做出这么一个DV短片来宣传这种保护文化古迹的观念。新旧文化冲撞的这种尴尬，只有在每个人的参与下才能真正得到解决，而作为大学生的我们，更应该是其中的先行军。

——张冰君

在这次拍摄过程中出现了很多问题，比如找的临时演员让我们失望，只好重新找；差一点因为DV短片的格式无法转换而要重新拍摄；时间紧促……好在我们都坚持下来了。最后大家看到这些成果才觉得之前的努力都是值得的。哪怕在完成一些很简单的任务时，我们都体验到了一些新的东西，获益良多。

我们这次选择陈家祠作为研究课题，主要是想体现建筑的主题。我们都知道现在很多老建筑都难以保留下来，而陈家祠作为具有独特风韵的建筑不仅被保留下来了，而且在现代广州人的心中有着举足轻重的地位。我们做这个主题拍摄，也是想让大家能感受到老建筑的重要性，然而，文物的保存确实面临着很多挑战，现代化的大楼逐步在替代古色古香的老房子。而陈家祠的独特，可能就在于它的一股"书香气"。不管是其布局，还是精致的花雕，甚至一扇木门都散发着厚厚的书香气。中国重"书"，重"书院"。相信这样一个保护得很好的老建筑，能作为现今文化遗址保护的榜样之一，而它的价值会随着年岁的更替而增加。因为，慢慢地，人们会发现，盒子房并不能满足自己心里那份身为中华儿女的骄傲感，不能成为心灵在忙碌中的寄托。只有那些经历了时间的洗礼，充满着独特气息的老建筑——就像陈家祠一样，才可以被人们所亲近、铭记。

——连璐娜

国文小组课题活动就这样落下帷幕。想想之前的日日夜夜，为它寝食难安，为它东奔西走，如今一切劳累已经远去，只剩下难忘的记忆。我们在争吵中学会怎样包容和合作，在奔波中学会适当地放弃，在一次次失败后学会怎样坚强地爬起。是的，在这之前我们从没想过会不会成功，只是竭尽全力。过后，我好像成长了许多，可以慢慢地、勇敢地面对突如其来的困难，可以享受美好或痛苦的过程。原来很多东西，一定要去尝试，不怕失败，才会收获不一样的风景，就让这成为小小的开始，相信一步一步，我会走得更加完美！

——郑立怡

这次小组活动可谓非常成功，无论是得分还是整个过程，我都十分满意。每个组员都很团结，合作得很愉快，自从组成"六合彩"以来，大家每一次的讨论都很积极，即使偶有分歧，也没有影响到大家的友好氛围。我们从第一次讨论就有了共识，设想着整个课题的每一步，大家都感到那一定会是很成功的一个尝试。在接下来的准备中，大家又精心修改，组长起到了很好的带头作用，很有责任感。由于是以广州建筑为题，需到实地拍摄，她就一人先去，完成了大部分的工作。但是，她并没有任何怨言，还尽心尽力。而拍摄结束以后，我们又忙于剪辑，争取做到预想中的效果。我很喜欢和这个组的每一个人合作，小组中的和谐是最重要的，正因为每个人都积极出谋划策，尽力想要完成得最好，才能一步步地实施下去。

——张胜楠

这个学期的国文小组活动的次数很多，基本每个人都有分工，大家的默契合作是我们在短时间内出好作品的保证。

实际上在开始讨论选题时,一直敲不定题目,因为不管哪个题目,我们在讨论其可行性的时候总会有许多意见,然后就不了了之。所幸的是,组长是广州人,因此往往在她提出意见之后就可基本统一意见。

总的来说,这次的国文小组活动,合作还是相当令人愉快的。拍摄的时候,大家都有帮忙,还闹出了不少笑话,就像"化妆事件",真是很开心的事,大家一起叫消夜吃,一起被宿管催,是愉快的开始也是愉快的结束。

——范晓燕

教师点评

"独家记忆"通过祖孙俩的故事及解说,生动地展现了陈家祠的历史、建筑艺术及其文化内涵,艺术化地揭示出古建筑在塑造城市形象上具有举足轻重的意义。课题报告可圈可点之处颇多。

其一,艺术化地表达主题。通过陈家祠的一张老照片,串联起祖孙俩对广州、对陈家祠的记忆及感情,含蓄地表达了"中国城市化进程加速的今天,传统建筑该何去何从"的主题,整个故事没有任何说教意味。

其二,第三部分——陈家祠的故事。在这一部分,奶奶细腻地讲述了陈家祠的历史、建筑艺术及其文化内涵,其中最精彩的是对红木屏风和屋顶装饰的解说。"(竹)祝福到(倒)""踏雪寻梅""金殿比武""渔舟唱晚""(蝠)福在眼(钱)前""独占鳌头"等传统文化元素有机地呈现在陈家祠建筑中。主创人员非常巧妙地将这些内容融合在奶奶的故事中,不见斧凿痕迹。

其三,部分语言具有创新性。比如,"老屋、老巷承载着我们对于这个城市的所有记忆及依恋。如同音乐一样,每个时代、每个时期都有自己的流行曲,都回响着自己的经典之声",以经典的流行曲来比喻城市中的老建筑,非常独特,细细品来却又十分恰当。再比如,"那些被拆毁的不仅是建筑,更是一代人的共同记忆",一般而言,与"记忆"匹配是"失去"之类的动词,此处用"拆毁",使其更加形象生动。

其四,部分同学在"感言"里进一步探讨保护古建筑这一话题。马扬嫄同学说:"一个真正的大城市不能没有文化的支撑……在经济快速发展的今天,留下几处老屋,留下几条老街,留下几首传统童谣,让生活在此的市民能够真正找寻到家的感觉。"连璐娜同学认为："慢慢地，人们会发现，盒子房并不能满足自己心里那份身为中华儿女的骄傲感，不能成为心灵在忙碌中的寄托。只有那些经历了时间的洗礼，充满着独特气息的老建筑——就像陈家祠一样，才可以被人们所亲近、铭记。"张冰君说："新旧文化冲撞的这种尴尬，只有在每个人的参与下才能真正得到解决，而作为大学生的我们，更应该是其中的先行军。"小组课题活动完成后的这些探讨是非常有意义、有价值的思考。

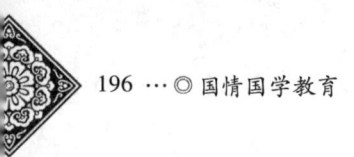

| 第十二章 | 婚姻与社会

霍小玉再传

班级：国文六班
学社：UNIQUE
社长：熊浩然
社员：吕欣潼、钟秋、刘慧泉、李圣达
撰写人：李圣达、钟秋

课题简介

《霍小玉传》讲述了李益与霍小玉之间的爱情悲剧。李益在一次闲逛中与霍小玉意外邂逅，两人一见钟情，立即陷入热恋。后来，李益赴外地任官，他与霍小玉约定回来后立即成婚。但是，封建等级观念强烈的李父为了儿子的婚姻能够"门当户对"，责令李益与一官府千金成婚。懦弱的李益答应了。霍小玉得知后，终日郁郁寡欢，最终在李益面前暴病而亡，给李益留下了无尽的悔恨。这场悲剧带给人们的，除了惋惜，还有深沉的思考。

分工安排

刘慧泉负责旁白。
钟秋饰演霍小玉。

熊浩然饰演李益。

李圣达饰演李益父、黄衫豪士。

吕欣潼饰演丫鬟。

创意剧本

场景一

旁　　白　霍小玉原为霍王之女，因母亲身份低微，被众兄弟赶出王府，不得已沦落风尘。

　　　　　音乐（1）起。

霍小玉　开帘风动竹，疑是故人来。

丫　鬟　小姐，您又在读李公子的诗呀。

霍小玉　李公子文笔无双，真是世间难得，不知何日能得一见？

丫　鬟　小姐，您读书累了，我们去花园逛逛？

霍小玉　好。

场景二

丫　鬟　小姐，到花园门口了，我们进去吧。

霍小玉　不到园林，怎知春色如许？

　　　　　音乐（2）起。

李　益　十年离乱后，长大一相逢。问姓惊初见，称名怀旧容。别来沧海事，语罢暮天钟。明日巴陵道，秋山又几重！

丫　鬟　小姐，小姐，这就是李公子。

李　益　这就是久闻大名的霍家小姐，生得果然是满面春光，美丽非凡。

场景三

旁　　白　李益向霍母提亲，霍母答应。李益与霍小玉的感情日密，日夜相守。

　　　　　音乐（3）起。

李　益　小玉，我今将去任郑县县令，明春三月，迎娶佳人，郑县团聚，永不分离。

霍小玉　人事变幻，难以把持。虽有海誓山盟永结同心，难免不见异思迁。君若如此，妾当剪发为尼，永绝红尘！

李　　　益　你我之誓，死生以之，与卿偕老，岂敢二心。切勿疑心，假以时日，必花轿迎门，相见非远。

霍　小　玉　有公子此言，妾身必等公子归来。你我情比金坚，永不变心。

　　　　　　　音乐（4）起。

场景四

旁　　　白　李益已任郑县县令，归家禀告李父。

　　　　　　　音乐（5）鞭炮声起。

李　益　父　哈哈哈，吾儿今衣锦还乡，为父甚是高兴。今已择一佳人，乃一官府千金。你俩择一良辰吉日，即予完婚。

李　　　益　这——这——儿有一事禀告，儿已与霍家小姐订立婚约。

李　益　父　霍家小姐？是那烟花女子霍小玉？

李　　　益　正是。

李　益　父　混账！堂堂进士及第，朝廷命官，怎可以娶娼门女子为妻？休要多言，且给我速速完婚，否则莫怪老夫无情。

李　　　益　父亲，儿谨遵父命。

场景五

旁　　　白　李益已与甲族卢氏之女成婚。听到此消息，霍小玉终日以泪洗面。

丫　　　鬟　小姐，小姐，您怎么又哭了？您的身子弱，当心哭坏了身子。

霍　小　玉　李君啊，李君，我真心对你，你却如此狠心背弃我，而今只剩我独守誓言。咳——咳——

丫　　　鬟　李公子在异地任职，公务繁忙，想——想必过些时日才能派人来。

霍　小　玉　咳——咳——

丫　　　鬟　小姐，您保重身体为是。

场景六

旁　　　白　霍小玉一事渐渐为长安城中人所知，风流人士与豪杰侠客，无不感叹。一日，李益进京述职，路遇穿黄衫的豪士。

黄衫豪士　敢问阁下可是李大人？

李　　　益　正是在下。

黄衫豪士　我与阁下乃同族中人。鄙人才疏学浅，但一直仰慕您的声誉，常想一见。今天得以一睹风采，实乃三生有幸。

李　　益　过奖，过奖。

黄衫豪士　鄙人陋居，去此不远，亦有乐队歌舞，足以娱悦性情，不知阁下是否有兴趣光临寒舍？

李　　益　在下荣幸之至。

黄衫豪士　请——

场景七

李　　益　此处为何地？

黄衫豪士　进去便知。

旁　　白　原来李益被带到霍小玉的住处。李益见到病危的小玉。

李　　益　啊？小玉。为何是——是你？

霍小玉　咳——咳——

李　　益　小玉，当年一别竟成如此，我——我也是逼不得已啊。

霍小玉　君之誓言犹若昨日。不想只此片刻，君已背信弃义。楼中一场梦，梦醒赴水流。

李　　益　玉儿，我——你——你再等我几日，我一定——

霍小玉　一定什么？晚了，晚了！心已碎，肠已断。李君啊李君，今当永诀，我死之后，必为厉鬼，使君妻妾，终日不安。咳——咳——
　　　　　音乐（6）起。

旁　　白　雨打浮萍不再逢，柳絮随风各西东。旧时书堂窗间月，如今俱化袖底风。几度独醉伤酒后，一声轻叹往事中。纵使相逢尤可待，物是人非已不同！

李　　益　（扶尸而哭）小玉——

学生感言

这次表演的创意和风险都是蛮大的。我们对皮影戏的了解仅限于它是中国传统技艺之一。怎么样去摆弄那些用皮纸做成的人物？对此，我们一窍不通。于是，我们每个星期天坐公交车，去圆明新园学习皮影戏。由于我的实操能力比较弱，为了让我将皮影摆弄得更加稳当，教我们皮影戏的老师和组

员们没少费心思。最令我感动的是,他们在教我的过程中没有一丝的不耐烦。最后,我仍然没有将皮影操纵得很稳当,因此改为了专职配音,但这次经历带给我一种独特的体验。如果当时我坚持要操控皮影,那么效果肯定会大打折扣,这次表演也不会如此成功。总而言之,这次小组课题活动教会了我三样东西:恒心、耐心和学会舍弃,这些将影响我以后的生活。

——李圣达

在这次表演的准备过程中,我们遇到很多困难:门票、道具、场地……但在我们组员的努力和学校的支持下,这些问题全部都迎刃而解。虽然每个星期都要浪费几个小时在公交车上,但当我们看到皮影人物在我们手上可以走起来,可以哭,可以笑,可以发怒,这一切的牺牲都是值得的。

——吕欣潼

《霍小玉传》讲述的是一个女子因为心上人李益负心,最后郁郁而终的故事。霍小玉这一人物充分体现了中国女子的决绝和敢爱敢恨的精神。我反复看了《霍小玉传》的原文,深深地被霍小玉的故事打动了,而且也深刻体会到了古文的优美和生动。

在表演的时候,感情的流露很重要。排练时,我的感情有时不能很好地体现出霍小玉的愤恨与果敢。经过反复揣摩,正式表演的时候,我很好地拿捏住了霍小玉对所爱的人背信弃义而愤恨不已的强烈感情。

通过这次小组课题表演,我又成长了很多。我更深刻地体会到了团结合作的重要性,我们这次小组课题的成功很大程度上有赖我们小组内部的团结,每个人都愿意为这项工作付出最大的努力。更重要的是我们明白了这样一个道理:世上的每一件事都怕"认真"二字。只要有了明确的目标,就要全心全意地投入,要有不服输的精神,敢于向前,困难是可以克服的。

——钟秋

教师点评

皮影戏是中华民族艺术殿堂里的一颗璀璨明珠,曾经是老百姓生活中常见的娱乐活动。随着时代的发展,各种新兴娱乐方式的出现,传统的文化样式日渐消失。这一小组通过皮影戏的形式生动地演绎了唐传奇中的名篇《霍小玉传》,为我们今天如何传承传统文化提供了借鉴。

改编剧本比较成功地塑造了霍小玉专一执着、敢爱敢恨的性格和李益虚浮不实、寡情薄义的形象。面对李益"明春三月,迎娶佳人"的约定,小玉有自己理性的认识:"人事变幻……难免不见异思迁。"之后,李益遵从父命娶官府千金,足见小玉是个颇有见识的女子。"君若如此……永绝红尘",刻画出小玉的专一执着。"我死之后,必为厉鬼,使君妻妾,终日不安",小玉敢爱敢恨的形象跃然纸上。李益不考虑门阀森严的实际情况,轻易许下"明春三月,迎娶佳人"的诺言,刻画出了李益虚浮不实的一面。对娶谁为妻这一问题,李益没有过多反抗就遵从父命,寡情薄义的性格可见一斑。

不过,丫鬟介绍小玉与李益相识,情节有点突兀,可做适当修改。

小组成员解决问题、克服困难的经验可供大家学习。

附《霍小玉传》原文①:

大历中,陇西李生名益,年二十,以进士擢第。其明年,拔萃,俟试于天官。夏六月,至长安,舍于新昌里。生门族清华,少有才思,丽词嘉句,时谓无双;先达丈人,翕然推伏。每自矜风调,思得佳偶,博求名妓,久而未谐。长安有媒鲍十一娘者,故薛驸马家青衣也;折券从良,十余年矣。性便辟,巧言语,豪家戚里,无不经过,追风挟策,推为渠帅。当受生诚托厚赂,意颇德之。

经数月,李方闲居舍之南亭。申未间,忽闻扣门甚急,云是鲍十一娘至。摄衣从之,迎问曰:"鲍卿今日何故忽然而来?"鲍笑曰:"苏姑子作好梦也未?有一仙人,谪在下界,不邀财货,但慕风流。如此色目,共十郎相当矣。"生闻之惊跃,神飞体轻,引鲍手且拜且谢曰:"一生作奴,死亦不惮。"因问其名居。鲍具说曰:"故霍王小女,字小玉,王甚爱之。母曰净持。——净持,即王之宠婢也。王之初薨,诸弟兄以其出自贱庶,不甚收录。因分与资财,遣居于外,易姓为郑氏,人亦不知其王女。资质秾艳,一生未见;高情逸态,事事过人;音乐诗书,无不通解。昨遣某求一好儿郎格调相称者。某具说十郎。他亦知有李十郎名字,非常欢惬。住在胜业坊古寺曲,甫上车门宅是也。已与他作期约。明日午时,但至曲头觅桂子,即

---

① 张友鹤. 唐宋传奇选 [M]. 北京:人民文学出版社,1985:35-41.

得矣。"

鲍既去，生便备行计。遂令家僮秋鸿，于从兄京兆参军尚公处假青骊驹，黄金勒。其夕，生浣衣沐浴，修饰容仪，喜跃交并，通夕不寐。迟明，巾帻，引镜自照，惟惧不谐也。徘徊之间，至于亭午。遂命驾疾驱，直抵胜业。至约之所，果见青衣立候，迎问曰："莫是李十郎否？"即下马，令牵入屋底，急急锁门。见鲍果从内出来，遥笑曰："何等儿郎，造次入此？"生调诮未毕，引入中门。庭间有四樱桃树；西北悬一鹦鹉笼，见生入来，即语曰："有人入来，急下帘者！"生本性雅淡，心犹疑惧，忽见鸟语，愕然不敢进。逡巡，鲍引净持下阶相迎，延入对坐。年可四十余，绰约多姿，谈笑甚媚。因谓生曰："素闻十郎才调风流，今又见仪容雅秀，名下固无虚士。某有一女子，虽拙教训，颜色不至丑陋，得配君子，颇为相宜。频见鲍十一娘说意旨，今亦便令永奉箕帚。"生谢曰："鄙拙庸愚，不意顾盼，倘垂采录，生死为荣。"遂命酒馔，即命小玉自堂东阁子中而出。生即拜迎。但觉一室之中，若琼林玉树，互相照曜，转盼精彩射人。既而遂坐母侧。母谓曰："汝尝爱念'开帘风动竹，疑是故人来。'即此十郎诗也。尔终日吟想，何如一见。"玉乃低鬟微笑，细语曰："见面不如闻名。才子岂能无貌？"生遂连起拜曰："小娘子爱才，鄙夫重色。两好相映，才貌相兼。"母女相顾而笑，遂举酒数巡。生起，请玉唱歌。初不肯，母固强之。发声清亮，曲度精奇。酒阑，及瞑，鲍引生就西院憩息。闲庭邃宇，帘幕甚华。鲍令侍儿桂子、浣沙与生脱靴解带。须臾，玉至，言叙温和，辞气宛媚。解罗衣之际，态有馀妍，低帏昵枕，极其欢爱。生自以为巫山、洛浦不过也。

中宵之夜，玉忽流涕观生曰："妾本倡家，自知非匹。今以色爱，托其仁贤。但虑一旦色衰，恩移情替，使女萝无托，秋扇见捐。极欢之际，不觉悲至。"生闻之，不胜感叹。乃引臂替枕，徐谓玉曰："平生志愿，今日获从，粉骨碎身，誓不相舍。夫人何发此言！请以素缣，著之盟约。"玉因收泪，命侍儿樱桃褰幄执烛，授生笔研。玉管弦之暇，雅好诗书，筐箱笔研，皆王家之旧物。遂取绣囊，出越姬乌丝栏素缣三尺以授生。生素多才思，援笔成章，引谕山河，指诚日月，句句恳切，闻之动人。染毕，命藏于宝箧之内。自尔婉娈相得，若翡翠之在云路也。如此二岁，日夜相从。

其后年春，生以书判拔萃登科，授郑县主簿。至四月，将之官，便拜庆于东洛。长安亲戚，多就筵饯。时春物尚馀，夏景初丽，酒阑宾散，离思萦怀。玉谓生曰："以君才地名声，人多景慕，愿结婚媾，固亦众矣。况堂有严亲，室无冢妇，君之此去，必就佳姻。盟约之言，徒虚语耳。然妾有短愿，欲辄指陈。永委君心，复能听否？"生惊怪曰："有何罪过，忽发此辞？试说所言，必当敬奉。"玉曰："妾年始十八，君才二十有二，迨君壮室之秋，犹有八岁。一生欢爱，愿毕此期。然后妙选高门，以谐秦晋，亦未为晚。妾便舍弃人事，剪发披缁，夙昔之愿，于此足矣。"生且愧且感，不觉涕流。因谓玉曰："皎日之誓，死生以之。与卿偕老，犹恐未惬素志，岂敢辄有二三。固请不疑，但端居相待。至八月，必当却到华州，寻使奉迎，相见非远。"更数日，生遂诀别东去。

到任旬日，求假往东都觐亲。未至家日，太夫人已与商量表妹卢氏，言约已定。太夫人素严毅，生逡巡不敢辞让，遂就礼谢，便有近期。卢亦甲族也，嫁女于他门，聘财必以百万为约，不满此数，义在不行。生家素贫，事须求贷，便托假故，远投亲知，涉历江、淮，自秋及夏。生自以孤负盟约，大愆回期，寂不知闻，欲断其望，遥托亲故，不遗漏言。

玉自生逾期，数访音信。虚词诡说，日日不同。博求师巫，便询卜筮，怀忧抱恨，周岁有余。嬴卧空闺，遂成沉疾。虽生之书题竟绝，而玉之想望不移，赂遗亲知，使通消息。寻求既切，资用屡空，往往私令侍婢潜卖箧中服玩之物，多托于西市寄附铺侯景先家货卖。曾令侍婢浣沙将紫玉钗一只，诣景先家货之。路逢内作老玉工，见浣沙所执，前来认之曰："此钗，吾所作也。昔岁霍王小女将欲上鬟，令我作此，酬我万钱。我尝不忘。汝是何人，从何而得？"浣沙曰："我小娘子，即霍王女也。家事破散，失身于人。夫婿昨向东都，更无消息。怏怏成疾，今欲二年。令我卖此，赂遗于人，使求音信。"玉工凄然下泣曰："贵人男女，失机落节，一至于此！我残年向尽，见此盛衰，不胜伤感。"遂引至延先公主宅，具言前事。公主亦为之悲叹良久，给钱十二万焉。

时生所定卢氏女在长安，生即毕于聘财，还归郑县。其年腊月，又请假入城就亲。潜卜静居，不令人知。有明经崔允明者，生之中表弟也。性甚长厚，昔岁常与生同欢于郑氏之室，杯盘笑语，曾不相间。每得生信，必诚告于玉。玉常以薪刍衣服，资给于崔。崔颇感之。生既至，崔具以诚告玉。玉恨叹曰："天下岂有是事乎！"遍请亲朋，多方召致。生自以愆期负约，又知玉疾候沉绵，惭耻忍割，终不肯往。晨出暮归，欲以回避。玉日夜涕泣，都忘寝食，期一相见，竟无因由。冤愤益深，委顿床枕。自是长安中稍有知者。风流之士，共感玉之多情；豪侠之伦，皆怒生之薄行。

时已三月，人多春游。生与同辈五六人诣崇敬寺玩牡丹花，步于西廊，递吟诗句。有京兆韦夏卿者，生之密友，时亦同行。谓生曰："风光甚丽，草木荣华。伤哉郑卿，衔冤空室！足下终能弃置，实是忍人。丈夫之心，不宜如此。足下宜为思之！"叹让之际，忽有一豪士，衣轻黄纻衫，挟弓弹，丰神隽美，衣服轻华，唯有一剪头胡雏从后，潜行而听之。俄而前揖生曰："公非李十郎者乎？某族本山东，姻连外戚。虽乏文藻，心尝乐贤。仰公声华，常思觏止。今日幸会，得睹清扬。某之敝居，去此不远，亦有声乐，足以娱情。妖姬八九人，骏马十数匹，唯公所欲。但愿一过。"生之侪辈，共聆斯语，更相叹美。因与豪士策马同行，疾转数坊，遂至胜业。生以近郑之所止，意不欲过，便托事故，欲回马首。豪士曰："敝居咫尺，忍相弃乎？"乃鞚挟其马，牵引而行。迁延之间，已及郑曲。生神情恍惚，鞭马欲回。豪士遽命奴仆数人，抱持而进。疾走推入车门，便令锁却，报云："李十郎至也！"一家惊喜，声闻于外。

先此一夕，玉梦黄衫丈夫抱生来，至席，使玉脱鞋。惊寤而告母。因自解曰："鞋者，'谐'也。夫妇再合。'脱'者，'解'也。既合而解，亦当永诀。由此征之，必遂相见，相见之后，当死矣。"凌晨，请母妆梳。母以其久病，心意惑乱，不甚信之。俛勉之间，强为妆梳。妆梳才毕，而生果至。

玉沈绵日久，转侧须人。忽闻生来，欻然自起，更衣而出，恍若有神。遂与生相见，含怒凝视，不复有言。羸质娇姿，如不胜致，时复掩袂，返顾李生。感物伤人，坐皆欷歔。顷之，有酒肴数十盘，自外而来。一坐惊视，遽问其故，悉是豪士之所致也。因遂陈设，相就而坐。玉乃侧身转面，斜视生良久，遂举杯酒酬地曰："我为女子，薄命如斯！君是丈夫，负心若此！韶颜稚齿，饮恨而终。慈母在堂，不能供养。绮罗弦管，从此永休。征痛黄泉，皆君所致。李君李君，今当永诀！我死之后，必为厉鬼，使君妻妾，终日不安！"乃引左手握生臂，掷杯于地，长恸号哭数声而绝。母乃举尸，寘于生怀，令唤之，遂不复苏矣。生为之缟素，旦夕哭泣甚哀。将葬之夕。生忽见玉穗帷之中，容貌妍丽，宛若平生。著石榴裙，紫襜裆，红绿帔子。斜身倚帷，手引绣带，顾谓生曰："愧君相送，尚有馀情。幽冥之中，能不感叹。"言毕，遂不复见。明日，葬于长安御宿原。生至墓所，尽哀而返。

后月余，就礼于卢氏。伤情感物，郁郁不乐。夏五月，与卢氏偕行，归于郑县。至县旬日，生方与卢氏寝，忽帐外叱叱作声。生惊视之，则见一男子，年可二十余，姿状温美，藏身暎幔，连招卢氏。生惶遽走起，绕幔数匝，倏然不见。生自此心怀疑恶，猜忌万端，夫妻之间，无聊生矣。或有亲情，曲相劝喻。生意稍解。后旬日，生复自外归，卢氏方鼓琴于床，忽见自门抛一斑犀钿花合子，方圆一寸余，中有轻绡，作同心结，坠于卢氏怀中。生开而视之，见相思子二，叩头虫一，发杀觜一，驴驹媚少许。生当时愤怒叫吼，声如豺虎，引琴撞击其妻，诘令实告。卢氏亦终不自明。尔后往往暴加捶楚，备诸毒虐，竟讼于公庭而遣之。卢氏既出，生或侍婢媵妾之属，蹔同枕席，便加妒忌。或有因而杀之者。生尝游广陵，得名姬曰营十一娘者，容态润媚，生甚悦之。每相对坐，尝谓营曰："我尝于某处得某姬，犯某事，我以某法杀之。"日日陈说，欲令惧己，以肃清闺门。出则以浴斛覆营于床，周回封署，归必详视，然后乃开。又畜一短剑，甚利，顾谓侍婢曰："此信州葛溪铁，唯断作罪过头！"大凡生所见妇人，辄加猜忌，至于三娶，率皆加初焉。

| 第十三章 | 中国与世界

中国风

班级：国文 8 班

学社：青青子衿

社长：滕子俊

社员：霍雨佳、朱云霓、吴文婕、卢倩、邓姗姗

撰写人：滕子俊

▶ 课题简介

选题缘起：中国风作为一种流行乐坛的流行音乐风格，它既没有如重金属般激烈碰撞的节奏，也没有抒情情歌的悲伤。它所拥有是如小桥流水般的温馨，典雅又不失气魄。正是中国风这种独特的魅力吸引了青青子衿学社来做这个专题。在它身上，我们一定能发掘到深层次的文化内涵。

展示形式：PPT 展示、现场演唱原创歌曲。

选题意义：我们小组用我们对中国风的独特理解，向大家讲述中国风是如何形成的，以及它的出现对文化的传承与创新起到了什么作用。同时，我们期盼有更多的朋友能够爱上中国风、爱上音乐，将来为我们所处的文化环境做出一份贡献。

分工安排

滕子俊负责策划、撰稿、谱曲、填词。
朱云霓负责统筹。
霍雨佳负责制作 PPT 和道具。
邓姗姗负责制作 PPT 和道具。
吴文婕负责统筹。
卢倩负责协助制作 PPT。

专题内容

中国风

第一部分　中国风

灵动的鼓点节奏、优雅的"宫殿式"旋律、情思万千的填词、意味深长的风韵、唯美含蓄的描述，孕育出或凝重、或轻快、或哀伤、或飘逸的音乐风韵，形成种类不一，却曲曲动人心扉的中国风歌曲。它融合了中国几千年来的文化底蕴和各种流行元素，把古典从尘封的书籍中打开，以其独特的魅力征服了越来越多的人。在这样一个浮躁又喧嚣的歌坛，中国风还能把我们带入过去的平和，如品茶般细细体味那份婉转、纯质，然后收拾心情，重新出发。中国风，不是时髦、花俏的标签，而是思想的沉淀。

中国古典音乐与西方古典音乐是两个完全不同的体系。就从音乐专业来说，西方有其特有的古典作曲体系，而中国古典音乐用到的则是五声调式。而就在近些年来，一些有创意的音乐人把它们结合起来。作曲时和声用西方古典和声，旋律用五声调式，这也就出现了我们今天所看到的一种新的流行曲式——中国风。中国风的出现是中国流行音乐的一次传承与创新。在作曲专业的角度来看，其严谨度远不及西方古典作曲体系，但在这个新事物不断涌现的时代中，它迎合了大众的口味。

从文化产业的角度来分析，音乐属于一种高雅文化，在几个世纪前它只属于社会的上流阶层。但随着时代的发展及文化与经济的结合，音乐出现了阶级下移，也就是"Mass Culture"（即大众文化），众人能够接触音乐并接受它的熏陶。

中国风音乐实质上也是一种"Mass Culture"。在信息高速发展的今天，眼前充斥的是各种快餐文化，并没有太多的人去关注这些古典音乐，尤其是我们这一代——正在成长的青少年。中国风的出现是古典与现代的结合，用现代人的思想，用古典的音乐技法来创造一种新的音乐形式。中国风音乐起到了承接过去与连接未来的作用，对中国文化及西方文化的传承与创新起到了至关重要的作用。

第二部分　解读周杰伦《东风破》

（背景音乐：周杰伦《东风破》）

中国风的体现不仅仅在作曲体系上反映西方古典与中国传统的结合，更为重要的体现在于配器。

正如《东风破》中，乐曲一开始用钢琴做伴奏，给人以宁静、安逸的感觉，这是乐曲的铺叙，作者通过一段纯净的钢琴独奏，为听者拉开了乐曲的帷幕。

进入主歌后，出现了具有中国特色的柳琴。听完整首《东风破》后，我们不难发现柳琴的演奏一直作为分解和弦的存在。假设配器上用小提琴代替柳琴，《东风破》就失去了它古色古香的气质。小提琴虽悠扬，但演奏不出柳琴的颗粒感，没有精致、玲珑的感觉。因此，在创作中国风时，乐器的选择是很重要的。一旦做了错误的选择，乐曲的感觉就截然不同。

在作为铺底的乐器中，作者不忘用架子鼓来使乐曲更有节奏感。这里架子鼓的节奏很简单，但在众多乐器中它起到了稳定节奏的作用，准确地说是使乐曲富有节奏感。仔细听后，我们可以发现作者在主歌的部分是选择敲击鼓边而不是鼓面，从而没有给听众十分"吵"的感觉。

每当谈到一首歌，歌词自然也是一个十分重要的部分。周杰伦中国风的歌曲中方文山的词占了很大的比重：

> 谁在用琵琶弹奏一曲东风破？
> 枫叶将故事染色结局我看透。
> 篱笆外的古道我牵着你走过。
> 荒烟漫草的年头就连分手都很沉默。

第十三章　中国与世界 … 209

　　方文山的词十分有特点，其中一点是把古典意象与现代意象相结合，形成一种全新的浪漫、典雅的意境。

　　且看"篱笆外的古道我牵着你走过""荒烟漫草的年头就连分手都很沉默"这两句，"篱笆""古道""荒烟漫草"是古典意象，给人一种英雄暮年，叹惋万事皆东流的惆怅意境。而就在这惆怅意境之后，方文山紧接着用了"我牵着你走过""分手都很沉默"这样的字句，人们初看也许会认为它们是格格不入的两种意境，但如仔细推敲、琢磨，就能发现这其实是另一种韵味。"我牵着你走过""分手"这样的字眼是在我们现在所处的时代常见的字眼，在如此庄重高雅的古典意象前，这些现代意象难免显得有些苍白无力，或说不在一个品位层面上。然而，方文山抓住了这两种意象的共同点——对生活、人世间情感的感悟。尽管这是两种不同的意境，但因为这个共同点，它们产生了碰撞、交织，最终形成了这种风格的词。

第三部分　原创词曲，并现场演唱

醉红尘
词：滕子俊　　曲：滕子俊

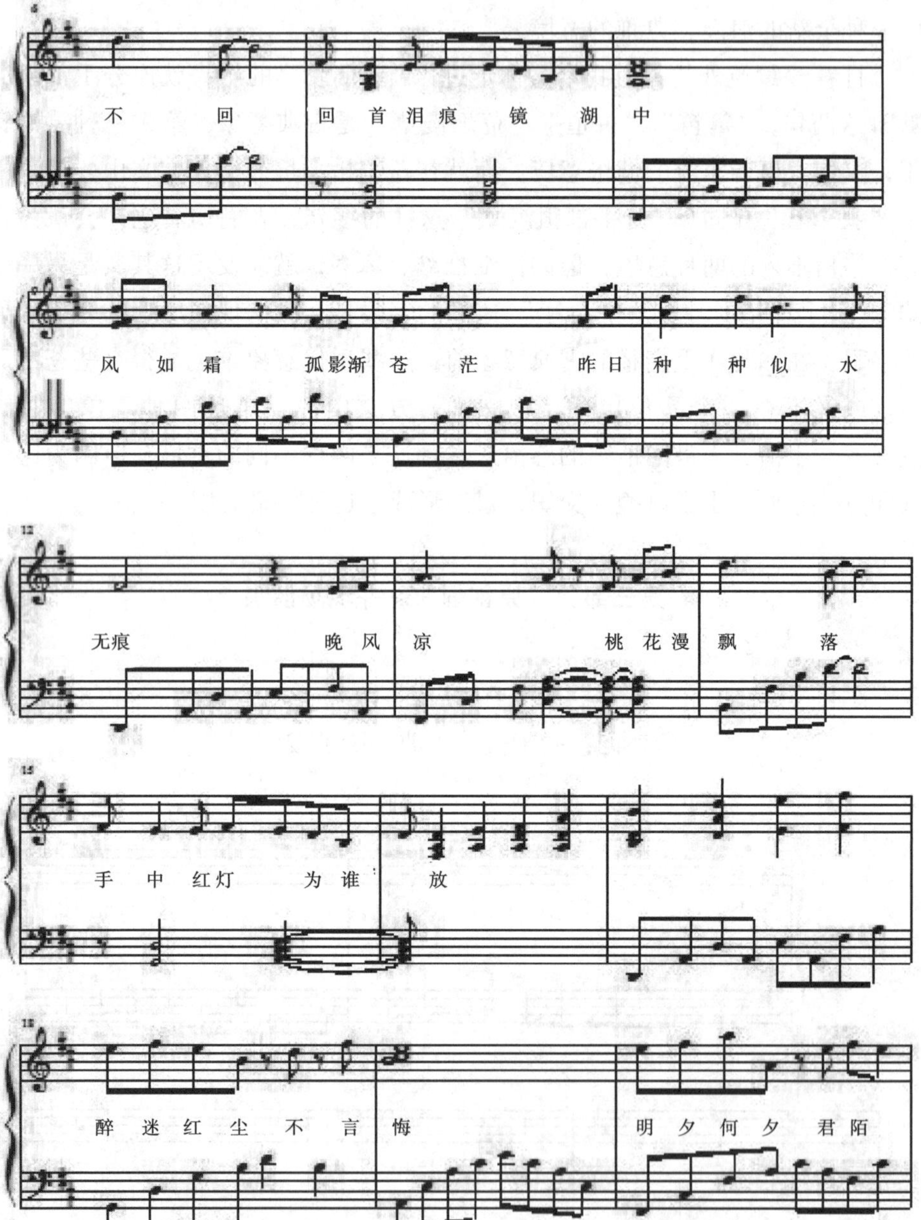
不 回
回 首 泪 痕 镜 湖 中
风 如 霜 孤影渐 苍 茫 昨日 种 种 似 水
无痕 晚 风 凉 桃 花 漫 飘 落
手 中 红灯 为 谁 放
醉 迷 红 尘 不 言 悔 明 夕 何 夕 君 陌

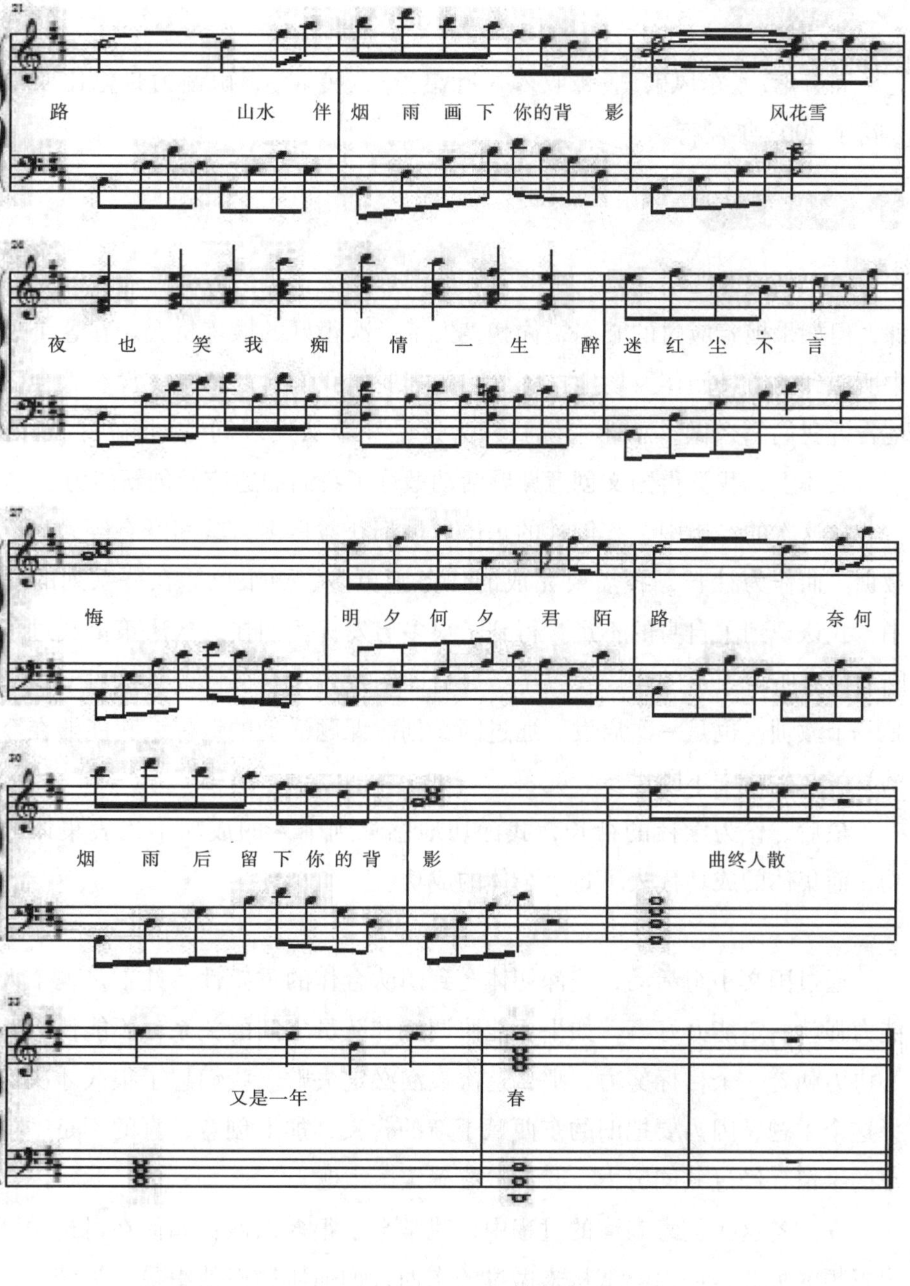

路　山水　伴　烟　雨　画　下　你的背　影　风花雪
夜　也　笑　我　痴　情　一　生　醉　迷　红　尘　不　言
悔　明　夕　何　夕　君　陌　路　奈何
烟　雨　后　留　下　你　的　背　影　曲终人散
又是一年　春

背景音乐

周杰伦：《东风破》，被收入《叶惠美》（专辑），由新力哥伦比亚唱片公司于 2003 年发行。

学生感言

国文创意课题活动是一个非常好的锻炼机会。虽然表面上看它是一门功课，但如果抱着应付的心态，你就丧失了一次很好的锻炼机会。在这个过程中所遇到的道具制作及场地排练等问题都要靠我们自己解决，没有人会明确地告诉我们怎么做，总体来说我认为这是一个从发现问题到解决问题的过程。大体上，我觉得国文创意课题活动锻炼了我们的适应及创新能力。

从这次的经历中，我们社的每位成员都获益良多，其间既有经验，也有教训。而作为社长，我需要完成的任务则更多、更艰巨。在一系列的尝试中，我认识到了自身的不足，得到了很多启发，例如在一次决策上我过于武断而没有听取组员的建议，以至于最后课题报告需全部修改。这对于我来说是一个教训，也是一次启发。通过国文创意课题活动的锻炼，我能够在今后的学习与生活中不断进步、完善。

最后，作为学社的社长，我深切地感觉到个人的成功不代表集体的成功，而集体的成功代表了每个个体的成功。

——滕子俊

通过国文小组活动，我深切体会到团队合作的重要性。并不是说个人的能力强就一定能办好事，如果不能协调好和队员之间的关系，不能使大家齐心协力朝着一个目标努力，那么这次表演必定失败。我们想了很久才决定选择这个主题，因为要把旧的东西赋予新的含义，加上创意，真的不是一件简单的事情。经过共同努力，我们最终确定了主题。

在准备这次创意表演的过程中，我学会了很多东西：如何在讨论中摩擦出思想的火花，如何尝试从未做过的东西，如何协调以使组员意见统一，如何学会平衡小组活动与其他事情的时间，如何更有效率地完成任务……真可谓收获良多。

在这次创意表演之后，我懂得了一些道理：世上的事情通常都不会按着你的思路去走，投入和产出通常都不成比例，付出不一定会有回报，但是不付出就永远得不到回报。和朋友们身在同一个小组，为了同一个目标共同奋斗，真是人生一大幸事！要知道，过程永远比结果重要！

——吴文婕

每个学期的国文课，我们都会认识一些新的朋友，组成一个新的团队，选择新的课题，有新的想法、新的创意，学习新的东西。可是，不变的是我们学到的东西会越来越多，从创新到有集体荣誉感，从适应能力到合作能力，从协调统一组员意见到为小组课题付出自己的真心，都需要我们不断地学习。从这次的小组课题中，我们不仅对中国文化有了更深刻的认识，而且更将自己的认识融入表演之中，学会如何学以致用。在这次的小组课题中，所有组员都认真并积极地参加每一次的小组讨论，提出自己独特的看法，汇总之后，我们得出了最完美的课题报告。大家都用心地参与每一次排练，最后呈现了我们在舞台上精彩的表演。感谢所有的人，感谢我们自己的付出和用心，不管结果怎么样，我们学习了很多知识并经历了丰富的过程，这是属于我们的一笔宝贵财富。我在日后会多参与这样的活动，因为掌握了基本知识、只学会课本上的内容，对于大学生而言是远远不够的，思考和拓展才是我们的最终目标，交流思想、互相合作才是我们的最终目的。

——霍雨佳

国文创意表演是一项小组活动，一般以五六个人为一组，小组成员要共同完成。我们可以找一个主题，对主题进行创意改造，但要有意义，不能恶搞。要把旧的东西赋予新的含义，加上创意，真的不是一件简单的事情，我们想了很长时间才决定选择创作中国风歌曲这个主题，因为刚好我们社长很擅长音乐，所以在音乐创作方面我们比较有优势，而且历来的国文创意表演没有出现创作歌曲这样的形式，我们商量之后觉得创作歌曲较其他主题更新颖。国文小组的活动真的很有意义，不仅使我们学会了如何处理很多事情、增进了组员们的友谊，还提供了一个很好的平台给喜爱表演的同学施展拳脚。不管最后的得分如何，起码我们体验了，过程才是最重要的！

——邓姗姗

国文小组课题报告已经写完了，但同学们精彩的表演还留在我的脑海中，久久挥散不去。我觉得这次国文小组课题活动很好地体现了同学们对我们课程内容的感悟与体会，体现了同学们的文学和艺术素养。同学们对课题的理解别出心裁，用了多种多样的形式来表现主题的精髓。还有一些小组课题活动的形式是改编一些脍炙人口的作品，虽然有些偏离了原来的情节，但还是表现出了这些作品的主题。总体来说，我认为这次国文小组课题活动很成功。

　　虽然这次的小组课题活动是我进联合国际学院以来的第二次上台表演，但是表演刚开始时我还是显得很紧张。后来因为大家都做了充分的准备，加上组员之间的互相鼓励，我克服了紧张的情绪，投入其中。

——卢倩

　　我认为这次国文小组课题活动很成功。从出发点、主题、情节及用心程度来说，每一个小组都可以得到很高的分数。我自己也在这次小组课题活动中学到了很多。例如，从我们社的表演中，我了解了流行与古典的碰撞。

　　我感谢学社中的所有人，感谢我们自己的付出和用心，不管结果怎么样，我们收获了经验并享受了过程，这也是人生的一笔宝贵财富。

——朱云霓

教师点评

　　这一小组首先介绍中国风的特点、形成过程及它出现的意义；然后，以周杰伦《东风破》为切入点详细分析中国风在配器及歌词方面的特色；最后，现场演唱了小组成员填词谱曲的中国风歌曲——《醉红尘》。

　　第一，整个课题活动语言典雅、凝练、专业，但又能让那些较专业的内容为大众接受。比如，"灵动的鼓点节奏……却曲曲动人心扉的中国风歌曲"，用抒情性的语言描述中国风的特点，使得较专业的知识变得更可知、可感。再如，"中国风的出现是古典与现代的结合，用现代人的思想，用古典的音乐技法来创造一种新的音乐形式"，用凝练的语言将中国风传承与创新的方式概括得通俗易懂，让不懂或者不熟悉作曲风格的人亦能略知一二。又如，对《东风破》配器的讲解，其语言亦具有这种特点。

第二，详略得当。比如第一部分，用较多的篇幅阐述中国风的特点以及意义，而对中国风的形成过程介绍较少，至于中国风的发展状况及前景则只字不提。这样的处理使得主题更集中，枝蔓极少，充分顾及了十分钟课题的时间限制。再如，对《东风破》歌词的赏析，并不是将整首歌词做细致的分析，而是以"篱笆外的古道我牵着你走过""荒烟漫草的年头就连分手都很沉默"为例进行解剖式分析，将中国风歌词中古典意象与现代意象相结合所构成的全新意境特点阐释得清清楚楚，让人能较快地了解其歌词风格最核心的特点。

现场演唱原创歌曲《醉红尘》亦是课题的一大亮点。同学们既懂得中国风背后的文化内涵，又能创作并演唱中国风的歌曲，相当难能可贵。古典意象的运用使得《醉红尘》歌词颇具中国风的韵味。如果原创歌词能更注意押韵，则更佳。

下编　创意传承

导　　言

　　本部分的文章，全部选自"大学国文"和"中国文化专题"的课程作业，统一命名曰"创意传承"。不同专业的大学生以其新颖独特的创意思维与看似遥远、高冷、独语的历史作品展开对话，创作了一篇篇妙趣横生、别开生面的佳作。这些作品充满了青春气息、饱含着文化热情。

　　在编选过程中，编者根据学生作业的不同类型，又将这些文章具体分为五个栏目。第十四章"文化沉思"的几篇文章是对历史人物、文化景物和当代生活的批判性思考；第十五章"情景想象"则是以想象的情景让原本简短的古代文本变得骨肉丰满、栩栩如生；第十六章"名篇改写"的文章带给我们诗词作品崭新的体验，传统的古诗词被改写成为现代诗歌、散文或小说；第十七章"故事新编"的文章或托古讽今，或奇思妙想，让历史故事焕然一新；第十八章"佳作赏析"的文章是对古典诗词作品的赏析，几位作者独辟蹊径，他们所分析的并非是评论家给予最多关注的，而是他们最有真切感动和共鸣的佳作。

第十四章 文化沉思

一、中华文化的力量

财务学专业　李苑

总是有这样一种力量,在无数时代交织错落的长河中,超越我们对于宇宙肤浅片面的理解,引领着我们称之为灵魂的载体,将一种绵长且深远的精魄延续至今。

或许我们可以极目,略略捕捉到那河流蔓延过大地之后留下的一痕绿意。

有高堂明座响彻清霄的钟磬鼓乐,有精细繁复挥袖流云的裘袍纹络,还有缠绵悱恻穷尽辞藻的诗词歌赋,它们都仿佛是奔流了数千年的血脉,跨越了时与空之间难以逾越的沟壑,至今仍然在我们的血脉中流淌,温热一如往昔。

历史淘尽时间的沙砾,才滤得这盈盈一脉文明,温润如玉。

五千年是一段漫长的时光,它代表的不仅仅是一种长寿多元的光辉,也象征着曲折波澜的风霜雪雨,几乎折射出了整个寰宇中兴衰存亡的全部景象,就好像秀于山林的参天巨木,接受雷电的洗礼和刀斧的砍伐,坚韧且艰难地度过混沌迷蒙的岁月,蔓延出浓重清新的色彩一样,历久弥新。

当我们理解到这个过程的艰辛之时,我们总会追寻自身文化存在并得以延续的缘由。

就好像我们总是思考，为什么在漫天洪峰肆虐之后，我们仍然能够沿着黄土亘古不变的纹络重回故土晨起耕织？为什么在烈焰焚毁一切繁华之后，我们仍然能够抚摸着苍黑的石柱寻找到繁华盛世歌舞升平？为什么在冰冷的刺刀无情屠戮与抹杀之后，我们仍然能够提起手中的笔，写下这些横平竖直激昂壮阔的文字？……

为什么，直到今天，我们还是生活在与无数个世纪前起伏相同的沧桑土地之上，骄傲地沿用着来自五千年以前的亲切称谓，一直到五千年以后的今天，黄肤黑眼的我们，仍然是热血如初的炎黄子孙？

是什么样的力量，让我们，以及我们信奉着的文化，至今仍然根深蒂固？又是什么样的力量，使其挥霍了数千载的流年，却始终被人铭记？

由古至今的生存与延续，无外乎风调雨顺、天遂人愿，可想我中华泱泱，定非蝼蚁之苟且，必有非凡异禀，集天时、地利、人和的协奏，方能穿越千年时空，凌驾于灾难与屠戮之上，展现其独特的精神魅力，成为高于肢体、深于魂灵的民族精髓。

故事的开始，在天地混沌的初开，历经无数岁月与人物的熏陶历练，最终才得以显现出它存在的意义和缘由，中华民族文化求存之长路，也就在这曲折回环的因由之中展开……

始源于博广优渥

中华大地，倚山而傍海，从造物开始的那一天起，就已经决定了它生长并发展的方向与轮廓，在这样一片温暖而且肥沃的土地之上，渐渐出现了最适合这片土地的人们。

相对封闭的地理条件，也造就了中华民族独一无二的精美文化，在一个相对稳定并不对外的空间之中，中华文化形成了一种自成体系的完整链条。

这是一片奇异的土地，充足的两河水源，孕育了丰厚坚实的物质文明，滋润了这片土地之上蓬勃发展的农业，将这地域之上的人和自然紧紧联系起来。

充沛的河水，带来了北方的高粱和南方的稻米，勾勒出了浓密的丛林和连绵的丘陵，描画出了高耸的群山和低矮的盆地，也圈点出了山间樵猎、田中耕种、海里渔盐的繁盛景象。

悠悠天道，乐乐人间，便是一派好风光。

  中华数千年文化，起源于平静富饶的大地，经过河流细细的润色，才逐渐显现出如今华丽绚烂的色彩，在这无数个世纪的打磨之后，中华儿女依附于天道生存的基本原则得以形成，为我们民族的存在制定了最基本的法则。

  地源之利，是民族得以兴旺发达的基本要素，就好像在未来的某一天，我们在平静的生活之中长出肌肉和脊椎，才进化出坚韧和勇气那样，渐渐在这片土地之上站立了起来。

  华夏文明，也就在这样肥沃的基奠里生根发芽，汲取着丰富的水分，才能够开始它缓慢却精彩的生长历程。

  万里河行，始于广博优渥的地理条件，也养育了中华民族千年的基底。

延续于坚韧中庸

  文化的传承载体是人，于是在中华文明发展进步的数千年内，中华民族的儿女就在这场精彩的蜕变之中扮演了重要的纽带角色。

  中国人自古就是一种坚持的象征，因为我们的文化中最看重的就是人性中"固执"的那一部分，而且代代相传，仿佛一个古老的家族对姓氏的执着一般，也正因如此，在中华文化的根本守则之中，坚持便成了最美好的品质。

  就好像农家必须坚持春播秋收、晨起耕织的循环，文人必须坚持习字读书、出谋划策的道路，将士必须坚持建功立业、保家卫国的情怀一样，有一种无法捍卫的情节和固执，从我们出生的那一刻起就已经深深地融入我们的血液，无法磨灭。

  中国的文化教育，总是教导人们，如何学习一种经历千年的时光都不曾减退的执着，无论是成王败寇或是铁马金钩，无论是各领风骚还是百花齐放，总是离不开礼教敬畏的约束，即使是翻手为云覆手为雨的霸主，也不得不对文化的传承抱一份与生俱来的敬畏。

  而且，中国文化中最具特色的内容，莫过于中庸和谐之道，那便是每一个文明人被赋予并历代相承的一种精神品质，这样的品质也就使得中华文明整体上拥有了一种坚韧和谐的特质，能够在面临外界的伤害之时，自然而然地生出自我防护的能力。

  也正是因为这样的特质，使得中华民族的文化在历经了无数次看来足以灭顶的毁灭性灾难之后，却能够重新站起来，继续生长，持续她千年之前就已经不断重复的步伐。

因此，我们可以这样理解，中华民族的坚韧性不是一种外显的张扬，也不是一种侵略的戾气，而是一种无须言传，无质无形的默契。在这个人口众多的民族之中，只要血脉未尽，这种默契便会永远存在，中华民族的传人可以背叛一切，却唯独不能背叛这种血脉相连、心有灵犀的文化内质。

正是这种充满韧性和弹性的文化特性，伴随着我们的民族走过了五千年的风风雨雨，使我们在迷茫彷徨之中，仍然铭记，永难忘记。

升华于有容乃大

天时、地利、人和，即使拥有了这所有的优势，也只能决定一个民族在时间与空间之上单纯地"存在"，却不能进一步将民族的存在上升到文明传承的高度。

世界上有许多曾经灿烂光辉的文明和文化，或许我们不能说它们已经消失了，但是它们却在历史长河的洗礼之下，完全失却了原有的本质，甚至是在慢慢变质，呈现出一种光怪陆离的交融。

我们每每说起中华文明的存在，不论是站在何种立场之上，都不得不承认这一文化的独一无二和无可取代，它能够自成体系，即使风云变迁，无数外来的力量用各种形式在它的土地之上来了又走，可是都没办法彻底撼动它强烈的存在。

之前提到的一切，似乎都没办法真正诠释这种暴力和硝烟也无法动摇的存在，就好像这样的存在也不能够单纯地用"优越性"这一个浮夸的词语来解释那般。

和平往往掩饰不安，动荡有时却能显现真理，在中华文化面对外来文化及军事冲击的无数事例之中，我始终认为，洪秀全是一个非常生动的例子，且不论其功过是非何如，仅就单纯着眼于他创立太平天国初期的领导思想，就的确是一个融合外来文化的例子。

就文化侵略的方面来看，一种以侵略姿态出现的文化总是强迫一个民族改变其存在意识与形式，想要将臣民心目中的信仰彻底替换，但是通过对《原道救世训》《原道醒世训》，以及《原道觉世训》的了解，我们可以看到，在文化融合的过程之中，中华传统体现出的兼容并包。

即使是身披圣父圣子的外衣，洪秀全都还在描绘中国传统文化的精华部分时夹杂着浓浓的中国味，间接地表达了儒家的仁义纯善的思想，以及佛家众生平等的理念。

从某种意义上来讲，中华文化是一种凌驾在具体形式之上的存在，它有一种特殊的柔软性，能够在吸收外来文化的同时不断地完善自身。这样的能力也许来源于历史的积淀，又或许来源于人民意识形态的变迁，但正是这样的一种精神力量或者民族特征，支撑着中华民族这样一个庞大的载体在这样漫长的岁月之中，仍然保持着自己最初就已经信奉的道理。

即使汇聚无数河流，海洋仍旧是海洋，即使在这五千年的时光里，我们承受了太多的腥风血雨，但它们都只能是磨炼我们，我们的内在从未有改变。

历史其实是一场奇异的旅行，在一段很漫长的时光之中，能够折射出无数多元的画面。

思绪更是一种奇妙的东西，在它的引领之下，我们能够在幻想与现实的交界里自由地行走，看遍了古国荒凉的楼台和沙堡，租界洋气且古典的阁楼高墙，还有小镇交错纵横的阡陌与石阶，走遍了这文化行程的每一个角落，总是感觉到一种难以言喻的熟悉和感动。

就好像不管历经多久，看到这些永远不能被改变的印记之后，就会又找到家的感觉。

站在海边会感觉很开阔、邈远，胸襟也被放得无限大，整个人像是飘忽在无尽的宇宙中，但是背倚着厚实坚硬的土地之时，心里总是充满了感慨与感动。

海纳百川，有容乃大

我们能够看到的这片海洋，不分昼夜地接纳着无数的河流与水系，在未来的无数个日子之中，它会这样不断地循环往复下去，至少在我的视线里，它是永远都不会停止的。

只要在这份容纳不曾停止的地方，我们就能找到生存下去的意义，就好像我此时正默默书写着的勇气，还在我的笔墨之外流淌着。

中华文化，源远流长……

二、游走西安

环境科学专业　赵君蕊

（一）

　　华山以花为名，坐落于陕西省华阴市，傍帝王世家，拥华夏于中。

　　华山以险著称，循着这里陡峭的山石，总有些文人墨客不远千里跋涉而来，在悬崖峭壁上提笔留下几行字句。

　　如今的华山，游人再不若以前那般只见得三三两两，游程也带上了些五湖四海的人间烟气。

　　在华山的时候，我曾经遇到过一个担着几箱子矿泉水往上走的老人。他瘦骨嶙峋，皮肤粗糙且黝黑，偶尔在路边停歇一下，木讷又腼腆地笑着。

　　周围的人群或坐在路边石上喘息的，或以极慢速度向前挪移的，总忍不住停下脚步，眼神惊愕地望着他，甚或开始对他指指点点。

　　他足够老了，足够瘦了，可这犹如年岁久远了的棒柴却有令人惊愕的矫健，他去得不甚快，脚步却足够稳健，如同一个在黑夜江中熟驾船只的老练舵手。

　　有年轻人从他身边跑过，可常常于未知未觉中，他已从在前边正在休息的他们身边悄然反超而过。

　　他在这里，安安静静地走着，替人运送上山的物品，又把旅人丢弃的垃圾带下来。走了一天，也走了一辈子。

　　他在休息时候唱歌，唱属于他的、山里的歌。在游人气息几乎将这座苍苍的山湮没时，这个洪亮的、略显粗糙的嗓音传来，我恍然精神一振——自己毕竟仍是置身在自小向往的山里呀。

　　我停下脚步听他唱歌，神情专注。

　　周遭又有游人驻足，有些人望着他，眼中微微发亮；但更多的人如同看着街边艺人耍猴，评头论足一番，看腻了，便头也不回地走了。

　　他看不到这些，也不去看这些。

　　他自顾自地唱完，拿手在担子上掂一掂，又准备上路。

　　我于心不忍地拉住他，在他手心里塞入几张零钱。几块钱，对于一个旅

行者来说几乎没有意义，也许连山上的一瓶水都抵不上，他却惊愕了一下，连连对我摆手。

后来拗不过我，他捡了一张一块的，用像黑土地上的枯藤一般的看得清脉络的大手收了它，塞进了看起来脏兮兮的衣服口袋里。

我开始和他聊起来。他说，这一条路他走了几十年了，走上走下一趟得整整一天，每天二十块钱，从底下几乎没有游人的山路，与索道遥遥相望着往上走。

我惊讶得张大了嘴。山顶上几瓶水的利润就能把他一天的辛苦扳回来。

我想问他为何自己不在路边卖担子上挑的货物，但最终没有问出口。

他的眼神茫茫的，我看不出他的神色变化。

然后他说，要走了。他憨厚地笑着说："你是个好姑娘。"

老人转身而去，吆喝一声，担起架子，终于走了。扁担上的物品随着他的脚步上下晃动起来，有节奏地远去了。

我突然有种错觉，他仿佛扭过头来凝视着我，木讷的脸上闪过一丝落寞。

我的眼泪就要掉了下来。

（二）

如今的西安城中仍立着一座座废墟，城外堆砌着如山的坟头。

透过阿房宫的残存瓦砾，依稀看到当年熊熊闪动的火光，映得天空也带上一丝暗红。走过公主坟长长的甬道，阴冷与尘封的气息伴随着地底为之正名的墓志铭长存。

如今的帝王之陵，比之普通人家的墓犹有不及，杂草丛生，树木葱郁，土堆上有修建起来的石阶、亭台，人迹纷杂，熙熙闹闹。曾经的大明宫外，修起了一座游人无数、莺歌燕舞的大唐园林。

华丽可以复制，民风犹难追及，而时代，终是逝去。

如今的人们在无数破碎残缺的瓶瓶罐罐中寻找历史的蛛丝马迹，把经历了岁月洗礼的物什叫作文物供在博物馆中。无数有着文化文明梦的学者在破碎中寻找一丝连贯，惊叹与向往古都的游人在碑林丛中穿梭，拓下未干的墨迹回去炫耀。

历史如同在地窖中密封的酒的发酵剂，撕开黄页般脆弱的瓶印，时间的气息就在终年的地下掩埋中扑鼻而来了,醇香得令人窒息。

(三)

地下挖出数不胜数的宝物,亦有当今世界的无价之宝——佛指舍利。

四枚舍利,一枚本骨,三枚影骨。用不同的精巧容器装置着,层层叠叠,精美包裹在内里。

且不去惊叹那些制作精良华丽的容器,金的、雕花檀木的,从大至小环环扣着,如同风靡世界的俄罗斯套娃,却较之远为精密、细腻。单论这难辨真假的佛骨,我已目瞪口呆。四枚略显苍白的骨舍利,枚枚相似,又枚枚不同。也许是在地底浸染了太久,染上了风霜,也沾染了彼此的气息,它们看起来祥和且契合,默然中带有一丝肃穆,真真假假,再也难辨。

这里的说法是不分真假,即四枚都是佛骨。真假之说本就是难有精确标准的,怎能拿此评说本来之空?

游人不断,或匆匆,或好奇,或虔诚,或不置可否。

地下陈列室里的物品隔着玻璃,也能感觉到土地的震动,饱尝了千年的宁谧,它们终于在这座古老的塔楼塌落半壁时,再无宁日。

也罢,若无本来之悦,何来寒暄之苦?

(四)

古城之旅,终是走了过去。曾经的建筑在经历了面目全非的洗礼后,有些终究还是被完整地保留着,如同一座历史博物馆的雕塑,木然立在街心,望着周遭穿梭的车辆,感受着身底匆匆穿行的人群。

浮华来时,它冷漠地看着曾经的辉煌,曾经的显赫与奢侈;萧条来时,它与寂寞相伴,依旧神情冷冷。岁月仍是岁月,一般速度地从它身上淌过,广漠如天,无常如云,却常因一些文人墨客的惆怅而沾染了唏嘘与落寞。

它们身上承载了太多的历史,可这里依旧有暮鼓晨钟。

至今仍留存下来的明城墙并没有随着没落的朝代轰然倒地,这个衰老的王朝心脏曾经重重地跳了几下,渐渐微弱了,残存下来一副仍待考证的躯壳。

这副躯壳上繁衍起来了新一轮的文明、新一轮的辉煌,尽管较之曾经的辉煌显得有些没落、有些苍凉。可老树枯藤上毕竟还是长出新的芽来,新的长得缓慢,老的也未见腐烂,于是茫茫天下有无数寻梦、寻根的路人在这条路上与之交臂，为之叹息一番。

这几千年的古都，千余年的政治中心。太长，太久远。换作谁都将要被时间埋没，被历史拖垮。

它呢？这座古城带着厚重的累积，带着曾经刻骨铭心的斑驳，在这片广袤的、古老的、富裕的、文明的土地上，悠长地一呼、一吸。

后　　记

我是带着某种悲壮去写西安的，这座古老的城市看尽了人世，也看透了世事，饱经风霜却早已安然泰之，它是宁谧的、稳重的。它身上负担得太多，经历得太多，却把所有沧桑默默接收，不顾外人评说。

三、奢华生活不可多夸

财务学专业　　陈晓蓉

《子虚赋》中楚国子虚与齐国乌有先生互相夸耀自己的国家，其中子虚夸楚，是为了维护国家和君主的尊严；乌有的境界更高，认为子虚只是比富斗强，观念亦已过时，主张以道义为重。这体现了西汉初年大一统中央集权的社会局面，具有一定的现实意义。但倘若谈到文章中描绘的那种繁华、奢侈的生活是否值得提倡，本人持反对意见。

历览前贤国与家，成由勤俭败由奢。这是历史总结的规律，用于今天，仍然有很好的借鉴作用。纵观历史，因为追求纵欲享乐，过着奢侈萎靡生活的帝王最终导致亡国的例子实在是太多了，商纣、李后主就是典型的代表。康乾盛世之后，乾隆觉得大清国国力强盛无须和外界沟通，于是闭关自守，还在他和他母后晚年的生日上大肆铺张、穷奢极侈。殊不知这为大清国埋下了隐患，甚至间接地为近代的侵略者敞开了国门。而慈禧在外逃的路上还对菜式要求严格，讲究排场，最终只能当侵略者傀儡，把大好河山拱手相让，遗臭万年。这些都是活生生的例子，前车可鉴。荀况说："强本而节用，则天不能贫。"这不管用在什么时代、什么社会背景下都是适用的。

"众人皆以奢靡为荣，吾心独以俭素为美。"司马光的话道出了浮躁不断的社会气息和现代人所缺乏的传统美德。这不得不让人反思，面对着经济的飞速发展和个人私欲的不断膨胀，人变得越来越虚荣和浮躁，攀比心理和奢侈浪费现象愈演愈烈。山西的煤矿经常爆炸，可是面对着那么多条人命的丧失，私营企业的老板照样心安理得地集体购买悍马，开着颜色不同的劳斯莱斯在街上炫耀身家。中国作为世界奢侈品的最大消费国，虽然确实体现了社会的部分繁荣，但更多的是富人们的虚荣心理在作祟。开车要开大排量的欧美进口车，吃饭要吃金箔宴，喝酒要喝路易十三，就连送月饼居然也夹带着房子或车子的钥匙。这样的社会让人觉得难以理解，面对着两极分化严重的局面，这样奢侈的生活只会使其更严重，使整个社会更动荡。鲁迅的一条棉裤就曾穿了又补，补完再穿，但这丝毫不影响他的名声和成就。为什么非得那么刻意追求生活的极端品质呢？只要你的内心足够宽广，精神足够超脱，你又怎么会在乎物质条件，又怎会被虚荣的心理所羁绊呢？何不把你的爱心奉献给需要帮助的人，把你的欢乐传递下去？这样的精神境界更高而且更值得彰显和推崇。

四、让我们把陶渊明也放在备忘录里

社会学专业　　谢晓雪

我们都已经很忙，路上碰见同学也是随便点个头就过。所谓休闲不过是在小餐馆里吃一顿犒劳自己的饭菜，倚在沙发垫上眯着眼晒一会太阳，嘴里还在不停地讲着活动企划，脑子里还在想那个电脑程序要怎样修改。

我们太忙了。

就像李宗盛在《忙与盲》里唱的那样："生活是肥皂香水、眼影、唇膏。许多的电话在响，许多的事要备忘，许多的门与抽屉开了又关，关了又开，如此的慌张。"

在这样忙碌的时光里突然讲到陶渊明，就像奔跑的野牛群突然在静谧至极的天鹅湖畔急刹车，身上脑子里的那些凌乱的东西叮叮当当掉了一地，显出我们狼狈的貌样来。

本不应该如此狼狈的。我们忘记了一件重要的事情……

让我们把陶渊明也放进备忘录里吧。

陶渊明说："凯风因时来，回飙开我襟。息交游闲业，卧起弄书琴。"在路上匆匆而过的时候，略微留意一下吹动衣襟的和风，留意一下路边开放的野花，留意一下熟识的朋友打招呼时的笑脸；把生活用这一种方式沉淀下来，把忙碌的渣滓都撇清，认识自己到底在忙碌些什么。用陶渊明的悠闲和清净洗涤自己的生活。

让我们把陶渊明也放进备忘录里吧。

陶渊明说："暧暧远人村，依依墟里烟。狗吠深巷中，鸡鸣桑树颠。"他所向往的是这么一种平静而直白的人生，没有你争我斗，也没有官场的黑暗，以一种极度悠闲的态度去过自己的生活。人生数十年，虽说漫长，却也是眨眼即逝。我们的生活距陶渊明的时代太远了，可能没有那样子的清闲自在，但是我们可以把那样一种意象放进我们的脑海里，提醒着自己不要忽略了身边那些平凡的、不起眼的幸福。

让我们把陶渊明也放进备忘录里吧。

陶渊明说："投冠旋旧墟，不为好爵萦。养真衡茅下，庶以善自名。"相对于我们的"来来往往""匆匆忙忙"，从一个方向到另一个方向的"忙忙忙忙忙忙"，他的所求显得直接而随意，不过是茅庐一间而已。但是相对于我们不知"忙是为了自己的理想，还是为了不让别人失望"的茫然不知所措，陶渊明的追求却是"求真""求善"——那样光明磊落地宣告着。不能让忙碌磨洗去我们最初的目标，我们应该问问自己，忙完了，我们得到了什么？

与其"盲的已经没有主张，盲的已经失去方向"，不如仿效"欢言酌春酒，摘我园中蔬"的悠哉。与其"忙得分不清欢喜还是忧伤，忙得没有时间痛哭整一场"，不如吟诵一句"今我不为乐，知有来岁不"。与其为遗忘了"曾有的一次晚餐和一张床，在什么时间地点和哪个对象"而伤神懊恼，不如想想"朝与仁义生，夕死复何求"的深意。

我们需要用陶渊明来提醒自己不要忙得过了火，需要这么一把标尺来度量我们的人生，需要记得不要忙得连自己是谁都忘却了，所以，让我们把陶渊明也放进备忘录里吧。

第十五章 情景想象

一、诀别诗·击鼓

新闻学专业　江天

死生契阔，与子成说。执子之手，与子偕老。

——《诗经·邶风·击鼓》

诀别诗赋剑气寒

我是宋国大将的遗腹子，父亲惨死于与卫国交战的沙场。我却生在卫国，因此母亲为我取名叫作"锋"，希望有朝一日我可以手刃卫王，为父亲报仇。

你是卫国元帅的千金，集万千宠爱于一身。

天缘造次，因为一只误落林中的风筝，我遇上了你。

你说你喜欢听我吹笛，说是在我的笛声中你能忘却战场上的种种惨象，能让你的心回到你的家乡；我喜欢听你弹筝，因为那琴声能让我暂时平复心中的仇恨，能让我好好欣赏周围的风光。

虽不曾郎骑竹马来，绕床弄青梅，但我已然习惯了和你嬉笑玩耍，言笑晏晏；已然习惯了和你并肩执伞走在纷飞的花雨中；已然习惯了为你拂去落在发梢的花瓣。

我该恨你么？

你的父亲是卫王的爱将，而我与卫王之间有着不共戴天的杀父之仇。

我又怎能恨你？

我笃信自己找到了合意的人，满心的欢喜让我不再顾忌你的家庭，甚至你是谁……

投诚到你父亲的麾下是我对你的承诺，而你的父亲也给了我一个承诺，只要我能带兵攻下陈国的城池，便将你许配给我。我带着这份承诺披上盔甲，拿起宝剑，渴望用一场场大捷作为迎娶你的聘礼。

但谁知，这一切的美好，这一切的承诺仅仅是一场噩梦的开始，而梦的结局竟是这样的万劫不复……

每次战役启程你都会来到我的马前送我，我也会用手用力握一握护心镜里你送我的那条纱巾，我知道那上面绣着你常常唱的那首歌："杨枝折兮，柳絮飘逝，吾候子兮，爱郎胜归。"

开始的几次战役我们势如破竹，陈国的士兵不堪一击，守将更是鼠辈。每一场大捷之后我都会让信使带一封我写给你的信。我想让你知道，我一定会兑现那个承诺。

陈国不得不提出议和。议和的前一晚你的父亲找我回营，在帐中他告诉我，卫王会亲自参加议和，他要顾及与齐的战斗，不能同往，命令我贴身保护卫王。

议和之后，我们便可成亲，我点点头，看见他的眼中闪过一丝奇怪的目光，我没去多想。走出营帐我便看见了你，还有你眼里的泪光。我感到奇怪的是，你怎么不在明天早上来马前送我，而是在这个时候出现在这里，还有你的眼中为何有泪？你问我那块纱巾在哪儿，我将手探到护心镜内将纱巾取出放到你的手上。你将纱巾摊开细细端详，你的眉梢忽然有些颦蹙，我刚想问你，你却又将纱巾叠好放回我的手上，然后在我耳边说"我等你回来"，便转身跑开。我感觉到我的手心有些湿润，看着你的背影在暮色中渐行渐远，我发誓我一定要顺利凯旋，回来娶你！

我拿出师父当年最心爱的宝剑，剑身上已然被我刻上了你的名字，跨上战马，去奔赴那一场未知却仿佛是命中注定的邀约……等我回来。

战场，四面边声连角起，长烟落日孤城闭。陈国的议和竟是一场巨大的骗局，百倍于我们的陈军将我们包围，我们孤立无援，不出一会儿，血流成河,尸横遍野,刀光剑影,短兵相接。我掩护着卫王往后撤退,陈军越来越多。平日里骁勇善战的兄弟此时或是已经殒命,或是重伤在身,或是鏖战正酣,被派去叫援兵的士兵也被乱箭射死。

我知道自己身上已经受了不少的伤,手臂上的血也在不停地往下流。但我还在尽力保护着卫王,不停地往回走,朝着卫的方向,朝着你的方向……

身边的将士一个接着一个地倒下,四溅的鲜血甚至已经染红了卫王的礼服,我手起剑落,砍死了一个陈国的骑兵,夺了他的马,把卫王扶上马,我则站在原地,掩护卫王,竟完全忘记了他是我的杀父仇人。我企图为自己杀出一条血路逃出去,因为我知道你还在那里等我。陈国的士兵在不断增多,越来越多的箭射向我,但我不会投降,我还在奋力拼杀,尽管血色之中我的剑早已不再锋利。

最终,在我挡开飞来的箭矢的时候,一把钢锤打碎了我的护心镜,我再也支撑不住,倒在了地上,怀中的丝巾被风展开,我尽力睁开眼睛,只看见纱巾上的字已经模糊,什么也看不见了……

唯有耳边,清清楚楚地回响着你的声音,你的呼喊:"我等你回来……"

对不起,这次,我真的回不去了……

我终究无法释怀,难道和你的相爱只是一杯美味的毒酒?

"执子之手,与子偕老"难道真的是一个不可能实现的承诺?

人生若只如初见

我叫岚,我是卫国元帅的女儿。

感谢天缘,那阵突然刮起的风吹走了我的风筝,让我和你遇见。

我喜欢听你的笛声,因为你的笛声清脆悠扬,让我想起家乡河畔的绿树和潺潺流淌于城内的小河;我喜欢为你弹筝,因为我一弹筝,你就会舒展你平时紧皱的眉头,莞尔一笑。

我把我从小就戴着的纱巾送给你,你可知那纱巾便是我娘给我爹的信物,我常常唱上面绣的歌词给你听:"杨枝折兮,柳絮飘逝,吾候子兮,爱郎胜归。"你可听得明白?

我爱在三月细雨纷飞之时将头轻轻枕在你的肩上,让你为我掸去我头发上的花瓣,久而久之,我发现自己已然习惯你肩膀的温度,已然不习惯没有你的日子。

你的武功出众，兵法渊博，我向爹保荐了你，爹一眼就看出了我的心意。

只要你立下战功，成为将军，他便把自己的帅位交给你，并把我许配给你。当时我真的高兴极了。

但我绝对没想到，我的一番炽情竟将你推向了一个不见底的深渊……

每次战役之后我都会收到你写给我的信，信的最后一句总是"吾将胜还"。我知道你又收获了一场大捷，又一场胜利。这时候我总会兴奋地站在房门口，憧憬八抬大轿将我抬过营帐的大门，憧憬披在我头上的红纱……

陈国终于提出了议和，爹说让你保护卫王，我只当这是爹在委以你重任，盼你立功。我也希望议和早早结束，我们就可以成亲了。傍晚时分，我经过爹的营帐，听见爹和副将在说话。原来爹得知了陈国向梁国借了五万精兵，担心议和之事有诈，才派你保护卫王。这虽是一次立功的机会，却更是一场生命的博弈。

晚上看见你回营，见你和爹在谈话，我便在营帐门口等你出来，几日不见你又瘦了许多。看着你的眼睛，我隐隐约约有一种不祥之感，但又说不出缘由，但眼泪却往上涌。我向你要纱巾一看，你从护心镜后拿出纱巾，我欣慰不已，知道你总是把我放在离你心房最近的位置。我展开纱巾，却看见那个"归"字的线被铁甲刮断了。这……我不忍再想，也不告诉你，只怕说破了，征兆便成真。我只轻轻在你耳边说句"我等你回来"，就转身跑开。回到营帐，我扑在床上痛哭。

翌日醒来，我心里十分焦躁，心也跳得格外快，只得展开纸墨，练字静心。然而，这也无用，我的心还是忐忑不安，口中默念祷词，盼你平安归来。

一直到傍晚时分，你还未归来，只听见军营里一下子喧闹起来，我以为是你凯旋，换好新装，出门相迎，听到的却是你和卫王被围困的消息。我一下子懵了，回到帐中，又撞到了桌上的笔架，笔上的墨汁刚好将我所写的"执子之手，与子偕老"遮掉。我站在桌前黯然泪下，因为我已经猜到了这场战役的结局，还有……我们的结局。

不知过了多久，有人忽然大喊："卫王回来啦！"我又急忙出帐，妄想着能看到你回来，哪怕你已经血染战袍，遍体鳞伤。但是我只看到卫王和几个残兵。爹将卫王从马上抱下来,只听卫王说:"锋将军被困,还未突围。"我顾不得一切,走到爹面前求他出兵救你。爹说城中无兵可派,何况卫王已经脱险,就不必……

我跪在爹面前,磕头恳求,卫王刚刚受了惊吓,希望安静,就皱起眉头。爹见状扬手给了我一记耳光,对我喝道:"锋是个宋人,你知道吗?"原来爹让你保护卫王不是为了让你立功,而只因为他早知道你是个宋人。爹最后对我说:"宋人,死不足惜。"

我错愕,看着爹把卫王搀回帐中。

你是宋人,而我是卫国元帅的女儿,我一出生就和你有着血海深仇。你说,我怎会爱上你?

但和你在一起却是我人生中最幸福的一段时光,我从来没有这样开心过,也从来没有这样送一个人远行,盼一个人归来。你说,我又怎么能不爱你?

夜深了,大营之中唯有我帐中的灯还亮着,我抑制着自己的思绪,不去想你血染的盔甲,不去想你受伤倒地的样子,不去想你怀里那条被鲜血染红的纱巾……

我知道你不会再回来,但我还是要等,等你回来……

"执子之手,与子偕老"是我们互相许下的承诺,"死生契阔"却成了我们的结局。

这究竟是为什么?为什么?

吹熄桌上的灯,我拔下头上的银簪,刺向自己的手腕。

"杨枝折兮,柳絮飘逝,吾候子兮,爱郎胜归。"

> 诀别诗,两三行。
> 写在三月春雨的路上,
> 若还能打着伞走在你的身旁。
> 诀别诗,两三行。
> 若我能死在你的身旁,
> 也不枉来人世走这趟。

附《诗经·邶风·击鼓》原诗：

击鼓其镗，踊跃用兵。土国城漕，我独南行。
从孙子仲，平陈与宋。不我以归，忧心有忡。
爰居爰处？爰丧其马？于以求之？于林之下。
死生契阔，与子成说。执子之手，与子偕老。
于嗟阔兮，不我活兮。于嗟洵兮，不我信兮。

二、刘备之死

英语专业　李丹

月色如水，夜难得静谧。

刘备斜躺在病榻上，微微地睁开双眼，浓浓的药味弥漫着空旷的房间。侍女端着药碗走进门来，不经意地皱起了眉头，对于这种味道，他再熟悉不过了，连日来，一日三次喝下黑黑的药汁，现在闻见这药味，胃便条件反射般地收缩。他低头，喝下了那黑黑的药汁。自从战败逃入白帝城以后，沉重的打击让他在病床上度过了几个月的时间，这对于在马背上生活的他来说，早已痛苦不堪。他随即吩咐侍女穿上衣服，然后缓缓地走向窗前。

永安宫外是浓浓的春意。初露的桃花蓓蕾在夜灯的照耀下，娇美无比。傍晚的春风依旧寒冷，不由得让刘备打了个寒战。侍女慌忙取来那件蜀锦衣氅，为他披上。温柔的动作，温暖的衣服，温馨的桃花，刘备不由得想起她。她便是他的妻子，也是那个不共戴天大仇人的妹妹。她比他小二十多岁，他们的结合是当时政治的需要，不料他们真的相爱了。他清楚地记得，他和她的相识也是在春天，那里也有桃花和春风。至今让他无法弄清的是，一个整日里舞枪弄棒、剑不离身的少女，竟然可以如此的温柔，如此的娇美。他无法忘记，她亲手为他缝制的寒衣——就是自己身上的这件蜀锦衣氅。刘备更无法忘记，当他忙到深夜时，她总是站在他身边，静静地为他研墨。春风依旧，桃花依然，她却和他阴阳相隔；衣氅虽旧，但依然温暖，可是她的温柔，却只能让刘备在春风吹乱了的思绪中苦苦寻找。物是人非事事休，欲语泪先流。想到此，刘备那满是惆怅与担忧的眼睛不免多了一些湿润。

几十年来，时局变化动荡，战事时起，让刘备疲于应付，以至于兵败夷陵，自己病倒白帝城，才得以空闲怀念佳人，怀感过往。刘备在这个平静、至少目前很平静的春夜陷入了深深的沉思，近些年来天下发生的变化就像翻书一样从脑中掠过。关羽之死，自己欲称帝报仇，还未出征，张飞又亡，这等打击使仇恨蒙上了犀利的双眼，便不顾所有人的反对，举全国之兵亲征灭吴，轻视陆逊，以至有此惨败。蜀国的前景将如巨星陨落，无以复继，这难道都是天意？

他抬起头，望着天，天幕深处，是一望无际的灰，几颗泪珠般的星星颤抖着似乎在哭泣。这些孤单的零星，仿佛被无边的寂寞包围，似乎在不尽的欲望中挣扎，又好像在无际的仇恨中燃烧。他面色凝重，这些星星似乎在预兆着一种不可知但不祥的未来。刘备想，这是在为我大汉几十万冤魂哀悼，还是在为天下苍生的命运而叹息，或者是在告诉我某种结局？

春天，本是一个充满生机和希望的时节，但这样的星空，不免让人心碎。刘备一声长叹，逝者如斯，岁月蹉跎，时光在人们的脸上刻下了道道皱纹，在人的发际染上了白鬓斑斑。想自己，英雄一世，兵败余生，膝下仅有三子——刘理、刘永和刘禅，却无一人能继承大统！

天空的星星终于全都消失不见了，灰暗的天空开始变黑，黑得没有尽头，黑得犹如恶灵张开的巨型大口，等待着吞噬人的灵魂。

刘备突然感到很疲倦，胸中似乎有一股闷热在涌动，终于，一口热血自口中吐出。众侍从忙将刘备扶到榻上，将士宫女乱作一团。他再次睁眼，已是半夜，病榻前挤满了人，阿斗跪在床前，泪流满面。刘备似乎明白了什么，反而轻松地笑笑。丞相诸葛亮、尚书令李严上前，刘备对他们说："君才十倍曹丕，必能安国，终定大事。若嗣子可辅，辅之；如其不才，君可自取。"原来他早已有所安排。当一切安排停当，刘备长长地吁了一口气，仿佛从肩上卸下了一副重担。刘备挣扎着坐起来，伸出双手，似乎想抓住什么，但终于失败了。最后手慢慢地垂了下去，随着他眼皮的闭合，一代英雄和昨日的辉煌伴随着他的一声叹息，永久地成为过去。

永安宫中一声惊呼打破了春夜原有的宁静，随后，白帝城成了哭泣的海洋，春风和桃花都被泪水和白幡掩盖。

天渐渐地开始亮了。

没有人听到，天亮前白帝城内传出的那一声无奈的叹息。

后记：我从小在白帝城长大，耳濡目染着关于刘备的一切。他的勇猛，他的惜才，他的深情，一切的一切都深深地烙印在我的脑海里。幼时无知的我爬进肃穆的托孤堂，骑在他的塑像身上，或勾着诸葛亮的扇子。现在想想，不免惭愧。夜深，我构思着创意写作，毫无思绪。直到抬头看见自己幼时的照片，照片中的我站在白帝城摆着胜利的姿势。于是，一低头，此文便流于笔尖。

三、寻陶渊明

统计学专业　　王浩宇

引　子

科学的进步深刻地改变着人们的生活。不知从哪里看到的这句话突然浮现在我的脑海。终于忙完一天工作的我，漫步在城市夜晚的街道上，手里攥着一张时空旅行的宣传单。我可能早已忘记了少年时的幻想，这种时空旅行的事好像并没有想象中那么有趣。我想，喜欢把钱花在这上面的大概只有那些有钱人和考古学家吧。"唉，的确，科学的进步改变了人的生活，但是……"我将茫然的眼神投向那没有一颗星星的夜空，"为什么每天还会有那么多的烦心事呢？生活的确越来越便利了，连时空旅行都可以实现了，但怎么总感觉在这个社会里生活越来越难呢？"

也许，这就是为什么我羡慕陶渊明闲适无忧的原因吧。究竟要对生活有怎样透彻的感悟，才能拥有那份恬淡自然呢？突然，我变得有些激动起来，一个好主意浮现在脑海中：为什么不做时空旅行去见见陶渊明，向他请教人生之道呢？这样，我一定获益匪浅。

说干就干！

……

一个月后，时空转换前20秒，经历了突击式文化和语言特训，带上足够的钱，还有一本陶渊明作品集，我想这本书还没有通读过，带上应该有用吧。于是，我准备出发了。

5……4……3……2……1……开启！

感觉就像被吸入了一个未知的空间，我紧张得闭上了眼睛，然而，几乎只是一瞬间后，我的脚就碰到了坚实的大地。

东晋，陶渊明，我来啦！

结庐在人境

"这里是公元421年7月28日下午14时23分，欢迎来到陶渊明的故乡——浔阳柴桑……""啊！实在抱歉，由于技术原因，您偏离了目的地103公里……"

搞什么！还说什么安全可靠！"唉，反正钱足够，我自己想办法过去吧。"

"那么，祝您旅途愉快！"

什么呀！我关掉微型通话机，举目四望，发现不远处有一座城门，好像是个挺大的城镇。我心想：先去那，再想办法雇辆牛车吧……

咦？奇怪，这些是什么人？个个穿着宽袍大袖，摇摇摆摆沿着城墙走来走去，还有几个聚在一起，旁若无人，好像在谈论着什么。咦？他们竟然在捉虱子！看他们的衣着应该不是乞丐呀。啊，我明白了，这就是所谓的魏晋风度吧，据说魏晋名士们"为求长生而炼丹服药，穿衣喜宽袍大袖且经久不洗，故而多虱"（引自《魏晋风度谈》）。因而"扪虱而谈"在当时是件很高雅的举动。但是这些人怎么看都不像什么名士，总感觉好像缺了点什么。话说嵇康、阮籍、山涛、向秀这些千古名士，就算是在东晋也已死去一两百年了吧。而这些人，无非是些追求时髦，故作高雅之徒，又怎会有真名士那样的风度？他们的确学会了旷达的行为，却没有旷达的心境，所以看起来才那么不合时宜吧。

不管他们了，我抬头仰望，想看看这儿到底是哪。唉，看不懂，算了，进去再说，反正肯定有牛车。

就在一个小时之前，我还在22世纪的街道上，而现在，我已经在东晋某城镇街道上散步了。不过，路上的行人却似乎没我这么高兴，一个个神色紧张，步履匆匆，原来应该很热闹的市场也显得很冷清。我不禁疑惑起来，于是叫住了一位老人家，想问问怎么回事。

"看你是外乡人吧。"老人问道（我点点头），"这一带好像又要打仗了。

唉！这世道真是不太平啊，有打不完的仗。一打仗，倒霉的总是老百姓。这不，大家都准备待在家里不出来，以免引祸上身。我看小兄弟你身强力壮，这样在大街上闲逛是很危险的，小心被人抓去当兵！还是赶快找个客栈住下吧。""多谢指点。"我学着晋人行了个礼，心中却打起鼓来。"对了，小兄弟大老远赶来此地有何贵干呢？"我想不用撒谎也无所谓，就说："晚生正打算去拜访陶潜先生，只是现在还不认得路。""陶潜？唔……好像没听说过，很有名吗？"

本来以为像陶渊明这等人物，当世之人一定对他的名字如雷贯耳，但事情好像不是这样。总之现在不是想这个的时候，拜别老人家后，我马上投宿到附近的一家客栈里，并吩咐掌柜的雇一辆牛车，打算明天一早就出发。

夜深了，我在床上辗转反侧睡不着。以前只在历史书上读到过，魏晋时期政权更迭频繁，战乱不断，但并没有特别的感觉，而今天我却真真正正体会到了，这纷乱的世事以及生活在这种乱世的人的心情。又想起了城门口那群怪人，还真是悠闲呢。不过看他们那样子，应该不会有人会抓他们去当兵吧。然而接着又想起了建安七子、竹林七贤等文人，心情便又沉重起来。

文人于乱世，既不能于政治和战争中叱咤风云，指点江山；又不愿随波逐流，湮灭于乱世之洪水，这深深的矛盾与痛苦，又有几人能够承受？就在一两百年前，建安七子之首孔融死于多嘴，而博学多才的嵇康，在弹完一曲千古绝唱《广陵散》后，同样命丧于权力斗争的漩涡中。"孔融死而士气灰，嵇康死而清议绝"，于是失去信仰而又恐惧于政治压迫的文人开始精心避祸，他们转而清谈老庄，转而服药饮酒，甚至佯狂，在这个最不文人相轻的时代，他们尽情地释放个性，他们率真、坦荡，放浪而不拘小节，用自己的方式去追寻，去反抗。所以，他们可爱，可敬，却又可怜。可爱是因为他们抒发真性情，可敬是因为他们对后世文人的深远影响，而可怜则是因为他们生不逢时，在信仰失落，精心避祸的同时又勉强去追寻一个"合理"的解释，仓促之间的行为乖张，无论哪个时代的人来看，无论有多么理解他们的处境，也会认为那些偏执的行为是不正常的，至少是不自然的。相比之下，陶渊明在面对同样的黑暗现实时，并没有像其他人那样继续被迫依附政治集团，在世事中起伏沉沦，而是选择了归隐田园，不问世事，如果没有一颗旷达、通彻的心，又怎能做到这一点呢？

猛志固常在

经过了忐忑不安的一夜，第二天清晨，我坐牛车出发了，不一会儿就驶出了城镇，在林间小路上悠然而行。我顿时感觉一身的焦虑和疲惫都被丢在了后面。我想我已经有些体会到陶渊明归隐田园时的喜悦了，真是"舟遥遥以轻飏，风飘飘而吹衣。问征夫以前路，恨晨光之熹微"。一想到要见到陶先生本人了，心中不免有些激动。可惜这不是飞机、火车，而是牛车。据车夫说要四五天才能到。不过，虽然牛车速度慢，但正可让我有足够的时间来欣赏风景，想想事情。习惯了现代都市的快节奏，偶尔这样子也不错嘛。

有时我会拿出那本作品集，细细品味。但随着阅读的深入，我越来越发现自己先前误解了陶渊明。我发现原来陶诗中不仅有"悠然见南山"的恬淡自然，更有"金刚怒目式"的作品。这在《读山海经》《述酒》《读史述九章》《拟古》《咏荆轲》等作品中均有体现。如果说这些是他年少时，想要有一番作为的时候写的也就罢了，但他在归隐后仍写过这样的作品，比方说《读山海经》里的"精卫衔微木，将以填沧海。刑天舞干戚，猛志固常在"。一句"猛志固常在"不禁让我陷入了沉思。原来陶渊明并不总是那样闲适无忧，恬淡自然，即使归隐了田园，他心中仍有割舍不掉的牵挂。原来那时的文人都是如此，即使政治逼迫他们放弃理想，甚至放浪形骸，他们也不会忘记忧国忧民！然而即使如此，陶渊明也是不同的。在其他人寻仙问道、放浪形骸、继续散漫地依附在某个政治集团时，他却选择了归隐，选择了平淡，选择了回归自然。面对同样的人生难题，他虽然没有完全解开，但他比别人走得更远。他的心可以静如止水，所以听得到自然一切美妙的声音。他悟得了乡村田园的内在意蕴，从而找到了自己精神的归宿。鲁迅曾说过："陶潜正因为并非'浑身是静穆'，所以他伟大。"之前我一直以为这只是指他的性嗜酒，而现在，当我发现了他的两面性后，他在我心目中的形象更鲜明了，也更高大了。我明白了陶渊明的可贵之处在于，在面对人生的难题时，他勇敢地迈出了第一步，而且这一步足以引导后人继续前进。

正因为无论是过去还是现在，人类总是被各种各样的问题所困扰，所以才需要有人迈出第一步。也许对于人类来说，活着始终需要不断探寻生存的意义和价值。"猛志固常在"，是一句宣言，更是一句誓言！

终于到了，在村民的指引下，我来到了陶渊明的家，却发现他不在。

"可能又去哪家喝酒了吧。"村民笑着说道,"你等一下吧。"便离开了。我于是就在周围随便转转,嘿,果然有五棵柳树,屋子也挺破旧的,院子里还有两只鸡在悠闲地散步,俨然一个普通的农家小院,丝毫看不出有什么名士的痕迹。村里的人都在忙着自己的事,偶尔会传来几声鸡鸣犬吠,只是让人感觉更安宁罢了,这便是他归隐的田园啊。沉浸在这乡村的宁静中,我忽然意识到,这已经足够了,我的旅程也该结束了。要说的都已经在文章里说了,又何必费此周折呢?实际的寻找不如精神上的追寻。况且古今中外那么多的名人贤士,又岂能一一拜访过来?正如所有伟大的人一样,陶渊明是孤独的,但身体的孤独比不过精神的孤独,伟大而孤独的灵魂需要的只是纯粹的知音。

我虽然没有得到明确的生活的指引,但我得到了生活的勇气,这已经足够了。

四、钗头凤——给唐琬

新闻学专业　黄昉苊

蕙仙:

　　终究还是在沈园见到了你。

　　三年了。

　　看着你为我斟酒,我的目光只是停留在酒杯上,它们在你灵巧的手中显得很听话。那双红润的手,总是在每个我掌灯读书的夜间,悄然把一星星的蕊香投入香炉;在每个早起的清晨细致地挽起秀发,将玳瑁犀梳牢牢地插在髻畔;也曾与我一起采来沾着露水的菊花,做成散发着清香的菊枕。似乎所有的事情到了你的手里都会变得妥妥贴贴、称人心意。那时候的我暗暗问自己,怎么会呢,我怎么会让这么灵慧的你从我身边溜走的呢?

　　我甚至不敢抬头望着你。

　　饮着酒的时候,我想起以前。也是这样春日的午后,我们偷偷搬出家藏的黄酒,一边赏着草长莺飞的江南春色,一边品酒猜谜、吟诗作对。你总是很快就能猜出我给的谜,对出我给的联,却喜欢做出仿佛很伤脑筋的样子,然后看着我以为难住你而洋洋得意的表情偷偷地微笑;每当我看到你低头举起袖子遮住口的时候，我就知道自己又得罚酒认输了——虽然仿佛不服气地喝了酒，可是心里，是欢喜的。有时我们的笑声甚至会把母亲引来。那时，对她的责备，我还是不以为意。我以为她还是喜欢你的，像那以前的十几年一样；我以为我们一辈子可以随时在某个春日的午后一起品酒游园，像婚后的前两年那样。可是……终是不会再现了，这一幕，那么清晰，那么遥远，那么美丽，那么残酷。

现在还是一个温暖的春日，还是在一个有着秀丽景色的园林，相似的楼阁亭台，相似的春暖花开，相似的你——却已然是别人的妻子，是被我亲手写下的一纸休书赶出家门的弃妻，再不可接近。怎么会这样呢？我曾那样坚定地告诉你有一天我一定要把你再接回家的，然而……好像只是一步走错了，便在漫天的狂风裹挟中，不由自主地步步走错。我心中总不愿面对这个现实，现在无情的现实却来逼着我面对它了。为什么，一切变成这样？他们说"女子无才便是德"，你偏偏才华过人，是不是错就错在你从来不向我掩饰你的才华？是不是错在当时我那么天真，以为母亲的怒气会随着时间消释，为了尽快平息她的怒气而轻率地写下了休书？是不是错在没有让你回娘家，却自作聪明瞒着母亲把你悄悄安置在别馆，期望能转圜却反而惹得发现了这一切的她更为愤怒？是不是错在那个夜晚当母亲叫来的唐家的人来别馆把你接回去的时候，我跪在母亲跟前眼睁睁看着你被娘家的人带走却没有不顾一切地留住你？

错，这一切通通都是错。

或许，最大的错是错在我们当初相遇了，错在我们后来相爱了。在这样的时代和社会，就不应该出现这样真心到忘我的爱。

什么"八字不合"，什么"命中无子"，你使我真心地爱上你，忘记了这世界上并不是只有我们两个人——这就是你唯一的罪。我知道，我都知道，却还是守护不了你，却还是让一切变成这样……混乱的思绪和隐隐作痛的记忆紧紧交缠，揪着我无法再往下想。也罢，现实已然如此，我所能做的，大概也只有闭上双眼，把杯中的酒一饮而尽，让一切的纷乱都随着酒水被冲刷而去。

我没有勇气让自己触碰你的目光，也没有勇气让自己看见湖对岸水榭中的——你的丈夫。

我们被迫分离的那个晚上，我不会想到，数年后我们才能再见面；见面时，母亲为我新建了一个家庭，你已是他人妇。当你捧着黄縢酒向我走来的时候，我脑海中浮现的，却是十岁那年第一次相遇时见到的你。那个在外祖父寿辰时年纪最小却能把大礼行得丝毫不差的小姑娘，那个眼睛忽闪着仿佛能探到人心里去的小姑娘，那个常常沉默着不说话、笑的时候永远不会忘记举起袖子遮住口的小姑娘……大人们因为你的温柔知礼而纷纷称赞你，并且告诉我，未来你会成为我的结发妻子。我却被你那闪亮如黑夜星辰的明眸击中了，我确信，你的眼中有着大人们看不到的地方；从那以后，你就再也不曾淡出过我的记忆。

我在碧绿的水面上看见你的倒影，那个纤瘦如斯的身影真的是你吗？一路过来的轻微却也无比熟悉的脚步声告诉了我答案，然后，这身影停住了，一个再亲切不过的声音砸向我的心，你说："表哥，数年不见，别来无恙？"

我闭上眼睛。是的，如今我只是你的表哥了。

你听说了我这次礼部会试的遭遇吗？试卷被秦相除名，什么名次也没有得到。我还是没有像母亲所期望的那样在仕途上得到光宗耀祖的成就。那个被迫离开的晚上，你也曾紧紧抓着我手说："官人，要答应我，用功读书，一定要在科举考试中考出一个好名次，只有这样我才有可能得到母亲大人的原谅，只有这样我才可能再回家，回到你身边……"

那时你的手好凉。

"只有这样我才可能再回家……"

我向你允诺过。

我向你允诺过一定要让你再回家的，我没有做到；我向你允诺过一定要在科举考试中拔得头筹的，我没有做到；我向你允诺过要和你一辈子相敬如宾的，我，没有做到。

你能原谅这个不守信用的我吗？你会恨那个懦弱的我吗？

见不到你的岁月里，我曾无数次地想要问你这两个问题。

今天我终于见到了你，仿佛是可以看着对方说话了，可是，这日日夜夜来腹中积攒的千言万语，此刻我们还能够告诉对方吗？我们的爱，我们的恨，我们的痛，我们的怨，难道这个世界上还有空间能容纳吗？

我看见这园子里的桃花随着风无言地凋谢、飘散，看见亭台散落在水边，孤零零到落寞的样子，微笑，仰起头，狠狠地喝下一杯酒。酒杯放下的时候，我还是无语地望着苍天——我害怕，低下头的那一瞬间，眼泪会不争气地流下来。

为什么你的身体在微微地颤抖呢？你在哭吗？你连哭起来都没有声音，只有肩膀止不住地颤抖，可是手帕却被泪水浸得湿透了。你也和我一样想起了那些恼人的往事了吗？你也还保存着我们共同拥有的那些泛着光泽的回忆吗？事已至此，回忆不过是清楚地提醒着我们的分离，徒然地增添着我们的痛苦，根本就于事无补，还想它做甚？不要再想，不要再提，不要再为着这样不会重现的记忆而消瘦下去了，又何苦呢？

属于我们的记忆，已被封存，就放在那里，我们都知道。

可是琬妹，我们都不要去再触碰。

愚外兄
务观

五、梦断西厢

新闻学专业　徐苔林

相遇（莺莺视角）

君瑞，遇到你之前，我一直不相信缘分和命运，因为在我的生活中，一切都是那么顺其自然，相国之女本来就不需要考虑太多事情，一切都是别人安排好的。但是你的出现，打破了我生活的天平，让我走进了另一个世界，是你，一切是你……

时间过得真快，转眼来到普救寺已经一个多月了。这里虽然古木林立，幽静怡人，远离城市喧嚣，但是寺中除了几个僧人外没什么别的人，实在是让我感到胸口憋闷。我本不是什么好热闹的人，但如今眼前只有树木和花草，身边只有昆虫陪伴，即使是红娘依然在身边，但比起原来在长安做相国之女的热闹劲儿，还是感到一阵莫名的凄凉。人就是这样矛盾的动物，身在喧闹中想放归平静，但真正平静下来又觉得空空荡荡。

我们的人生本来应该是两条平行的线，永远不会相交，我做我的相国女，享我的荣华富贵；你做你的穷书生，享你的逍遥自在。但是，上天的安排偏偏让我们一起走到了人生的交点。

我记得很清楚,那天,红娘满脸兴奋地闯进我的房间,手中攥着一封信。我不知道是什么事情,起初还有些生气,我问红娘:"你这丫头是越来越不守规矩了,亏我还在夫人面前讲你好话,为你找台阶下,免得她老是见不惯你,你倒好,居然得寸进尺,对我如此放肆……""哎呀,我的好小姐啊,你先消消气儿,红娘不是存心要气你,只是手中的东西太重要,我一时沉不住气啊!"红娘这么一说,我的心倒是悬了起来,会是什么事啊,让红娘这个一向精明的丫头都那么手足无措。"到底是什么东西会重要到让你都沉不住气啊,快些拿来我看看……"我几乎是把信从红娘手中抢过来的,我急急忙忙地拆开了信封,迎面而来的是四行清秀的字:

春来频行宋家东,垂袖开怀待晚风。
莺藏柳暗无人语,唯有墙花满树红。
深院无人草树光,娇莺不语趁阴藏。
等闲弄水浮花片,流出门前惹阮郎。

诗中蕴藏了我的名字,我当然明白你是什么意思。实际上,我们早已谋过面,只是碍于颜面,我不好说出口。

记得那天,我和红娘正在院中"踏春"。天气很好,风不大,天色正蓝。院中栽种的红花绿草似乎都很兴奋,细细的,在宛如柔丝般的阳光下显得格外精神。红娘拉着我,在院中信步。这时,有两只蝴蝶飞过我的眼前,成双成对,在天空划下优美的弧线。不知怎的,如此一景却让我的心情一下子跌到了谷底,我在想,何时我也能似那蝴蝶一般有一个能陪我双宿双飞的人呢?红娘那个丫头总是这样,毫不费力地把我看穿了,正在大声地说着我的心之所想,弄得我窘迫不堪。这时,我看见了你站在院门口正在看着我们,你的容貌虽然看得不是很真切,但我已大致有了了解,你的一袭白衣已然在我的心中扎了根。不知是由于许久没有见过外人还是别的什么原因,从那天之后,我一直盼望能与你重逢,正苦于没有什么机会。那天,你居然主动来找我,我当然是很激动。但是之所以后来没有给你什么回音,是因为我母亲一直把我看得很紧,我实在是没什么机会去找你。缘分由上天注定,我相信。就在我几乎决定放弃的时候,孙飞虎的事情发生了,母亲说,只要有谁能够化解危机,就会将我许配给他,我多么希望那个人是你。结果,真的是你救了我。但是,母亲似乎并不打算履行诺言,这也是在我意料之中的,只不过,我没料到你会因此生了病。那封写给你的信是我想了很长时间的,我一直忘不了:"待月西厢下,迎风户半开。拂墙花影动,疑似玉人来。"毕竟,那是我第一次写信给男人。那夜,就在你还没有出现之前,我紧张得都说不出话了,我突然想到了《将仲子》:"将仲子兮,无逾我里,无折我树杞。岂敢爱之?畏我父母。仲可怀也,父母之言,亦可畏也。将仲子兮,无逾我墙,无折我树桑。岂敢爱之?畏我诸兄。仲可怀也,诸兄之言,亦可畏也。将仲子兮,无逾我园,无折我树檀。岂敢爱之?畏人之多言。仲可怀也,人之多言,亦可畏也。"

我们之间仅仅只是一堵矮墙之隔,但是我为了它忐忑难安……我有些后悔了。但是,我踌躇之时,你已经来到了我的面前,那一刻我知道,你是我今生注定的劫数了,这是命运,这是缘分。之后,我们融为一体,只希望,这一刻化为永恒……

分别(张生视角)

莺莺,你知道吗?如果我们相爱注定要分别,我宁愿选择我们没有相遇。

我们在普救寺度过了半年无比幸福的时光,虽然我们为了防止被你母亲发现,只能选择在夜里相会,胆战心惊,忐忑不安,但这半年的确是我人生中最幸福的时光。但是,这半年中,我也想了很多,我不能就这么一直像这样生活下去。我很明白为什么你母亲会食言,因为我的家境不好,如今又着实没有什么功名,像这样的一个人,是没有一个母亲放心把自己的女儿交给他的。为了堂堂正正地娶你,堂堂正正地生活,我决定去考一个功名,为了你,为了我们。我临行的前一夜,你来到了西厢我的房里,我知道,你很矛盾,你不想让我走,但是你明白,我们这样相处下去是不会有什么结果的,除非我考取一个功名回来,要不然你母亲是不会答应的。因此,你必须让我走。我看得到你眼中的担忧,感受得到你心中的不安,我懂,我都懂。我知道,兴许我应该给你一个海誓山盟,给你一个看得见的未来,一句能让你安心的承诺,但莺莺,请你原谅我,很抱歉,我让你说出"始乱之,终弃之,这是天下无数才子的行径。君若如此，妾不敢恨，只是终身为悔"这样的话，让你这么失望。我并非始乱终弃之人，并非不爱你、不愿与你偕老，但是我对我的未来并没有那么多把握，本来我就已经家道中落了，此去长安，前路未卜，如果我没有考上功名，叫我如何有脸回来面对你？又叫我如何实现对你的承诺？与其让你满怀希望等一个有可能不会实现的承诺，倒不如不给承诺，给我们彼此留一些余地，给你的生活多一条选择的路。莺莺，原谅我。

莺莺，你知道吗？当我看到发榜的结果时，我的天都塌了，我不知道怎么形容我当时的心情。我没有考上，于我，并没有什么好难过的，但是一想到我无法回去娶你，我的心不由得破碎了。我知道，兴许，我们今生要就此错过了。不，我不愿意，我挣扎，我给你写了封信，我告诉你我要去见你，告诉你即使没有功名，即使我们选择私奔，即使我被别人看不起我也要跟你在一起，我希望能得到你的安慰和决心。但是莺莺，人的面子是一种很可怕的东西，它会改变很多事情的结局。它改变了我，让我留在了长安。但是，我没想到月后我收到的信中却是你的决绝，你居然要和我诀别，还要给我祝福。我不明白，是不是你误会了我的想法，还是我没有回到你身边向你解释一切让你绝望，我真的不明白为什么你会说诀别的话。当时的我只是感觉头脑一片空白，心好像被那些话撕得粉碎。我真的没想到，我们就这么说了分别，这么轻易的又成了陌生人。我不甘心，可我真的无能为力。

我知道你现在已经嫁给了你的姑表兄，你拒绝了我想最后见一见你的请求，或许你是对的。在这样的情形下相见，只会给我们彼此带来很多不必要的困扰，只会徒增悲伤。但是我要说，我还爱你，你永远拥有我的心，不管是在现实中，还是在梦中。从我们第一次相见，我就知道，你是我今生注定的爱。

东风四起，像刀子一样划伤我的脸，蒲州的冬天总是那么寒冷，但为什么我原来都没有感觉到呢？你我相遇，你我别离，没有怨恨，只有满心的遗憾和不舍。想到和你初遇的一切，历历在目，我想到一首诗："出其东门，有女如云。虽则如云，匪我思存。缟衣綦巾，聊乐我员。出其闉阇，有女如荼。虽则如荼，匪我思且。缟衣茹藘，聊可与娱。"这首诗我本想在我们新婚之夜吟诵给你听，但现在也只能出现在我的梦中了。

莺莺，今生未尽的姻缘，我们来世再续……

第十六章 名篇改写

一、盛开如花儿一样

英语专业　廖若星辰

阳光均匀地洒进我的小窗,我渐渐从睡梦中醒来。昨晚又是一个怎样的梦?记不清了。

伸了个懒腰,抬眼望向窗外,竟发现院中的桃树不知何时已绽出一树的花苞来,那无数的花苞小小的、尖尖的,青青的苞尖上透着一点诱人的红。仅仅只是随着风轻轻地舞动,便有了千种风情。

这花苞多么像我啊,年轻稚嫩、明丽照人,虽有些懵懵懂懂,却又盼望着快些成熟,等待着某人的采撷。我不禁想起了六年前的那次谈话。

我十岁那年,在桃花盛开的季节,出嫁一年的小姨省亲归家。

见到久久未见的小姨,我兴奋地问个不停,小姨宠爱地抚着我的发,耐心地回应我的好奇。

"姨,你去哪了啊,这么长时间?"

"小傻瓜,忘性真大,去年是谁一直说我的红嫁衣漂亮就笑个不停,结果知道我要离家又哭个不停?"小姨轻轻点了点我的额头,嗔怪道。

"我还是个孩子嘛。"我又往小姨身边凑了凑,"那你现在住谁家啊?"

"又说傻话,当然是我……我丈夫家了……"小姨的声音越来越小,脸也微微红了起来。

"丈夫……什么是丈夫？"

"丈夫啊，就是将来要和你共度一生的人。"小姨拿起我的手，在我手心里画了个半圆，"我们每个人都是一个半圆，只有找到另一个半圆，我们的人生才完整啊，我的丈夫啊，就是属于我的那另一个半圆。"

"那我的丈夫呢？"我急切地问。

"他到时候自然会出现的，你看，那些盛开的桃花，总有一天会有上天注定的人将它们采摘。你的那个人也会出现的。"

"那他一定会喜欢我的吧，娘总说连盛开的桃花都赶不上我漂亮呢。"我放心地笑了笑。

"你漂亮是当然的了。但是，人的容颜是禁不起时间的打磨的，容貌是会改变的。"

"那什么是不会改变的？"

"你的心，你的内在，你所学会的本领，你为人处事的态度……这些你都会在以后的日子慢慢懂得，现在你还小啊。"小姨宠溺地捏捏我的脸。

"不，我要等我的那个半圆！姨，告诉我，怎样才能让我的心也一直漂亮下去呢？"我拽着小姨的衣角。

"乖，好，姨教教你……"

我想，这次谈话对我意义重大，我从此收敛起小孩子的脾性，不再跟同龄人整天玩耍疯闹，我在努力着，我一心一意等待那个人的到来，等待着我的盛放。

我认字读书，也开始自己写一些长长短短的句子。我爱记下自己心情的起伏，我爱用文字去描绘动人风景。我用我能知道的所有词语去形容桃花，一遍又一遍，不厌其烦。

我学习刺绣，绣湖边的青草，绣艳丽的蝴蝶，绣雨后的彩虹，绣瑰丽的星空。但我最爱绣的，还是盛开的桃花。我细细描绘每一片花瓣，像在描绘一个梦，我把我所有的期待都绣在桃花中。

我开始学习做家务。我知道，娘是爹的妻，她做的事情就是我将来要做的事。我从表情惊讶的娘手中接过扫帚，像模像样地学习扫地；我搬张小凳坐在正在洗衣服的娘身边，看她怎样用草木灰做出能把衣服洗净的水。娘对我的变化感到惊讶，她不知是什么使我这个原来只知道玩泥巴、爱串门的孩子开始学做家事。我吐吐舌头,并未应对她的疑问,提起裙角跑开了。

如今,我已十六岁了,我知道那天即将到来。

某天,有人家上门来提亲,我听到他们在堂屋交谈的声音,不禁捂着嘴吃吃地笑。他的声音很好听。

我望向窗外,呆呆地看着那一树即将绽放的桃花,此刻它们的快乐像要溢出来,我微微笑了。不知何时,有一位年轻人走到树下,拈起一枝桃花,细细观赏,无意中回头看到我,惊了一下,随即露出腼腆又温柔的微笑。我笑着看着他,心中被喜悦充满,我知道,我为他做的所有努力都即将得到证明,我是为了他,对,就是他。

我知道,我就要盛放了。

桃花们,我和你们一样,我就要盛放了。

附《诗经·桃夭》原文:

　　桃之夭夭,灼灼其华。之子于归,宜其室家。
　　桃之夭夭,有蕡其实。之子于归,宜其家室。
　　桃之夭夭,其叶蓁蓁。之子于归,宜其家人。

二、酒神赋

环境科学专业　　池锦威

池子与旸子游,过酒肆,适一酒客趋出,左执一壶,扶墙而行,兀自饮之不休。观其状也,蓬头秃鬓,衣冠褴褛。骨瘦嶙峋,左斜右倚。侧首未视,形若山鬼。含辞弗吐,气若鲍肆。倘恍惚迷离,瞑目乎语难。摇身兮欲仆,呓阖兮似寐。旸子掩鼻而叹曰:"可鄙兮酒之为物也,贱五谷以为醴,废清泉以为浆,耗以人工,藏以暗窖。一朝酿成,犹使人颓丧至此,诚可弃也!"

池子曰:"君但知酒鬼之酒,而未知酒神之酒也。"旸子对曰:"酒神之酒,其状若何,予可得而闻之乎?"池子乃告之曰:"可,惟斯酒之所生,于南冥之高岑。引天池之玉液,入车渠之重深。云腾跃以潮涌,蚁素白以浮萍。仪氏观而色变,杜康查而自惭。酒既得也,卑者忘贱,罹者忘忧。质者忘鄙,婪者忘贫。于无香谓幽兰,近炉火以犹寒。行平地似崎岖,饮寒冰若汤沸。雷霆乍作,恍如未闻;泰山将崩,视若无睹。所以精移神换,忽焉思散。神光离合,未知所往。于是登高而赋,穷极五感,有吞吐六合之像。搦笔为文,超拔六识,有倾覆八荒之概。"

旸子难之曰:"以酒兴文,身以之伤,才以之消,岂酒之功耶?"池子答曰:"夏虫不可语冰,朝菌不知晦朔。此非旸君之谓乎?请言造酒。嘉宜城之醪醴,并苍梧之醽清。攉姜魁之五谷,亮兹美之独珍。其器也,朝阳发辉,金光定色。华彩灿烂,文若点成。郁蓊云蒸,蜿蜒龙征。光如激电,影若浮星。然入于暗窖,不见天日。香不得益,气不得张。天地一朝,万物须臾。寒暑不感,风雨不知。彼外感之既失,心孤寂而含哀。眷日月之精耀,惜内美之不扬。于是含悲忍垢,潜大道以游志。忘物弃忧,察内腑以修能。是以其气愈烈,其香愈深。一朝得出,则四海之内,莫不知其名,谓之酒神也。士之不遇也若是,'大鹏一日同风起,扶摇直上九万里。'此非太白之诗乎?方其年少志满,气彩飞扬。贵妃研墨,力士捧靴。何其气之盛也!信年始天宝,即逢殃乱。奸相弄权,太阿倒悬。大盗移国,长安瓦解。白乃窜身山林,酾酒纵歌。念前路以多岐,心怀愁而荒悴。嗟罹思之伤怀,感时俗之维艰。望蜀道以太息,顾攀登而无阶。终有心以在远,重济海以扬帆。'夫天地者,万物之逆旅;光阴者,百代之过客。而浮生若梦,为欢几何。'可以虑此者,以天地为庭衢,日月为扃牖。于是居无室庐,不改其乐。因形制好,纵意所如。不觉寒暑之切肤,不以利欲而动怀。故曰:人尝云'李白斗酒诗百篇'者,非以其嗜酒放旷,以酒发章。文以酒兴,酒以文著,以其性相合,因酒写心之故也。今有酒鬼,虽予其酒神之酒而不能得其神者,其性异也。"

三、春江花月夜

会计学专业　林明亮

春潮浩荡，与大海连成一片；
明月初升，仿佛与潮水相拥而出。
月光啊，月光，你随波闪耀千里之外，万里之遥，
究竟在春江上何处才能看不到你？

曲曲折折，江水缠绕着花草丛生的原野流淌；
闪闪烁烁，月光照射着开遍鲜花的树林，似有细密的雪珠。
月光如白霜，高空飞流不见翔。
再问江畔白沙在何处？岂不笑哉！

江水、天空成一色，并没有丝毫灰尘；
却只有明亮的一轮孤月，高悬空中。
江边上，是谁最初看见她，
江上的她，又是在哪一年开始照耀着人？

人生虽然一代又一代地无穷无尽，
但只有月亮总是一年又一年地相似。
我并不知道江上的明月在照耀着谁，
只见长江不惜忍送流水。

游子像一片白云缓缓地离去，
思妇孤立在青枫浦不胜忧愁。
莫问今夜何人漂泊孤舟游，
莫问今夜何处泣泪苦思守。

可怜楼上的月光无心地徘徊移动，

她应该照耀着离人的梳妆台。
美好闺房的门帘无法卷去缠绵的月光,
在捣衣石上拂去了,但是又回来了。

此时此刻,我们互相望着月亮,可是互相听不到声音;
我希望随着月光的流华能照耀到你。
送信的鸿雁能够飞翔很远但不能随月光飞到你身边,
送信的鱼龙能够潜游很远但不能游到你身边,只能激起阵阵波纹。

昨天晚上梦见花朵落在悠闲的水潭上,
可怜春天已经过了一半你还不能回家。
江水流春光,春光将流尽;
江潭明月落,今又复西斜。

斜月慢慢地下沉,藏在海雾里;
碣石与潇湘的离人,他们的距离无限遥远。
不知道乘月归来的人能有几许,
只见落月摇荡着离情,洒满了江边的树林。

附《春江花月夜》原文:
春江潮水连海平,海上明月共潮生。滟滟随波千万里,何处春江无月明!
江流宛转绕芳甸,月照花林皆似霰;空里流霜不觉飞,汀上白沙看不见。
江天一色无纤尘,皎皎空中孤月轮。江畔何人初见月?江月何年初照人?
人生代代无穷已,江月年年望相似。不知江月待何人,但见长江送流水。
白云一片去悠悠,青枫浦上不胜愁。谁家今夜扁舟子?何处相思明月楼?

可怜楼上月徘徊，应照离人妆镜台。玉户帘中卷不去，捣衣砧上拂还来。

此时相望不相闻，愿逐月华流照君。鸿雁长飞光不度，鱼龙潜跃水成文。

昨夜闲潭梦落花，可怜春半不还家。江水流春去欲尽，江潭落月复西斜。

斜月沉沉藏海雾，碣石潇湘无限路。不知乘月几人归，落月摇情满江树。

四、此恨绵绵无绝期

应用经济学专业　郭婧博

香消玉殒，
将夕阳的最后一抹红化作对你的留恋。
晚霞映衬的天边，
满溢的火红，燃烧着我们过往的日子。
残留的余温，烘焙着即将到来的灾难。
抬头仰望苍天，不觉地眼泪簌簌落下。

红颜薄命，
我用生命的代价来践行对你不变的情意。
凄凉的马嵬驿，
萧瑟的秋风，夹杂着无奈，扰乱我那决绝的内心。
苍茫的大地，肆虐着悲怆，酝酿我对尘世的留恋。
我用最唯美的姿态面对死亡，
回忆着只属于我们的过往。

梨园教坊，芙蓉帐里，沉香亭下……
生长殿内，你指点江山。

华清池边，我回眸一笑。
你的威武，举世无双。
我的容貌，倾国倾城。
犹如双子星座，
你我朝夕相处，相互依偎，命运同体。
幸福的日子总是轻易逝去，
怀念那些甜蜜的点滴。
虽然落入布满尘埃的窠臼，
如今要你亲手结束我的生命。

于你是残忍，于我没有怨言。
感谢上苍，我们今生相知相爱。
只是无奈，
我们分别的场景，竟是这般凄惨不堪。

你颤抖的双手，抖动的双肩。
不曾见过的慌张，无助。
你眼中浑浊的泪水。
不曾有过的绝望，悲伤。
你是大唐皇帝，一国之君。
打败强势的武则天时，眼泪不属于你。
挥剑太平公主时，眼泪更不是你的陪衬。
太平盛世的缔造者啊，
我不愿看到你孤独的背影和那苍老的容颜。

丝丝凉风，撕咬你脆弱破碎的心灵。
你说"原谅我不能保护你"。
你说"我们来生再做夫妻"。
你的不甘，你的难舍。
那条如雪的白练，

将带走我的芳魂香魄。
从此你我阴阳两隔，
生离死别，血泪相和……

我不害怕死亡，
只是害怕眼中的世界没有你，
只是害怕再没有人能安抚你"高处不胜寒"的孤单。
不愿命丧这满眼萧索的荒郊野岭，
不愿这块黯淡的土地成为我们缘分了结的终点。

我不怪你，
我怎能怪你？
"天子舍妖姬"，否则六军不发。
只是无奈啊，
龙入浅滩，我深知你的处境。
百姓说我是红颜祸水，
人们说我是祸国殃民。
或许是爱成了我的催命符，
纵然你有号令天下的威力，
纵然我有出水芙蓉的美貌。
总会有一天，
权力不再，容颜凋敝。
谁能抗拒历史的演绎？
谁又能左右命运的安排？

若干年后，你还会故地重游吗？
寂静深夜，你还会切肤思念吗？
答应我，不要哭泣。
那一席之地，那结束我生命的地方。
秋风吹过，满眼的萧索落寞。

但风儿不会演绎我的冤屈，
它满载着我对你的爱恋和祝福。
落叶纷飞，我们说好的幸福呢？
但落叶不会传达我的孤独，
它寄托着我对来生的甜蜜向往。

多么的怀念那幸福的日子啊。
多么想穿过时光的阻隔，再回到长生殿，
看看你那熟悉的容颜啊。
我们的爱情悲剧，永远留在那个落寞的季节。
用我的生命，用你的坚守，
激荡出爱的涟漪，谱写出凄美的乐章。
淡淡的哀愁，深深的不舍，
为我们的爱情递交最动人的答卷。

每个初七之夜，
让我们再诉衷肠。
命运的拐点，我们总会闻到幸福的花香。
如有来生，
没有锦衣玉食，只要和你，粗茶淡饭我也愿意。
没有衣食无忧，只要有你，男耕女织也是惬意。

我要离开了，挥别我最爱的人。
春已尽，红颜逝。
请记住我最美丽的模样。

我会把回忆折成星星的形状，
挂在星空，
在每个初七夜，照亮你思念的方向。
我会珍藏与你有关的一切，

把它们种在荒原里，洒在田野上。

香魂一缕随风去，愁绪三更入梦来。
天长地久有时尽，此恨绵绵无绝期……

五、三问

新闻学专业　卢珊

千万恨，恨极在天涯。山月不知心里事，水风空落眼前花，摇曳碧云斜。

梳洗罢，独倚望江楼。过尽千帆皆不是，斜晖脉脉水悠悠，肠断白蘋洲。

——温庭筠《梦江南（二首）》

天涯景色，在在堪恨，在在堪伤……

一问天

对你恨，恨之入骨，恨你的远大抱负，恨你的杳无音信。千丝万缕的思念汇成千千万万的怨恨，放眼天涯海角，何处可觅你的踪影？今夜月亮如此皎洁，为何不是我俩重聚之时？明月微弱的光芒让人迷茫，夜夜等待在月亮之下，对月高歌，对星低泣，无人懂我情。月夜中，摇曳的碧云萦绕着那一轮明月，若隐若现，嫦娥携着玉兔，静静地望着远方，难道那里就是你的栖身之地？眼前一切都如此虚幻，触手可及之距，千山万水之情。为什么离去多月，却无家书一封？为什么归人如潮，却没你的踪影？我对天悲哭，苦无回应……

二问山水

山水景色秀如画，此刻入目却成灰。一如柳永所言："此去经年，应是良辰美景虚设。便纵有千种风情，更与何人说？"你若不在我身边，山清水秀，花红柳绿，映在我的眼里，也统统失去了绚烂的颜色，只是黑白一片。夜幕之下，山峰嶙峋延绵，就如我的思念延绵不断。山涧细水长流，汇入江河，将我的思念捎向远方。爱郎，你是在远方的江南吗？此刻你可安好？对山高呼,微弱的回音环绕耳边,风声依旧,流水依然,相思之情无处诉……

三问白蘋洲

漫长的黑夜终于过去,新的一天会有什么惊喜等待着我吗?独步江边,凭栏远眺,浓雾之中,繁华的江南如海市蜃楼。江上帆影点点,归人不断,极目远眺,却始终不见你的身影。日出日落,这天又在等待的苦闷中消逝。夕阳的余晖洒遍了平静的江面,江水缓缓流向远方,然而白蘋洲却在晚霞的辉映下暗淡无光。此处是我与你邂逅之地。此处也是我与你离别之地。为何,最后却不是我与你再遇之地呢?

愿我的明眸化作早上的太阳,愿我的明眸化作夜空的星辰,随时随地引领你归航;愿白蘋洲开满遍地的鲜花,遮盖我等待的足迹,化为一片花海迎接你的归来。

天涯景色,在在堪恨,在在堪伤……

心碎白蘋洲……

第十七章　故事新编

一、不如不见

公共关系学专业　邱子凌

就在今天,在天界有一场大型的会议,听说是为了培训下一辈的孩子们成为真正的神仙而召开的。凡间的黑夜与白昼分别是由天界的月神和太阳神来管制的,正因为黑夜与白昼对于人类的意义和影响最为重要,月神和太阳神的责任也就非常重大。月神和太阳神正为此而烦恼着,打算从天界大学的月亮学院和太阳学院中物色最佳人选。

就在此时,两大学院的学生都得知了这个消息,也正在议论着到底谁会成为月神和太阳神的候选人。在太阳学院,阿波罗一、二、三、四、五、六、七、八、九,这九兄弟对此事非常的关注,他们都想要在此事上一决胜负。他们九兄弟从幼儿园一直斗到大学,什么都要争第一。不只如此,他们九兄弟从小就一直是老师们的宠儿,不仅因为他们是太阳神的亲属,还因为他们学业优秀,有领导者的风范。学校里的女生没有一个不为他们而疯狂,他们简直就是学校里的风云人物!而在月亮学院,也有着一个这样的风云人物——嫦娥,她个性随和、温柔,无论男生还是女生都很喜欢她。嫦娥有一个很要好的朋友叫维纳斯,她们虽然不在同一个学院,但住在同一个宿舍里,无话不谈。当维纳斯得知月神要寻找最佳人选时,第一反应就是拔腿从爱情学院的教室疾走至月亮学院找嫦娥。"亲……亲爱的!你赶快去找月神自荐吧！你一定……一定可以成为下一个她的！"维纳斯喘着气跑进教室对正在上课的嫦娥说。"我怕。我没有信心他是否还一直爱着我……"嫦娥回答道。原来，嫦娥有着一个大家都不知道的秘密，那就是——她心里一直有个喜欢的人，名叫后羿。

嫦娥和后羿的相识其实是个巧合。在两年前，嫦娥刚刚考完高考和同学们一起出去庆祝的时候，不小心把准考证和记事本遗失了。就因为这样，庆祝会成了寻找准考证和记事本的"特搜行动"，而嫦娥和后羿的相遇就是在她寻找东西的时候。当时后羿的手里正拿着嫦娥的准考证和记事本，他们就这样一见钟情。他们基于天界的法律条文一直被分隔在天界与凡间，但是一旦嫦娥成为下一任月神，她就有魔力可以与后羿在每逢月圆的时候相会于丹桂树下。

维纳斯才不管嫦娥说什么呢！她一手把嫦娥拉起来，冲出教室，牵着她往教授大楼的月神办公室跑去。另一边的阿波罗一、二、三、四、五、六、七、八、九，也正向着教授大楼的太阳神办公室前进，他们九个似乎都对自己充满信心，边走边聊边打闹着，一不小心就和维纳斯以及被拖着跑的嫦娥撞在了一起。"喂！你们走路都不看路的呀？赶着去跳河吗？"维纳斯气愤地喊道。嫦娥则被撞倒在地。阿波罗七听到维纳斯的话也很不满地说："难道你们也和我们一样赶着去跳河？"阿波罗五见状便充当好人把嫦娥扶起来，问道："真的不好意思，我们太兴奋了，都忘了看路。你没事吧？"嫦娥没有回答他，只是摇了摇头便从旋转玻璃门进了教授大楼，维纳斯紧跟在后。阿波罗五好像被电触了一样，呆呆地站在那儿，连他其他的兄弟也一声不响。"刚刚那个不就是传说中的嫦娥？"阿波罗三惊叹道。阿波罗六补充："难道她就是下一任月神的最佳人选？也难怪，她品学兼优，为人低调，又深受大家的喜爱，她来继任月神也不为过！你说对不对呀，五哥？"这时，阿波罗五才回过神来，说："嗯，嗯！"

那天下午，最佳人选的名单公布出来了！太阳神的最佳人选别无他选，就是阿波罗九兄弟。不要问为什么，因为他们就是这样，是一体的，虽然有着不同的个性，嘴巴上说要争第一，但他们总是相亲相爱地共同进退，在各自的领域里做到最好；而月神的最佳人选当然也就是嫦娥啦！太阳神和月神事不宜迟地展开了对他们的训练，每天除了学校的功课外，他们要做体能练习、意志力练习、太阳车的操作、月亮铃的运作，还有一些危机处理的技巧等。大家都忙得不可开交，也开始熟络起来了。维纳斯有的时候会送些茶点给他们，虽然她和阿波罗七有时候还是会有些小争吵，但整体来说，他们相处得算是不错了。尤其是阿波罗五，他对嫦娥好像有着一种特别的情感，总是对她关爱有加。嫦娥也意识到了这点，因此有时候总是躲着阿波罗五。

就这样过了四天，太阳神和月神看见他们都慢慢地上轨道了，也就开始打算让他们真正地实习一番！就在训练第五天的第五个小时，太阳神把他的工作交给了阿波罗九兄弟，吩咐他们九个要分工合作，因为太阳车是很难控制的，只要稍微偏离一点点轨迹，凡间就会天翻地覆！他们七嘴八舌地讨论着分工的事情，只有阿波罗五静静地注视着嫦娥，他好像看出了今天的嫦娥和平常不大一样，好像更沉默了，仿佛有心事。不一会儿，他们的分工好像完成了，也貌似分得不错，各自可在自己的领域里观察着凡间细微处的一切变化。一个小时一个小时地过去了，阿波罗兄弟们开始觉得无趣，便说要玩玩游戏，娱乐一下。维纳斯也凑起热闹来了，剩下嫦娥一人坐在那儿。她的眼睛和视线里有一个男子，一个平凡的男子，他正在花园里练习着弓箭术，箭箭正中红心。

阿波罗五好像开始懂了，懂嫦娥为什么那么沉默，那么冷冰冰，这不是因为她没有感情、没有爱，而是因为她所有的感情、所有的爱都给了一个人，没有办法再割舍多一点点出去，而那个人就是她现在眼中唯一的身影。阿波罗五的心突然之间好像被掏空了，他从来没有想过自己会在不知不觉中深深地喜欢上嫦娥。阿波罗五不自觉地往后退了一步，一不小心就从天界摔了下去，抓也抓不住，他自己也没反应过来要保护自己、要飞回天界似的，一直往下落。阿波罗八兄弟毫不犹豫地驾着太阳车冲了下去，想要赶上阿波罗五并抓住他的手，完全忘了太阳神和他们说的话：要保持太阳车的轨迹。维纳斯和嫦娥吓坏了，愣在那，完全忘了训练时所学的全部。八兄弟和太阳车飞快地往阿波罗五坠落的地方驶去，但总差一点点才能抓到阿波罗五的手。天界的一分钟等于凡间的一整天，就在阿波罗五坠落的瞬间，凡间已过了快一百天。从凡间的地面往上看，可以清楚地看见九个红红炽热的太阳离地面越来越靠近，天气也越来越炽热，很多老百姓都受不了了。此刻，凡间严重缺水，农作物被晒干，井口没水……

那精于射箭的男子——后羿，也终于抵受不了酷热的天气，在那样的环境下，连看东西都看不清，像在飘一样。他举起弓箭不停地往阿波罗九兄弟的方向射去，"咻咻咻"的箭正中了他们的心脏，他们九兄弟也随着中箭后没意识的躯体"碰碰碰"地撞落地面。嫦娥听到九兄弟撞落地面的声音才从迷茫中惊醒。与此同时，没人驾驶的太阳车在空中快速地旋转着，招来了一场大风沙，嫦娥见状便拉着维纳斯向那出事的方向奔去，施魔力试图把它停下来，但太阳车实在太难控制了，她的魔力一点用也没有。维纳斯顾不了那么多，她冲到九兄弟的身边，任她怎么喊、怎么叫，他们都没反应，最后只听到阿波罗五断断续续地说："这样……这样一来，他们可……可以见到面了，哪怕只是一面。"嫦娥听到后，泪流满面，想不到阿波罗五会这样牺牲，瞬间崩溃地坐在他身边。后羿见到嫦娥非常吃惊，看到自己心爱的人那么的悲伤，开始怀疑自己是否做错了什么……

此时，太阳神和月神得知此事后赶到凡间，收拾了一下残局，使得凡间的白昼黑夜继续正常交替。他们派人把阿波罗九兄弟护送回天界大医院抢救，并把后羿带回了天界审问。经过了几小时的审查，天界最高法院认为，后羿的所作所为情有可原，因此便轻判了他，只扣留他在天界清理和照顾丹桂树一星期。嫦娥内心一直很愧疚，觉得都是因为自己动了凡心，害得阿波罗九兄弟受重伤，还被太阳神处分——延迟一年毕业，暂时取消他们成为下一任太阳神的资格，要看看他们的行为如何再做最后的决定，她便一直不敢去找后羿，生怕自己又闯出什么祸，一直压抑着自己的情感。

天界的一星期很快就过去了，就在后羿要返回凡间的时候，维纳斯拉着嫦娥赶去丹桂树下。看着后羿的背影，嫦娥哭了。她抱住后羿，哭泣道："我累了，说好的幸福，我要放弃了……"她说完转身就跑，而后羿也被守护员强行拖离了天界，他们两人从此不再相见……

二、故事中的故事

应用经济学专业　胡佳蕾

每个人都是自己故事的主角，就像自己是宇宙的中心一样，而我们终究只能成为浩瀚宇宙中渺小的一部分，我们也看不完、演不完全部的故事，只能在自己的故事里当主角，在别人的故事里当配角。

——题记

篇章一：等待的故事

其实我已习惯等待。

我是一个有钱人家的花匠，从五岁时父母把我卖给这有钱的老爷，我就开始等待，等待我的父母有一天来接我，等待能看见家乡漫山遍野的各色野花，等待能再与弟弟一块玩耍，等待再吃到那地道的红烧肉。十几年过去了，我已麻木，可我还是在等待。等待天明起床，等待吃早饭，等待修剪花枝，等待中饭，等待天黑，等待睡觉。其实这些等待都是为了等一个最重要的人——我们家的小姐。

这十几年的等待对我最大的回报，就是一个如花一般美丽的少女与我一同成长。爱花的我当了花匠，虽然不能再看见家乡特有的栀子花，可也算是愿望实现了一半吧。而小姐是我看见的第一个如此爱花的人，她会很细心地问我各种花的习性，会因为花的枯萎而落泪，会为了保护花而不顾自己的形象用手掏泥。虽然我们还有尊卑之分，可是因为花我们已是无话不谈的朋友。伴随着年龄的增长，小姐那原本稚嫩的脸庞竟如栀子花一般洁白美丽。我知道这是比较老土，而且是不会被允许的爱情，我很确定我很爱小姐，但是我不会说，我只希望小姐能有自己的快乐和幸福就好，毕竟我配不上她，在这样的社会中我始终配不上她。因此，我在心里称呼她为栀子，并说，栀子我爱你。

这样的爱情很快就走向尾端。那个来家里卖布的人，一看就知道在他进门的那一刻小姐就喜欢上他，他们之前应该认识，因为那布上是我和小姐都最喜欢的栀子花。看见小姐一路送那卖布人过淇水到顿丘，不舍与伤心的模样，我就知道我等待的爱情已经结束，可是我会帮小姐追寻她的爱情，希望那个男人能好好对她。栀子，祝你幸福。

篇章二：成长的故事

我知道我已长大。

我曾经无数次地想，如果当初没有跟奶娘淘气，与小红女扮男装出去玩。或许，我就不会看见那印有栀子花的布，那，我也就不会遇见他。我还是那个全城最美的女子，还是那个看见花儿就能微笑的人。可是也因为他，让我知道生命中不是所有东西都如花一般美丽与纯洁。我并不恨他，因为他，我已长大。

我们相遇在栀子花开的季节。其实我们城里是没有栀子花的，是从小与我一同长大的小花匠告诉我关于栀子花的一切，绘出了栀子花的样子，我被那纯洁的品质深深吸引，我想成为一个如栀子花般纯洁而美好的人。小花匠说，在栀子花开的时候，他家乡的整片土地都弥漫着栀子花的香味，而爱情也会如栀子花开一般悄悄降临。我想这也注定了，栀子花开之时，我与他相识。那块印有栀子花的布就是媒人。他是个商人，可他不是市井之徒，他是一个有文学气息的浪漫商人。我知道他家境并不富裕，可是我不在乎。他对花与我有一样的理解，并且他也喜欢栀子花，他说我就是他心中的栀子花。我们很快陷入了爱河，他来提亲，因为他家穷，爹娘并不答应这门亲事，更何况没有媒人，他们并不知道其实那匹布就是媒人。在送他回去的路上，我就决定好，不管最后爹娘是否同意，我都会在秋天嫁给他。

其实我并不知道，当时的坚持竟然毁了我的一生。爹娘最后也没有同意，我决定带着钱出逃，小花匠帮我瞒住爹娘，我成功出逃。当时的我以为幸福马上就要降临，而忽略了心中那小小的不安，原来幸福和不幸的距离只有一步之遥。我在那等了他很久，原来他为了给我叫马车耽误了一些时间，虽然当时觉得有点愧对父母，可是望着心爱的人，我决定放弃一切，我们说着笑着去了他家。结婚的第一年一切都是那么美好，我做家务，他在外面赚钱，我并不觉得我们很苦，这是平凡的幸福吧。他赚了钱我们就出去游玩，他带我去看了很多种花，可是因为季节的原因，我始终没有看见开放的栀子花，虽然很遗憾，但是我们一直都很幸福。后来，他就变了，变得粗暴，他把我在院子种的花全部踩死，他说他根本不喜欢什么花，只是喜欢我的脸，现在连脸也厌倦了。他出没于烟花柳巷，打我，让我为他赚钱，让我不停地做事，隔壁邻居也开始指指点点，我终于忍受不住，决定离开。在他写下休书后，我就离开了那个原本我以为幸福的地方。

回到家里，面对父母的责骂、兄弟姐妹的讥笑，我已经心冷。我只想一辈子写写诗、养养花，再也不敢奢望那昂贵的爱情了，我已经不再是满城闻名的美人，而只是一个弃妇。当我想到诗的最后一句"反是不思，亦已焉哉"时，窗台上多了一朵开放的栀子花，是啊，这是栀子花，栀子花又开了！

篇章三：最后的故事

我想只有我能说最后的故事吧。

我辜负了一个如栀子花般美丽的女子，纯白无瑕。她如我早逝的母亲一般美好。她愿意为我放弃她富贵的生活，她愿意为我放弃她的家人，她愿意为我每天早起做家务，原本细嫩的手也变得粗糙了。她愿意为我做一切，而我却负了她。原本的我真的可以带给她幸福，只要我们有相同的喜好，只要我们还是花的知己，我就能克服一切困难，至少能给她平凡的幸福。当她夜晚靠在我肩上说，她最大的幸福就是能与我一起看见花的美丽，闻到花的芬芳，听着蝴蝶翅膀拍打在花瓣的声音，还能品尝好喝的花茶。我知道了这就是她的幸福，决定带她看遍世界上的每一种花，让她抚摸每一种花。我们走了很多地方，可是还是没能看见开放的栀子花，不过我们并不觉得难过。当时，我以为还有一辈子的时间来陪她看，竟不知道幸福原来如此短暂而且终究会留下遗憾。

一天，大夫诊断出我得了怪病，将会眼睛看不见、耳朵听不见、没有味觉和嗅觉，当时的我只知道上天宣判了我的幸福死刑。我决定及早放弃，要让她离开我。即使我不能陪她实现幸福，我也要让她自己去实现。是的，我用了残酷的方式让她离开我，只要她离开就好了，我原本就不应该承担起别人的幸福，现在提前结束才是解放。

我听说现在她和她家的小花匠成亲了。你幸福吗，在栀子花开的季节？我说这个最后的故事，其实如果让我重选一遍，也许我还是会选择能在栀子花开的时候与她相遇吧。我还是爱她，只是默默地爱，在心里才说：栀子，我爱你！

附《诗经·氓》原文：

氓之蚩蚩，抱布贸丝。匪来贸丝，来即我谋。送子涉淇，至于顿丘。匪我愆期，子无良媒。将子无怒，秋以为期。

乘彼垝垣，以望复关。不见复关，泣涕涟涟。既见复关，载笑载言。尔卜尔筮，体无咎言。以尔车来，以我贿迁。

桑之未落，其叶沃若。于嗟鸠兮！无食桑葚。于嗟女兮！无与士耽。士之耽兮，犹可说也。女之耽兮，不可说也。

桑之落矣，其黄而陨。自我徂尔，三岁食贫。淇水汤汤，渐车帷裳。女也不爽，士贰其行。士也罔极，二三其德。

三岁为妇，靡室劳矣。夙兴夜寐，靡有朝矣。言既遂矣，至于暴矣。兄弟不知，咥其笑矣。静言思之，躬自悼矣。

及尔偕老，老使我怨。淇则有岸，隰则有泮。总角之宴，言笑晏晏，信誓旦旦，不思其反。反是不思，亦已焉哉！

三、沉香

财务学专业　何诗韵

一、城破

清晨，朦胧的烟雾，使得天色也很朦胧。阴冷的风夹着细微的雨，还裹着让人作呕的血腥味，吹遍城里的每一个角落，呼呼地响着，如同一首挽歌。

残垣断壁、东倒西歪的旗帜、堆积成山的尸体……新一天的到来，并没有为这座城带来丝毫新的希望。

战败的沮丧、恐惧、耻辱，如同毒蛇般蜷曲萦绕在人们的心头上。他们也怨恨自大的越王勾践，是他使全国陷入如此境地。

越王宫，依旧华丽辉煌，此刻却成了最大的讽刺。昔日的繁盛热闹，早已被沉寂所替代。

勾践独自坐在偌大的宫室里悔恨。原本乌黑的发丝中，一夜间多了几缕银丝。他不许任何人来打扰，因为他在等待，等待一个最有资格听他忏悔的人——范蠡。

门，"吱"的一声，被推开了。一个年轻而俊逸的男子走进宫室，带着一种儒雅文秀又孤傲潇洒的气质，面容静若无波的古井，宝石般的双眼却又带着几许愤怒、几许无奈、几许同情。

勾践蓦地站起来，快步向前，紧紧抓住来者的手，如同抓住了救命稻草一般。他悲呼着："范大夫，是我不听你的劝，是我自以为是，以致到了现在这样的境地。是我错了,真的错了。现在只有你才能救越国。"

范蠡又何尝不是心中发苦?依着他原本的性子,大概是会一走了之的。他,作为一个楚国人,本不必对越国的存亡负责,只可惜他相助越国的目的,也正是为了解楚国之危。

看着勾践充满期待的眼光,范蠡的答案无疑让他失望了。勾践跌坐在地上,双目失神地喃喃自语着:"投降,难道除此之外便别无他法?"

二、夫差

吴玉宫背倚陡峭如壁的山,顺着地势起伏蜿蜒,高低有序,错落有致。灰色的城墙环绕四周,粗犷豪放,气势雄浑。配上精美的梁檐雕刻,显示出雄踞一方的霸气的同时,也展现了一种华丽、一种辉煌。

夫差端坐在吴王宫的大殿之上。俊伟古拙的容颜,一双冷峻深邃而又神采飞扬的眼睛闪动着残酷和仇恨的光芒,嘴角飘出了一丝冷酷轻蔑的笑意。

看着眼前哆嗦着跪下的勾践,这个曾经的越王,这个不共戴天的杀父仇人,夫差得意地笑着,策划着怎样去羞辱他、折磨他。

"大王,勾践愿做大王的奴隶,伺候大王于左右,以报大王的不杀之恩。"勾践战战兢兢地恳求道。

这就是夫差答应退兵的条件,勾践需与夫人一同留在吴国为奴三年。夫差满意地一笑,眼前的勾践,仿佛就是那只被猫玩弄在股掌之间的老鼠。

三、归去

三年在吴为奴的生活,并没有将勾践的意志完全消磨,他的恨只是深深地埋在心中,他默默地等待着爆发的时机。

三年里,范蠡一直留在勾践的身边,与勾践一同过着屈辱的生活。他本不必如此,可他却做了。面对伍子胥一次又一次的刁难,他用他的机智,一次又一次地保住了勾践的性命。

三年,整整三年,重新回到越国的三人,如释重负,也感慨万千。

看着人民生活如此清苦穷困,勾践还是忍不住流下了悔恨的眼泪。

四、办法

复仇,一定要复仇。

只是,羸弱单薄的越国,如何才能打败强盛的吴国呢?

范蠡感到很痛苦,甚至痛恨自己。因为他想到了妹喜,想到了妲己,想到了褒姒……有时候，纵然千军万马，也比不上女子的一句软语相求、一个倾城的笑。他厌恶将柔弱的女子作为政治的牺牲品，厌恶让柔弱的女子去承担男子所犯下的错误。可是，这却是目前唯一的办法。

看着手中的画卷，他知道，她就是他要找的人。

五、西施

平静祥和的小村落，给人一种安宁之感。

在苎萝江的流水声、飞鸟的鸣叫声中，依稀听到女子柔雅温纯的歌声。

江边，一个女子在浣纱。她忘情地唱着，竟不知身后有来客驻足。

纯白的素衣布袍，如云的乌黑秀发，没有任何簪饰，随意绾在头上。隐见水光，如凝脂，如白玉一般的肌肤，不施脂粉的脸上，黛眉凝翠，细长入发，如一弯新月。明眸则宛如一湖秋水，又似两颗明星，顾盼生妍。两个小酒窝若涟漪般荡漾于玉颊上，樱唇间现出编贝般的牙齿。清丽而纯洁得让人心醉，如同荷花在清水中傲然挺立，又带着憨厚天真的少女味儿。

她抱着木盆盈盈地站了起来，转身，看到这个陌生的俊逸男子，怔了怔，晶莹如玉的脸颊上飞起了红霞，娇羞地报以一笑，逃开了。

范蠡轻轻地展开画卷，赫然就是那个浣纱少女的画像，却比不上她的万一，旁边有一行小字，写着：施夷光。想到自己就是亲手葬送她一生幸福的人，范蠡心中的内疚更甚了。

六、倾城

施夷光跟着范蠡离开了苎萝村，离开了那个她生活了十几年的小村落。

她本不想离开，却还是离开了。正如她本不愿答应，却还是答应了。她不知道自己为什么会这样，只是一厢情愿地想要跟着他，哪怕只有一天也是心满意足。

范蠡本应高兴的，但他心中全是失落。他突然生出一种想要好好保护她的感觉，甚至，想要带着她远走高飞，远离这世间的是是非非。

一路上，两人都没有交谈。只是默默地让各自的思绪恣意地放飞。

一切都成了定局。人们争相一睹芳颜，她那双漾着复杂情感的秀眸始终只停留在范蠡身上，而范蠡，却总是有意无意地避开她灼灼的眼神，仿佛害怕着什么事情的发生。

她难过而又无奈地收回目光，转向四周层叠簇拥的人群，露出如鲜花盛放般灿烂却凄艳的笑容。

七、三年

　　明月当空，夜凉如水。

　　一个女子背倚栏杆，仰望天际。一身素黄罗衣，浅绿披肩，苍白的脸色，迷蒙的双眸，淡雅宜人，却又妩媚多姿。一举手、一投足之间，又尽显高贵的气质。

　　三年了，她与他朝夕相处了三年。他总是无微不至地照顾她，关心她，却又始终躲避着她深情的明眸。

　　曾经，她以为自己已经走进他的心里，可是他却从来没有回应。她偷偷地爱着，偷偷地恨着。有时候，她想，纵然他心里从来没有自己，只要能留在他身边，每天都能看到他，就已经足够了。

　　她常常装作愚笨，似乎连一个简单的舞步都学不会，也常常故意让自己受伤，让自己生病。她想，也许只有这样，才能尽量推迟离开越国的时刻。

　　范蠡或许也是了解她的心思的，但他从不点破，也不强迫她，甚至，也纵容她。他的心刺痛着，他总想责备她不爱惜自己，可是每次看到病榻上她那苍白的脸上漾着幸福满足的笑，他又不忍心。

八、临别

　　三年，够了。她想，该来的总会来，该走的总要走，也许，这是离开的时候了。她又想起勾践铁青的脸，是啊，为了她的任性，范大夫该是承受了多大的压力啊。

　　明天，就是离开的日子了。

　　"施姑娘。"

　　是他。听到他的声音，她的心中不禁一紧，窜上心头的一丝愉悦，转瞬即被悲哀所替代。施姑娘，在他心里，她永远只是那个被他的心拒在千里之外的施姑娘。

　　她轻轻地转过身来，风姿绰约，仪态万千。迷蒙如雾的秀眸、清丽绝伦的俏脸挂着一种令人心碎的哀思愁绪。她扑到他的怀里，紧紧地，紧紧地抱着他，用尽她生平所有的力气抱着他。

　　任范蠡是如何的机智聪敏，此刻也是茫然失措。他伸出双手，耳中却传来了一阵轻柔的语声。

"范大夫，请不要把我推开，好吗？"

范蠡伸出的双手，放下了。

他清楚地感觉到，怀里的女子在轻轻地啜泣着，轻轻地，轻轻地。胸膛的衣服，湿透了，是她的泪。秋夜的风吹过，冰凉刺骨。

他的心在痛，剜心般的剧痛。他不禁仰起了头，企图让晚风吹干他眼中的泪。

他想要安慰她，却不知该如何说，从何说，只是轻轻地叫了一句："施姑娘。"

她轻轻地颤抖了一下，问道："范大夫，为什么，为什么你从来不肯叫我的名字？是怕污了您的嘴吗？"

他心中的疼痛更剧烈了。"夷光，夷光，我在心里喊过了千遍万遍，不是我不愿唤你的名字，是我不配啊。"

她轻轻地推开他，看着他目中痛苦的神色，她得到了她想要的答案。"你，终究还是爱我的，够了。"她在心里默默地说着。

她轻轻地拭去脸上的泪，向他展现了一个灿艳的笑，说道："从此，这个世上再也没有施夷光，只有西施。那个干干净净的施夷光，永远只属于今夜，只属于范大夫。"

她转身离开，义无反顾，没有遗憾。

"夷光，你一定要好好活着。"范蠡对着她远去的背影，轻轻地说道。

九、入宫

夫差从来不是一个专一的大王，但在大殿上第一次看见西施之时，他却情愿为她放弃整个后宫。他从来没有见过如此清雅纯净，又明艳妩媚的女子。

清晨，和煦的阳光从窗外透进来，刺痛了她的双眼。看着身旁如孩童一般满足地酣睡着的夫差，她却想到了范蠡。"你不是他，不是。"她想着，晶莹的泪滴簌簌地落下。

醒来的夫差，静静地凝视着她如梨花带雨的脸。西施惶恐地擦拭着泪，不知所措。

夫差却笑了，目中流露的是款款深情。他轻抚着西施柔顺的秀发，温柔地说道："傻瓜，你不要害怕，这里就是你的家了，孤王每天都会来看你的，知道吗?"

她愣了一愣,茫然地点点头,她没想到,这个震慑天下的大王,在她面前竟是如此的平和,容易亲近。

她朝着他嫣然一笑,那像阳光破开乌云的盈盈笑意,让夫差目眩神迷。她知道,自己此生不会虚度。

十、宠爱

馆娃宫。

以青铜为墙,以玉石为槛,镶上珠宝,铺满金银,气势恢宏,华美辉煌。这一切,都是为西施而建的。

宫里,堆满了从各国搜集回来的奇珍异宝,却如同沙砾一般任人随处丢弃。只有西施的房间,依旧朴质、简单。唯一的装饰,便是墙上那幅西施的画像。

夫差从来不明白,为什么西施如此珍视那幅画。只是因为她喜欢,便由着她。在他看来,画中的西施,远不及眼前的她柔媚可人。

有时候,夫差甚至会嫉妒,嫉妒那幅画。因为他发现,只有在看着那幅画的时候,西施的笑容才是最真切、最开怀的,也只有在看着那幅画的时候,她的目光才是最温柔、最深情的。

他从不敢问她,纵然他是大王。在她的面前,他从来没有大王的威严,他只是一个普通的男子。

他越是宠爱她,她的心就越是痛苦。纵然夫差对她谦恭忍让,百般宠爱,视若珍宝,她却从未真心待过他,向来都只有虚情假意。她的心中,始终只有范蠡一个。

她的心,痛如刀割,苦若黄连。她有时候甚至恨自己,怎么可以这么残忍,这么残忍地对一个深爱自己的男子。

十一、诀别

馆娃宫,还是昔日的馆娃宫。

而吴国,却早已不是昔日的吴国。

将领气喘吁吁地闯进来报告战况之时,夫差正平静地喝着酒,西施则在一旁抚琴轻奏,一如往常。

夫差遣退了来者,放下了酒杯,脸上无惊、无怒、无喜,平静得宛如一潭死水。他转向西施，问道："十七年来，你爱过我吗？"

优雅的琴声，戛然而止，西施凄然一笑，叹道："这个答案真的这么重要吗？重要得可以连性命都不顾吗？"

夫差苦笑着，这个平日威武的大王，眼中居然渗出了眼泪。他说道："从第一眼看见你，我便知道，你是越国派来迷惑我的女子，而我却心甘情愿地陷入你所编织的罗网里，十七年，我以为足以让你改变，至少可以让你爱上我。可是原来，一直都只是我一厢情愿。"

西施惊诧，转瞬又平静下来。她不怕死，只是遗憾没能再见范蠡一面。

"你走吧，我，成全你。"夫差说着，便向外走去。

西施跪倒在地上，低声地啜泣着，说道："如果我不是越国女子，如果我不曾遇到范蠡，也许，我会爱上你。"

十二、雪恨

姑苏台上，居高临下的是勾践，跪在地上的是夫差。

勾践本应是笑的，但他笑不出来。看着夫差，他仿佛看到当年的自己。杀死夫差的决心动摇了，他甚至想给他安置一些家业，让他过完他剩下的人生。

夫差淡然一笑，说道："我已经老了，没有办法再服侍大王了。"说罢，他举起那把曾经赐死伍相国的宝剑往脖子上一抹，锐利的剑锋划破了皮肤，血一滴一滴地落下，他的脸上却漾起了笑意。

西施看着这个爱了她一辈子、宠了她一辈子的人，落得了如此下场，不禁悲从中来。

十三、沉香

她终于看到了他，那个让她魂萦梦牵了十七年的人。十七年，等的不就是今天吗？再次相见，恍如隔世，她却迟疑了。他明明就在眼前，却又似乎很远很远。她不敢走过去，生怕一切都只是一个梦，一触碰，梦就会碎，人就会醒。

他轻轻地捉住她的手，说："夷光，一切都过去了，我们回家。"

越国，已经不是她记忆中的越国。她突然觉得害怕，感到陌生。尤其是当她知道伯嚭死了，以谗臣的罪名，被勾践赐死，她突然觉得很可悲，仿佛看见了自己的结局。

她是越国的女子，也是吴国的王妃。纵然有功于越国，毕竟也是个祸水，祸国殃民的妖女。也许在人们心里，能够覆灭吴国的女子，兴许也能够覆灭越国。"越国，真的容得下我吗？"西施哀叹着。

湖，清澈澄明。

一个素衣女子站在太湖边。她展开手中的画卷，赫然是那幅挂在馆娃宫里的画像。她痴痴地看着画，嘴角泛起了甜蜜的微笑。那是范蠡，在他们第一次相见的那一天，亲手为她画的画像。

那时候，她还是那个纯洁干净的少女。

人生若永远只如初见，那该有多好啊。她凄然一笑，又喃喃自语道："你曾答应，和我泛舟太湖，而我却不能陪你了。也许只有这太湖的水，才能洗净我身上的污浊，我在这里，等你，生生世世。"她微笑着抱着画卷没入了太湖。

十四、泛舟

湖，澄清、净洁，如同苎萝江的江水，如同他心里面的夷光。

小舟，在太湖上漂泊，静静地漂泊。

他手里捧着那幅湿透的画卷久久凝视，说道："在我心里，你永远是那个苎萝江边的你，永远如第一次相见的你，纯洁无瑕。我答应过，与你泛舟太湖，我在这里等你，生生世世地等你。"

四、会同鬼屋

财务学专业　吴佳奇

校外有一古村，其名曰：会同。村之历史盖无处可寻也，唯见村间巷陌房屋老旧而未有人问津。古村阡陌交通，荒草丛生，不知其所以。有一小巷颇为萧瑟，行数十步可见一屋。余闻同学名之曰：鬼屋。虽不信也，但因之名气太盛，便心尤向往之。

一日，余一友提议去鬼屋一探究竟，余推辞再三但盛情难却，便五六人骑车偕往。此时已是三更之时，夜深人静，伸手不见五指。友以灯探视前方，方可见数余尺。缘小巷往，夹道荒草杂树，空气凝而无风，四周死寂而无生气，唯可闻己之心脉搏动而不可闻其他者，众人不语前行而忘路之远近。小路不知通向何处，初可见人家，前行便觉杳无人烟。忽见古桥，余深感诡异。不毛之地，古桥横于眼前，感受莫名。复前行，一古旧建筑赫然呈于眼前。建筑高数十尺，疑有庭院在内。其或于民国时期所建，但已无可考究。闻友之所言，可知此屋为民国战时医院之用，但为何得以保存至今，又不可得知了。余正因鬼屋之诡异阴森而踯躅不前，友催促再三，遂不得已而随众人于铁栏短缺处入内。

入鬼屋环顾左右，右有一室，似空置良久。前视可见一园，园极大，天黑而看不真切，中有一小径通向远处一巨大房屋。房屋有上下两层，最高处可见一圆顶。民国式之房屋，荒草丛生之花园。此情此景，似置身于梦境，犹觉梦魇直达心际，狐鬼藏匿其中。微风吹过，草木晃动，四方肃然，让人不禁汗流浃背。众人牵手偕行，沿小径碎步前行。时有草木羁绊，疑似魑魅绊足，风吹草动，如魍魉细语。众人不敢稍加停顿，沿小径向建筑急行而去。及至踏入屋内，方才大声喘息，相互视之，才觉汗颜。

稍定，遂复牵手偕行。友以灯照亮屋内，可见屋内空旷，偶有杂物。众人由里入内，从右及左视之。及至走廊末端，准备上楼。忽见一麻袋，人形大小。视之褴褛但不知其内有何玄机。因其形状怪异而引众人瞩目。

忽见有物扭动于袋中，俄而静止，忽复挣扎。众人大骇，向后退去，友惊而大呼，手中颤抖，灯光颤动中余忽闻有人着高靴从旁走过。履地之声叩响于心间，又细听，似觉声响渐近，然环顾四周又无人影。诡异之感如惊雷炸响于脑中。惊慌之中，众人急速退出，仿佛被巨物逼出门外，回头视之又仿佛有人在二楼向下注视吾等，园中草木亦更加诡异，破旧之门如鬼怪血口，黑暗似将吞没万物。吾等不敢迟疑，骑车慌忙逃去。

及至学校犹觉惊魂未定，匆别则返，各诉惊魂去也。

翌日诉于他人，其笑而曰：不过一袋老鼠，何惧也？复于白日返而观之，了然。然则由是得之：惧由心生，万事皆有缘由，魑魅魍魉不可惧，而心可畏也。

第十八章　佳作赏析

一、你是我心中的一句惊叹

——《上邪》赏析

传播学专业　唐颖

上邪，我欲与君相知，长命无绝衰。山无陵，江水为竭，冬雷震震夏雨雪，天地合，乃敢与君绝。

——《乐府诗集·鼓吹曲辞一·上邪》

初见这首诗时，只读一遍，便在心中留下一句惊叹。真不知是怎样的一个女子，又是以怎样的才情，才能将这世间最美好的感情抒写得如此轰轰烈烈。

诗歌一开始，女子便大声喊出自己的心声，不要说是在那个久远的年代，就是在日益开放的今天，又有谁敢于把自己内心真实的想法暴露在别人面前呢？特别是对于感情，那是人内心最敏感、脆弱的地方。因此，这女子是勇敢的，在面对爱人的时候，告诉他内心真实的想法，那样的义无反顾，爱得彻底。

也正是因为爱得彻底，才能够让我们感受到作者情感的丰富。从"山无陵，江水为竭"到"冬雷震震夏雨雪"，将每一个自然界的事物都以违背客观规律的形式表现出来，以此不可能发生的事情来象征"我"与爱人间感情的永恒。手法运用之巧妙，让人不得不佩服作者天马行空的想象力。人在自然面前虽然渺小，但是精神是不会磨灭的，从古人对待爱情的看法上就能够看出，他们对世间万物都是执着的，一直有一种锲而不舍的精神。

而通过这首诗，我们也可以看到当时的社会风气是开放的。人们不受封建礼教的束缚，爱情之花也绽放得那样绚烂。正是这种淳朴得不加任何矫情修饰的情感，才让人觉得可贵，更能打动人。

等到高山变为平地，等到江水枯竭，让冬日的大雨伴着阵阵的雷声，让寒冷的冰雪飘洒在夏季炎热的大地上，让天与地回到混沌初开的样子，我才敢与你分离……一个"敢"字，用得极妙，写出作者害怕失去心爱的人的不安，表面上是敢与你分离，实际上却是不愿分离。同时，"敢"字也应该是本诗的一个诗眼，先前一直都在写违背客观规律的现象，但是我们并不清楚为什么要那样写，但到最后一句，要那些不可能发生的现象都发生了，"我"才会同你分离，终于点出之前列出的所有现象的作用，也点出作者的真正目的：希望我们永远都不分离。

到这里，我也不得不佩服这位作者的聪明才智了，时而热情，时而含蓄，时而直爽，时而委婉，不管这位作者的爱人是谁，恐怕都会为这首诗而折服。

当我开始看到这首诗时，便固执地认为它应是出自女子之手，其实不管从什么地方来看，都看不出作者的性别。但我宁愿相信它就是女子所作，一个有着两弯柳叶眉，十指修长，且洁净聪明的女子；一个外表看似柔弱，却写出这样固执坚定的文字的女子；一个对爱情执着，对生命充满希望的女子。那样的女子，便是我心中的一句惊叹……

二、江南·印象

——《汉乐府·江南》赏析

新闻学专业　卢哲

江南可采莲，莲叶何田田，鱼戏莲叶间。
鱼戏莲叶东，鱼戏莲叶西，鱼戏莲叶南，鱼戏莲叶北。

——《汉乐府·江南》

汉乐府里忧国忧民的磅礴大气、婉约唯美的爱情诉说那么多，而我却偏偏喜欢这童谣般的《江南》。最简单、最嫩稚的词语组合，毫无修饰的歌谣，竟能变成明亮的咒语，借着一束光，直直射到心底最柔软的地方。

那如诗般的江南！

略略羞涩的朝阳柔柔地洒下清爽的曦辉，把一切镀上童话般的金黄。早起的船夫出船的打橹声闹醒了酣眠的水乡，随后响起的姑娘们欢快的叽叽喳喳告诉人们：莲儿熟了。

小桥，流水，人家。

那一支支长篙一下下地轻轻撑开水乡的浅笑，世界如姑娘们的心情，活泼而美好。曲曲折折的水道，弥望着恬恬的莲叶，如亭亭少女的心爱的裙。莲叶毫无心计地尽情舒展，大口大口享受着早晨的清新。莲叶上深深浅浅的纹路都是她们因满足而微笑留下的皱纹。莲叶上坠着璀璨如虹的露珠，小心翼翼地记载着昨夜月下晴朗的美好。

饱满劲秀的莲叶层层叠叠，若隐若现的，鱼儿游戏的身影如同孩子闪着狡黠无邪的眼神。放眼一望，如水墨画般悦目赏心：莲叶温柔而宽容地任孩童般自由淘气的鱼儿东南西北地窜跃着，得意着；精致的鱼尾缠绕着采莲姑娘们的银铃笑声，荡开纯纯的水面，回报赔笑般的水纹。

鱼儿与莲叶的默契，动静之间，有蓬勃的生命与诗情画意；良辰美景，完美有声，国画里漫溢东南西北的跳跃与音乐的共鸣。情趣与生机定格，水乡的淳朴自然交融成一首用稚气童音唱成的歌。

简单，却有掩饰不了的美丽和欢乐。

不知现在的江南小镇还能否找到如此的娴雅吗？已出名的小镇满是熙熙攘攘的人群和大大小小的商铺，而不出名的，大都风尘仆仆，行色匆匆地追赶着时代、生活。

我喜欢这首诗，也是因为怀念那许久不见的诗意栖居，与瓦尔登湖一样的原本的单纯和宁静。

世界愈行愈远，愈跑愈快，常常遗失最原始的美好。一如成长时最易被丢弃的充满童趣的心。这首稚拙却明朗的歌，唱出天籁般的亘古情调，像嘈杂的人群里孩子柔嫩却最响亮的笑声。

一阵清风吹过。

我们必须追赶世界的脚步,但仍希望偶尔可以回归细腻、淳朴。走走亦停停,俯身品位滴水滋润的温存生活。

三、亦侠亦狂真名士

——从《咏荆轲》中读另一个陶潜

应用经济学专业　梅家玮

燕丹善养士,志在报强嬴。招集百夫良,岁暮得荆卿。
君子死知己,提剑出燕京。素骥鸣广陌,慷慨送我行。
雄发指危冠,猛气冲长缨。饮饯易水上,四座列群英。
渐离击悲筑,宋意唱高声。萧萧哀风逝,淡淡寒波生。
商音更流涕,羽奏壮士惊。心知去不归,且有后世名。
登车何时顾,飞盖入秦庭。凌厉越万里,逶迤过千城。
图穷事自至,豪主正怔营。惜哉剑术疏,奇功遂不成。
其人虽已没,千载有馀情。

——陶渊明《咏荆轲》

陶渊明,一名潜,字元亮,号五柳先生,私谥靖节,东晋诗人、辞赋家、散文家。曾祖陶侃为东晋大司马,祖父陶茂、父亲陶逸都曾为官。但在陶潜出生之时便已家道中落。在门阀等级制度森严的晋朝,陶家的社会地位并不怎么高。陶潜年轻的时候就有"不慕荣利""忘怀得失"的淡泊胸怀和"猛志逸四海,骞翮思远翥"的宏大抱负。但面对黑暗的现实,他几番出仕入仕,最终选择归隐田园。

玄心、妙赏、洞见、深情,也许陶潜不在被广泛认可的魏晋名士之列,但他拥有着名士的真风度。"心远""真意"便是他追求的理想境界。心若不远,则难得真意。但如果认为陶潜仅仅是一个逃避现实、消极避世,只为求自身安逸的人,那么,你就完全误解了陶潜。历史上的陶潜,曾经入幕桓玄,也曾为官刘裕军,他并不是一个自甘淡泊、不思有所作为的人。他做官,不仅仅因为箪瓢屡空,为生活所迫。作为开国重臣后裔,他同样胸怀救济苍生的抱负。千年后的龚自珍作诗曰:"陶潜酷似卧龙豪,万古浔阳松菊高。莫信诗人竟平淡，二分梁甫一分骚。"这提醒世人，陶潜也是一个"家事国事天下事，事事关心"的知识分子。然而，世事翻覆，陶潜"有志不获骋"。在看透世事之后，陶潜无奈选择了归隐田园。

《咏荆轲》是陶潜的一首怀古伤时、借古寄慨的咏史诗。此诗虽以《史记》的记载为本，叙写了荆轲刺秦皇的整个始末，但诗的重点显然是在易水壮别的场面上。时值晋宋易代之际，刘裕篡位称帝，废晋恭帝为零陵王，而后零陵王为士兵用被子掩杀。作为东晋开国重臣的后裔，时年已五十二岁的陶潜的内心激愤无法宣泄。于是乎，为燕太子丹报仇的荆轲，便成了他吟咏和怀念的对象。

前四句写出了燕太子丹与荆轲的关系，和太子丹供养门客的目的。太子丹为洗刷在秦国遭受的屈辱，"招集"到了"百夫良"——那个可以一敌百的勇士荆轲。据《诗经·秦风·黄鸟》记载，秦穆公在位之时，有三位良臣被称为"百夫之特""百夫之防""百夫之御"。《郑笺》将"百夫之特"解释为"百夫之中最雄俊也"，认为"百夫之防"与"百夫之御"均为"此一人可当百人"。诗人将荆轲与"百夫良"并提，表现了他对荆轲的仰慕之情及鲜明的爱憎情感。

第五句到第十句写出了"风萧萧兮易水寒，壮士一去兮不复还"的慷慨悲壮。"素骥"表明太子丹及送别之人不仅浑身素缟，连他们骑着的马都是白色，一幅悲壮的临别图跃然眼前。"雄发""猛气"形象地刻画出荆轲怒发冲冠，大义凛然的神态。"士为知己者死"的信念可见一斑。

接下来的十句更是具体写了众人在易水上为荆轲饯行的场面，是全诗的重点。当是时也，群英毕至席间，荆轲的好友高渐离击筑助兴，燕太子丹的门客宋意放声高歌。而乐曲由商音至羽音的变调，壮士们感情由流涕到震惊的变化，更加突出了饯别时悲壮激昂的气氛。"心知去不归"，已暗示刺秦的结局。但荆轲为反抗强暴，将个人生死置之度外，赴汤蹈火在所不辞，在萧萧风声的伴随下踏上那条漫长的路。陶潜借荆轲对秦暴政的反抗，表达了对当时刘裕的种种做法和社会上一些黑暗现象的强烈不满之情。然而荆轲失败的结局，对刘裕的天下并没有构成多大威胁的事实，这在客观上也照应了诗人的不满。从这里，我们可以隐约看出满怀抱负却无法实现的诗人，在心灰意冷之下，做出归隐田园的最终选择。

接下来的六句，交代了荆轲登车入秦，行刺嬴政的情况。诗人并没有着意刻画刺秦的过程，反而重点描写了荆轲那种视死如归的精神状态。"何时顾"用反诘的语气，写出了荆轲的义无反顾、一往无前的英雄气概。这种气概，正是陶潜所向往，却因种种原因而不能够做到的。因此，诗人便将心比心，将自己的感情融入自己对荆轲的想象之中。"图穷"之时尽令"豪主"嬴政"怔营"。两者比较之下，荆轲的壮气盈怀的气势越发令人印象深刻。

最后四句，诗人就荆轲刺秦失败，以议论抒情做结。诗人抒发了深沉的痛惜与无限的景仰之情。"其人虽已没，千载有馀情"，荆轲虽然奇功未成身先死，但这种为酬知己，为报知遇而不畏牺牲、庭刺豪主的慷慨之情被千载流传了。结语看似平淡，但平淡的抒怀之语，以其隐约的弦外之意，传达出诗人陶潜的豪放之情，千载之后，仍持续不断地引起知音者的心灵共鸣。

诗人借荆轲反抗秦皇暴政的事迹，指控的不仅仅是当时刘裕一朝的污秽，而是历史上的一切恶势力。诗中所宣扬的行侠仗义、士为知己者死的情怀是诗人所极力推崇的。陶潜以荆轲自喻，在这首诗的最末两句，十分明显地表露出陶潜想要有所作为来对付刘裕的心理。已至暮年的陶潜在这一时期感情是热烈活跃的。从这首诗里，我们清楚地看到了在采菊东篱的悠然之外，充盈于诗人内心的是"怒目金刚"式的愤慨；看到了一个外表平静，内心激荡的完整形象。诚如朱熹在《朱子语类》中所说的："渊明诗，人皆说平淡，余看他自豪放，但豪放得来不觉耳。其露出本相者，是《咏荆轲》一篇。"

其实人的个性都是复杂的，陶潜也不例外。这首《咏荆轲》，让我们看到一个完全不一样的陶潜。他可以积极入世，也可以消极避世；他可以慷慨激昂，也可以心定气闲。这不仅与世事有关，更与他深受儒、道两家思想影响有关。"穷则独善其身，达则兼济天下"在陶潜身上得到了最好的注解。

他爱读书却不求甚解，爱饮酒却写《止酒》，爱弹琴却弹无弦琴……无论出仕或入仕，在每一个阶段，陶潜都将他最真实的一面展现给我们。他率真、豁达，琴酒歌诗无一不通；他的诗化激愤为平淡，化矛盾为和谐，言有尽而意无穷。正如宗白华所说的："晋人向外发现了自然，向内发现了自己的深情。"而陶潜，他尚自然、尚真情、尚精神的自由，"纵浪大化中，不喜亦不惧"，体现了魏晋风度真正的精神内涵。身为"浔阳三隐"之一，他是唯一一个隐居后就再也没有出山的隐士。同为慧远禅师的朋友，他却是一个忠实的唯物论者，并拒绝加入白莲社。生活在晋宋之交的时代使他看惯了动乱和篡夺，市朝竞趋的社会让他深恶虚伪和狡诈，名勋后裔的出身给了他高贵的血液，不受拘羁的个性促成他率直任性，初仕终隐的遭遇赋予他豁达的胸襟。他以真诚的人生来对抗时代的虚伪，以清新的自然来抵御社会的混浊，同时又以古人为榜样来笑对贫富生死，以朴素的笔墨来撰写喜怒哀乐。

从《咏荆轲》中，我们看见了一个不一样的陶潜、一个完整的陶潜，他是魏晋真正的名士。

四、隐在心中的情伤

财务学专业　陈沁

只可意会，不可言传；不着一字，尽得风流；羚羊挂角，无迹可寻……

——题记

提起桃花，人们怎能忘记那《题都城南庄》诗：

去年今日此门中，人面桃花相映红。

人面不知何处去，桃花依旧笑春风。

简，此乃全诗的一大特色。没有华丽的辞藻，没有艰涩的字眼，没有太多的意象，不似一些诗歌里一句便包含几个意象。门、人面、桃花、春风，全诗仅提及了这四个简单的意象，却把崔护对桃花女子的爱恋勾勒得甚是动人，这是一种犹抱琵琶半遮面似的动人。如同一幅水墨写意画，飘逸的墨色中点缀着几瓣恰到好处的桃红，若有若无，更撩人心扉。这与女主人公的情感甚是相符——淡雅、真挚、纯洁，不带半点俗世的气息。

时间的交错，令全诗披上如丁香花般的惆怅与寂寞，那是得而纵失的伤感。"去年今日"，仅仅四个字，有同有别，有续有断，有爱有恨。短短的一年，桃花依旧繁盛，人面倩影却觅不见；短短的一年，桃树如初，少女音讯却寻不着；短短的一年，四目相望的爱意仍浓，无法倾诉思绪的悔恨却日重。愈见其同，愈感其别；愈觉其续，愈伤其断；愈念其爱，愈添其恨。一个看似简单的时间转化，把世间大多有情人心中曾有过的矛盾巧妙而诗意地道出，亦点出时间那不动声色的冲击力最为强大。正如周国平先生所言："因为失去，我们才知道了时间。"也因为时间，我们正不断地失去。不难想象，这样的"去年今日"又岂止发生于爱情里？佛罗斯特把人生比作行走在林中的岔道前，走上其中的一条，其他的小径便再也无法回去了。因为路的前面又是新的岔道。其实，即便我们有幸可以折回其他小径又有何用？物是人非，恐怕也只能和崔护一般落寞，如李清照一般未语泪先流罢了。

　　隐。许多写桃花的诗词也能达到"隐"的境界，如白居易之"长恨春归无觅处，不知转入此中来"、刘敞之"只恐东风能作恶，乱红如雨坠窗纱"、齐己之"风暖仙源里，春和水国中"等。但此类诗喻的是桃花本身，抒的大多是政见，崔诗与之大不相同。崔诗中，"桃花"二字直直白白地出现了两次。他要隐的不是花，而是人和情。这里的桃花虽然出现得十分直裸，但更显情真——仅仅是以此诗来思念那桃花女子，绝非咏物抒情之类的"大情怀"。其妙更在于让直白的桃花起到"隐"的作用：桃花后隐着那羞涩的妙龄女子。第三、四句"人面不知何处去，桃花依旧笑春风"乃全诗的着重处，亦显其隐。花在人去，在今年与去年的对比中，没有明点半字悲伤，尾句更是以"笑"字示人。真正的悲伤又岂能以哭带出？哭又岂能道出真正的悲伤？反倒是那淡淡的"笑"字，折射出了作者隐在心中的情伤：春风似己，桃花笑风亦是笑人。这若隐若现的思绪在清明时节，雨气缭绕的日子里，更显别致、刻骨。

　　崔护流传至今的佳作，貌似仅此一首。我不欣赏有人硬给它也加上言志抒志诗的"大帽子"。小情怀便小情怀了，硬扣的政治抱负才显滑稽呢！真正的诗人应有的魔力，是能把偌大一个世界的生僻角落，变成读者心里的故乡。而崔护，他做到了。仅此一首，亦足矣！

五、密竹深处有人家

——杜甫《佳人》赏析

文化创意与管理专业 杨岱旻

> 绝代有佳人，幽居在空谷。自云良家子，零落依草木。
> 关中昔丧乱，兄弟遭杀戮。官高何足论，不得收骨肉。
> 世情恶衰歇，万事随转烛。夫婿轻薄儿，新人美如玉。
> 合昏尚知时，鸳鸯不独宿。但见新人笑，那闻旧人哭？
> 在山泉水清，出山泉水浊。侍婢卖珠回，牵萝补茅屋。
> 摘花不插发，采柏动盈掬。天寒翠袖薄，日暮倚修竹。
>
> ——杜甫《佳人》

我是个地道的四川人，更是个地道的成都人，因而杜甫及他的草堂之于我是熟悉的，或者说是刻骨铭心的。

四川有名人，眉山出东坡，滇池有李白；白帝城刘备曾托孤，武侯祠君臣亦合葬。但让四川人，抑或让成都人最爱的，是一个叫杜甫的落魄诗人。他本不是成都人，只是一个举家到蜀中避祸的凡夫。但他也是个有志气的读书人，一个思家为国的士人，一个尝过了世事风霜的过来人，一个只能用笔来抒怀的诗人，一个超越了自身苦难将一腔血、一生力都献给百姓的殉道者。巴蜀多穷人，所以巴蜀人爱杜甫，爱那个只为穷人写诗的杜子美，爱那个用"诗史"悯怀世人的草头"诗圣"。

杜甫一般不写"美人"，更不会主动写专咏"美人"的诗。因为他是质朴的，是现实的，美人之于他显得太浪漫了。然而，他的一首《佳人》却以其格调之高而成为咏"美人"的名篇；选了一个古典诗文中不乏佳作的"弃妇"这一题材，写出了与《诗经·卫风》中的《氓》，汉乐府里的《上山采蘼芜》相比更有格调的咏"美"诗。

为什么说《佳人》一诗格调高雅，超绝物外？简单地讲，就是山中清泉见其品质之清，侍婢卖珠见其生计之贫，牵萝补屋见其隐居之志，摘花不戴见其朴素无华，采柏盈掬见其情操贞洁，日暮倚竹见其清高寂寞这六点，让全诗从一个客观的超然的角度去看待"弃妇"这一让人无法冷静的问题。

诗中一反以往杜甫诗悲天悯人、情感不能释怀的悲情基调；没有《登高》里"艰难苦恨繁霜鬓，潦倒新停浊酒杯"的情殇，没有《哀江头》里"明眸皓齿今何在？血污游魂归不得"的哀鸣，没有《石壕吏》里"夜久语声绝，如闻泣幽咽"的啼血，更没有《茅屋为秋风所破歌》里"何时眼前突兀见此屋，吾庐独破受冻死亦足"的慨叹。有的只是对往昔的感慨，对自己的怜惜，以及那一份年华逝去的悠悠惋惜。从"世情恶衰歇，万事随转烛"就可看出佳人在经历了世事变迁，人情冷暖后终于明白了生活的现实，并通过"侍婢卖珠回，牵萝补茅屋"等还略显幼稚的手段来适应生活，而那些"但见新人笑，那闻旧人哭"的埋怨应该只是佳人在学会面对生活时发出的慨叹以及对往事的不满。但这种不满是会削减的，从"在山泉水清，出山泉水浊"中，我们可以知道佳人在学会生活，学会思考，然后得出结论：自己的"清"与"浊"不是简单的世俗的是否被遗弃，而是一种意境；一种人，生就清白，在尘世中经历一番沾染上"浊"，最终在看破世事俗规后心灵上的对"清"的回归。"在山"时，即是在母胎中的先天的"清"，一如泉水生于青山；而"出山"就是入那滚滚尘世去历练，去经历那人生的酸甜苦辣，去染那一身的"浊"；最后重回幽谷去求心灵的"清"，如山泉出山后的被污染，继而蒸发、沉淀，再从天而降，终回归青山。

假如黛玉在"焚稿"后没有死去，也许她就能明白"与其相濡以沫，不如相忘江湖"的透彻；正因杜甫有那几年在草堂的静谧生活，才能明白超然物外的心境。所以《佳人》一诗中才会有"摘花不插发，采柏动盈掬。天寒翠袖薄，日暮倚修竹"的画面：一个绝世美人，在秋风萧瑟里，孤身倚靠着一丛青竹，黄昏的夕阳下，默默思量着过去，几分寂寞，几分孤傲。在大多数的赏析中，佳人的寂寞与愁苦往往被放大，诗意被定格在自怜自伤，这是通俗的，也是大众的。但我不这样看。草堂里身姿单薄羸弱、神态却安然的杜甫半身像，街头巷尾老一辈成都人的口口相传，让我和其他成都人认为杜甫更超然、更睿智。超然不是漠然，是怀着一颗睿智的心去理解，在尝尽沧桑后用博爱的胸襟去容纳。所以相应的，杜甫的心境也应该有改变，而《佳人》一诗正是如此，体现杜甫在成都的隐居生活：几丛乱竹，一间茅草屋，生活清贫；为过往的抱负遗憾，对自己的才华惋惜，进而明了"清"与

"浊","悟已往之不谏,知来者之可追"。当然也因为杜甫为国为民的赤子之心不变,他才会在超然与入世之间徘徊,就像"幽谷"里的"佳人",明知该放下,却又渴慕以往的生活。于是幽谷的佳人与草堂的诗圣融合、共鸣,只留给后人几分的寂寞,几分的孤傲,一阕诗,一抹愁,以及那密竹深处不为人知的人家……

最爱《佳人》,最爱杜甫。

附　录

一、中国文化创意大赛

联合国际学院的中国文化创意大赛是一项以文化创意为主题的活动，每学年举办一次，强调传承传统与文化创新的结合，让学生通过新锐的思想和创意的体验，探求传统文化生生不息的源泉和路径。参赛作品来自三门核心课程中的优秀小组课题。学生以学社为单位，通过舞台短剧、小品或者拍摄DV的形式展现学习过程中对文学、思想、文化的深入思考与精彩创意。学生对文化历史的反思，对当代社会焦点问题的关注，都透过一幕幕的剧情演绎得到了生动的艺术体现。大赛的评委由校外的专家、文艺界知名人士和校内专业教师组成，秉持公正、公平和公开的原则，拥有良好的公信力。

1. 第十一届中国文化创意大赛

表演类：一等奖：《铿锵玫瑰》

　　　　二等奖：《死翘翘总站》

　　　　三等奖：《科举梦碎》

　　　　优秀奖：《末代镖师》《辫子风波》《最恶》《龙门记》

DV类：一等奖：《心钟》

　　　　二等奖：《羊城斗转》

　　　　三等奖：《树》

　　　　优秀奖：《深巷牛乳》《好想你2004》《绣枕》

①

②

③　　　　　　　　　　　　　　　　　④

附图1-1　第十一届中国文化创意大赛现场赛况

2. 第十届中国文化创意大赛

表演类：一等奖：《武松打虎》
　　　　二等奖：《进城记》
　　　　三等奖：《茶馆》
　　　　优秀奖：《召唤》《何以报怨》《说剑》
DV 类：一等奖：《原来"你"一直都在》
　　　　二等奖：《江潮》
　　　　三等奖：《旧人》
　　　　优秀奖：《咬文嚼字——浅谈女部汉字中的女性地位变化》《红盖头·黑木头》《孔乙己新传》

①　　　　　　　　　　　　　　　　　②

附图1-2 第十届中国文化创意大赛现场赛况

3. 第九届中国文化创意大赛

表演类：一等奖：《黎明》

二等奖：《爱的距离》

三等奖：《年夜饭》

优秀奖：《家事》《清明要"清明"》

DV类：一等奖：《呼唤》

二等奖：《人参是苦的》

三等奖：《双生》

优秀奖：《你在哪》《且行且一心》《囚鸟》

附图1-3 第九届中国文化创意大赛现场赛况

4. 第八届中国文化创意大赛

表演类：一等奖：《租个女友回家过年》

二等奖：《方言轶事》

三等奖：《中华文化大串烧》

DV类：一等奖：《同妻》

二等奖：《回忆那么长》

三等奖：《甲骨秘咒》

①

②

③

④

附图1-4　第八届中国文化创意大赛现场赛况

5. 第七届中国文化创意大赛

表演类：一等奖：《龙凤大排档》

二等奖：《捕影》

三等奖：《鸠爱》

优秀奖：《外来媳妇本地婆》《北京爱情故事》《桃罪》

DV类：一等奖：《毕业我们分手吧》

二等奖：《穗阅》《车轮里的岁月流光》

三等奖：《疗》《彩云之南》《孔雀东南无处飞》
优秀奖：《旄丘》《因为爱情》《回家》《筷·回家》《当月老遇到丘比特》《舍得》

附图1-5　第七届中国文化创意大赛现场赛况

6．第六届中国文化创意大赛

一等奖：《玉帝之眼》
二等奖：《折翼》
三等奖：《罗帕转转转》
优秀奖：《考试精神病院》《红罂粟》

附图1-6　第六届中国文化创意大赛现场赛况

7．第五届中国文化创意大赛

表演类：一等奖：《南海明珠》
　　　　二等奖：《法理情内》
　　　　三等奖：《浮生》《何以得欢》
　　　　优秀奖：《蜀绣》《请客吃饭》《引进来，走出去》《抉择》
DV类：一等奖：《镜头下的伦理》

二等奖：《若相惜》《陈妈妈》

三等奖：《遇见 take me away》《粤食，粤文化》《两茫茫》

优秀奖：《全城湿恋》《华山论酒》《小黄偷菜记》

① ②

附图1-7 第五届中国文化创意大赛现场赛况

8. 第四届中国文化创意大赛

表演类：一等奖：《戏未央》

二等奖：《纪念日》

三等奖：《墨痕》

优秀奖：《岂不罹凝寒》《打饭记》《我是旅行家》

DV类：一等奖：《香罗梦》

二等奖：《方言，你在哪里，去往何方？》《独家记忆》

三等奖：《局》《终极报告》《中国考试 MV 大串烧》

优秀奖：《走近珠海》《陈芳故居》《回瞬忘川》《珠海美食大发现》《珠海美食大发现之海鲜篇》

① ②

附图1-8 第四届中国文化创意大赛现场赛况

9. 第三届中国文化创意大赛

一等奖：《地府土地竞标会》
二等奖：《双城记》
三等奖：《霍小玉传》
优秀奖：《杯酒释兵权》《青蛇传》《战国运动会》

①

②

附图1-9　第三届中国文化创意大赛现场赛况

10. 第二届中国文化创意大赛

一等奖：《残月》
二等奖：《农民：天理何在？》
三等奖：《凉茶》
优秀奖：《名校书斋》《尘世佛缘》《恋爱衫重奏》

①

②

附图1-10　第二届中国文化创意大赛现场赛况

11. 第一届中国文化创意大赛

一等奖：《神话新编》

二等奖：《古诗十九首》

三等奖：《天仙配》

优秀奖：《嫁苏轼还是李白》《陌上桑》《花好月圆》

① ②

附图1-11 第一届中国文化创意大赛现场赛况

二、国际学术研讨会

1. 21世纪中华文化世界论坛第九届国际学术研讨会（2016年12月8—9日）

本次研讨会由中华炎黄文化研究会、联合国际学院和北京外国语大学共同主办。来自德国、法国、加拿大、埃及、土耳其、新加坡、马来西亚和中国的近百名专家学者齐聚珠海，展开学术研讨。

第九、第十届全国人大常委会副委员长，中华炎黄文化研究会会长许嘉璐先生，第十一届全国政协副主席、中国生态文明研究与促进会会长陈宗兴先生，中华炎黄文化研究会首席顾问、中共河南省委原书记徐光春先生，联合国际学院校长吴清辉教授，香港冯燊均国学基金会主席冯燊均先生，德国KAAD基金会亚洲部主任汉克杰以及广东省和珠海市相关领导出席了开幕式。

①开幕式

②许嘉璐先生做主题演讲

③分会场a

④分会场b

附图2-1　21世纪中华文化世界论坛第九届国际学术研讨会现场照片

附图2-2　21世纪中华文化世界论坛第九届国际学术研讨会参会学者及嘉宾合影

2. 第五届国际儒学大会暨"儒家思想与生态文明"国际学术研讨会（2009年12月11—14日）

全球130多位儒学研究者会聚联合国院学院，收集了近百篇约70万字的论文，达成多项共识。与会学者联署发表了以"心灵转向，文明转型，共建生态家园"为题的《生态宣言》，呼吁全球儒学界深度开掘和创造转化儒学中蕴藏的生态智慧，广泛借鉴和吸取其他文化和理论的营养，融合创新，构建生态儒学，推进儒学的现代发展。

附图2-3　第五届儒学大会参会学者及嘉宾合影

三、文化沙龙

联合国际学院中国语言文化中心不定期举办文化沙龙,邀请一些知名的作家、学者、媒体人士等与学生交流。与研讨会和讲座相比,文化沙龙更加注重文学性和文化性,采用对话、茶叙和高桌晚宴等形式,嘉宾与师生有更多的交流和互动。

附表3-1 部分参与文化沙龙的嘉宾及讨论主题

嘉宾	所在单位职务、职称或职业	参与时间	讨论主题
蔡新华	珠海市社会科学界联合会主席	2016年10月24日	诗歌艺术之美
苏伟贞	作家	2013年5月9日	文学创作与欣赏
胡燕青	作家	2013年5月9日	文学创作与欣赏
任大援	中国艺术研究院研究员	2010年4月13日	文化关注与社会进步
丁伟	香港浸会大学教授	2009年10月22日	中国外交
殷亚敏	珠海广播电视台总编辑	2008年11月20日	古典诗歌的情感表达和朗诵方法
徐小斌	作家	2008年11月11日	戏剧创作与欣赏
陈玉慧	作家	2008年11月11日	戏剧创作与欣赏
邓刚	作家	2007年10月24日	文学离我们有多远
痖弦	诗人	2007年5月14日	生活的诗味
胡野秋	凤凰卫视《纵横中国》栏目策划人	2007年3月8日	媒体与当代生活
陈才智	中国社会科学院研究员	2006年5月7日	唐诗宋词鉴赏
赵树同	中国美术学院教授	2006年4月23日	书法写作鉴赏

后　记

　　《国情国学教育——内地香港合作办学与中华文化传承》一书付梓之际，作为主编者，心中喜悦之余，更多的是感激之情。

　　我要向联合国际学院校董会主席许嘉璐教授、校长吴清辉教授等学校领导们表达由衷的感谢。没有他们的热心鼓励和大力支持，联合国际学院的国情国学教育不可能走到今天，更不可能取得现在的成果。尤其，我要向吴校长致以深深的敬意和谢意。在一个全英文教学、推行国际化教育的大学里，作为一校之长，他倡导中国文化教育需要具备长远的眼光和家国情怀。更加可贵的是，吴校长不仅是大力倡导，更是亲自垂范。作为一所以教育创新为使命的新型大学，学部院系的设立尚在完善，新校园建设还在开展，校长的事务可谓繁多，但吴校长总是坚持出席国情国学教学研讨会，坚持主讲校长开学第一课，坚持参加中国文化创意大赛。吴校长的支持和示范，令我们十分敬佩，更带给我们传播中华文化的莫大激励和前行动力。

　　我要向冯燊均国学基金会主席冯燊均先生和基金会秘书长鲍俊萍女士致敬和致谢。正是有了冯先生伉俪的慷慨捐赠，我们的学生才有这样难得的机会，通过各种途径去了解和体验中华文化的价值和魅力。最让人动容的是，耄耋之年的冯老先生，在身体欠佳的状况下，一次又一次地专程从香港坐船到珠海参加国情国学教学研讨会。冯先生的叮嘱"做一个堂堂正正的中国人"会一直回响在学生们心中，也提醒着我们要多一份热爱民族传统的文化自觉。

　　我要说，多谢你们，所有校外评审专家们，所有应邀前来开设讲座、出席研讨会的学者们，所有国学营的指导教师们，所有文化创意大赛的评委们。尤其要向郭少棠教授、龚鹏程教授、郭齐勇教授、陈致教授、张宏生教授、黄子平教授、葛晓音教授、周志文教授、郭世佑教授等诸位师长致谢。我们课程的每一步开拓和完善，都离不开他们富有启发性的建议和正面的鼓励。我们各种研讨会和文化活动得以成功组织，都离不开海内外的学者和社会各方贤达的鼎力相助。学者们为我们的学生带来一场场精彩的演讲，开阔的视野、多元化的观点，培养了学生独立思考的精神。社会各方贤达以评委、嘉宾等不同方式给予我们关注和支持。本书的内容凝结着诸多学者的智慧和无私付出，我要再次向他们表达最诚挚的感谢！

我要说，多谢你们，富有创意和才华的联合国际学院学生们。你们新颖别致、饶有趣味的课题报告和创意写作展现了联合国际学院学子蓬勃的活力、勇于创新的精神面貌。大学国文课的小组课题、中国文化创意大赛一定是你们大学生活中难忘的记忆。在这个过程中，你们有多少热烈的讨论，有多少泪水和欢笑，虽然文字无法再现当时生动的画面，但本书也为你们留下青春的一种纪念，待你们回母校时，一定记得领取那一份属于你们的"纪念册"。青年人对中国文化的认知和感悟，是中华民族文化传承和传播的新生力量，愿本书能激发更多大学生对中国文化的热情！

我要感谢联合国际学院中国语言文化中心的各位同仁。这本书是对中心过去十余年教学实践和探索的总结与反思，没有全体同仁的付出，就没有联合国际学院的国情国学教育，也就没有这本书的内容。本书是在综合雏凤清音集、创意征文作品集、小组课题报告和历届研讨会论文集等相关内容之后编选而成的，中心的所有同仁都有所贡献，尤其是崔燕、王琴、梁黎丽、杨勇和郑玲等老师在前期编写中做了大量工作。

我要特别感谢广东高等教育出版社高等教育编辑部的黄跃升主任，他对这个选题的大力支持，使得本书得以顺利出版。我也要向本书的责任编辑冯沪萍女士致以衷心的谢意，她以认真专业的态度，帮助本书以更好的形式呈现在读者面前。

由于时间仓促，书中存在种种不足，我们诚挚地欢迎读者的批评，也将不懈努力，与更多的同行携手前行，共同推动中华文化的教学与传播，让优秀的中华文化成为中国人代代相传的精神财富，成为中国人送给世界的珍贵礼物！

伍鸿宇
丁酉年孟夏于凤凰山麓